DROEMER

Katharina Kolvenbach
Nina Batram

FRÜHER WAR MEHR VERBRECHEN

Historische Kriminalfälle
aus dem erfolgreichen Podcast

Besuchen Sie uns im Internet:
www.droemer-knaur.de

Aus Verantwortung für die Umwelt hat sich die Verlagsgruppe Droemer Knaur zu einer nachhaltigen Buchproduktion verpflichtet. Der bewusste Umgang mit unseren Ressourcen, der Schutz unseres Klimas und der Natur gehören zu unseren obersten Unternehmenszielen. Gemeinsam mit unseren Partnern und Lieferanten setzen wir uns für eine klimaneutrale Buchproduktion ein, die den Erwerb von Klimazertifikaten zur Kompensation des CO_2-Ausstoßes einschließt. Weitere Informationen finden Sie unter: www.klimaneutralerverlag.de

Originalausgabe März 2023
© 2023 Droemer Verlag
Ein Imprint der Verlagsgruppe
Droemer Knaur GmbH & Co. KG, München
Alle Rechte vorbehalten. Das Werk darf – auch teilweise – nur mit Genehmigung des Verlags wiedergegeben werden.
Lektorat: Caroline Draeger
Covergestaltung: Isabella Materne
Coverabbildung: Paul Kolvenbach
Satz: Adobe InDesign im Verlag
Druck und Bindung: CPI books GmbH, Leck
ISBN 978-3-426-30311-5

2 4 5 3

*Der Liebe, dem Langmut und der Unterstützung
unserer Familien gewidmet.*

Inhalt

Vorwort	9
Der Tod des Sir Thomas Overbury *1613*	11
Deutschlands letzte Hexe: Anna Maria Schwegelin *1775*	29
Die Serienmörderin Gesche Gottfried *1831*	45
Der Fall Grace Marks *1843*	61
Das Schicksal der Donner-Party *1846*	79
Das Geheimnis von Road Hill House *1860*	94
Die Morde des Hugo Schenk *1884*	111
Die vielen Opfer Jack the Rippers – Teil 1 *1888*	127
Die vielen Opfer Jack the Rippers – Teil 2 *1888*	156
Die Tragödie von Gatton *1898*	187
Der Fall Grete Beier *1907*	205
Wer tötete Hazel Drew? *1908*	221
Der Mord an Ocey Snead *1909*	239
Danksagung	259
Literatur	261
Bildnachweis	268

Vorwort

Was ist ein Verbrechen, was ist Unrecht? Auf diese vermeintlich leicht zu beantwortende Frage haben schon die Menschen in vergangenen Zeiten stets eigene Antworten gefunden. Unrecht wie auch Verbrechen finden sich nicht allein im Offensichtlichen, sondern auch versteckt in den Abgründen gesellschaftlicher Normen und im Dunkel der Geschichte. So wie uns in der Gegenwart häufig der Graubereich zwischen moralischer und juristischer Beurteilung umtreibt, lassen sich auch in der Vergangenheit Fälle finden, die früher wie heute faszinieren und die wir je nach Gesetzeslage und moralischer Einstellung immer wieder neu betrachten. So erlauben uns die zeitgenössischen Antworten auf diese Fragen einen Einblick in die Weltsicht unserer Vorfahren – und in unsere eigenen Kultur- und Moralvorstellungen.

Deshalb haben wir bei der Auswahl der Fälle in diesem Buch darauf geachtet, die in diesem Sinne vielfältigen Sichtweisen auf Verbrechen und Schuld darzustellen, aber auch die jeweiligen historischen Hintergründe und Biografien von Täter*innen wie – leider meist vernachlässigten – Opfern zu beleuchten. Bei den ausgewählten Geschichten handelt es sich um die beliebtesten aus unserem gleichnamigen Podcast, ergänzt um drei neue Fälle, zu denen wir häufig befragt worden sind.

Wir haben dazu auf Basis der wichtigen Arbeit vorangegangener Autor*innen und Historiker*innen die vorliegenden Fälle recherchiert und nach bestem Wissen und Gewissen sowohl aufbereitet als auch eingeordnet. Zudem haben wir uns in historische Quellen wie etwa Dokumente oder Presseberichterstattung vertieft, die jedoch immer im Hinblick auf ihre Intention und ihren Kontext – möglicherweise auch skeptisch – zu bewerten sind. Unser Buch soll auch als Anregung dienen, sich näher mit der jeweiligen Literatur auseinanderzusetzen, und Anreiz sein, immer weiter in die jeweilige Zeit, ihre Hinter- und Abgründe einzutauchen.

Die folgenden Schilderungen geben die Geschehnisse so wieder, wie sie uns am realistischsten scheinen. Da es sich um ein Buch über wahre Verbrechen handelt, möchten wir an dieser Stelle auch explizit darauf hinweisen, dass auf den folgenden Seiten die verschiedensten Formen von Gewalt, Missbrauch und Verlust thematisiert werden.

Fanø, August 2022

Der Tod des Sir Thomas Overbury

1613

Die Geschichte des Todes von Sir Thomas Overbury ereignete sich vor mehr als 400 Jahren, doch die Motive aller Beteiligten sind zeitlos spannend, gerade weil uns der Fall heute so politisch und menschlich zugleich erscheint. Es ist eine Geschichte über junge Liebe, körperliche Leidenschaft und tiefe Freundschaft, die jedoch, wie so oft, in einem unübersichtlichen Netz aus Eifersucht, Missgunst und verletzten Gefühlen enden sollte.

Schon vor seinem Tod im Jahre 1613 war Sir Thomas Overbury in einen gewaltigen Skandal verwickelt, der die sicher nicht leicht zu erschütternden Höflinge am Hofe von König James I. von England für Jahre beschäftigte und in den Verwicklungen um sein viel zu frühes Ende seinen Höhepunkt fand. Es geht um ein Komplott, für das viele Menschen teuer bezahlen mussten – wobei allerdings am Ende die Frage offenbleibt, wessen Verschwörung hier eigentlich erfolgreich war.

Die Geschichte beginnt mit einem Ende: Am 15. September 1613 verstirbt der Poet und Staatsmann Sir Thomas Overbury im Alter von nur 32 Jahren im Tower of London, wo er bereits seit fünf Monaten wegen Hochverrates einsitzt. Es ist jedoch keine politische Intrige und auch kein Attentat auf den Monarchen, das ihn in diese Lage gebracht hat. Vielmehr büßt er für seine Weigerung, einem Befehl des Königs Folge zu leisten. Wir sehen hier also nicht das unglückliche Ende einer Verschwörung, die Thomas Overbury angezettelt hätte. Tatsächlich ist es Overbury selbst, der zum Opfer einer Verschwörung wird.

Aufgrund seiner Zugehörigkeit zum Adelsstand ist Thomas bis zu seinem Tode im Tower keinesfalls in ein dunkles Kellerverlies eingesperrt. Ein Gefangener seines Standes genießt zahlreiche Privilegien, wie etwa den Zugang zu Literatur und Schreibmaterial, Hygiene – im Rahmen der damaligen Möglichkeiten, versteht sich – und bessere Verpflegung. Und genau diese bevorzugte Behandlung ist es, die wahrscheinlich sein Schicksal besiegelt. Denn bereits einige Zeit vor seinem Tode beginnt Thomas Overbury, sich über Unwohlsein, Magenkrämpfe und Erbrechen zu beklagen. Eine monatelange Inhaftierung im Tower ist zweifellos eine sowohl seelische als auch körperliche Belastung, selbst dann, wenn man zu den privilegierten Gefangenen gehört. Und so kommt es leider, wie es kommen muss, und Overburys Zustand verschlechtert sich, bis er schließlich verstirbt. Da er ja tatsächlich seit Längerem über sich verschlimmernde körperliche Beschwerden klagte, vermutet niemand eine Straftat. Man bescheinigt daher den natürlichen Tod des Gefangenen und bestattet ihn bald darauf auf dem Friedhof der Chapel of Saint Peter ad Vincula in London. Hinter vorgehaltener Hand fragen sich jedoch manche bei Hofe, ob Overbury tatsächlich ohne das Zutun anderer den Tod gefunden hat. Steckt wirklich nicht mehr dahinter? Thomas Overbury ist nämlich in einen Skandal involviert, der den Höflingen einfach zu bekannt ist, um nicht zu Spekulationen anzuregen.

Gehen wir also zunächst noch ein wenig weiter zurück in der Zeit und sehen, wie die Geschichte ihren Anfang nimmt und wie Thomas Overbury in diese missliche Lage gerät.

Thomas Overbury wird im Jahre 1581 in Bourton-on-the-Hill in Gloucestershire, England, geboren. Er entstammt einer gut situierten Familie und hat so die Möglichkeit, die Schule und schließlich die Universität in Oxford zu besuchen, welche er

1 Sir Thomas Overbury

1598 mit dem Bachelor of Arts verlässt. Mit dem Abschluss in der Tasche macht sich Thomas auf nach London. Er ist ein ambitionierter junger Mann und hegt den unbedingten Wunsch, eine politische Karriere einzuschlagen. Zunächst zieht er dazu in die Unterkünfte der Honourable Society of the Middle Temple, einer Institution für Rechtsgelehrte, die im 14. Jahrhundert in London gegründet wurde und die auch heute noch als eine der vier britischen Anwaltskammern – voller Stolz auf ihre lange Tradition – Ausbildung, Unterstützung und Unterkunft für britische Juristen anbietet. Im 17. Jahrhundert befindet sich der Middle Temple im Besitz der Krone und ist eine Kaderschmiede. Hier wird die Elite der Zukunft ausgebildet. Begabte junge Männer aus gutem Hause leben zusammen, arbeiten an ihrer jeweiligen Karriere in unterschiedlichen Disziplinen und knüpfen Beziehungen.

Auch Thomas Overbury beginnt, sich einen Namen zu machen, er schreibt Gedichte und Theaterstücke und hat damit bereits einigen Erfolg. Er ist talentiert im Umgang mit Worten, hat eine scharfe Auffassungsgabe und ist außerdem ein ausgezeichneter Beobachter sowohl zwischenmenschlicher als auch politischer Situationen. Eine gute Voraussetzung für die von ihm angestrebte politische Karriere.

Seine Gelegenheit kommt, als er das Angebot erhält, in den Dienst des Lord Treasurer, des Schatzmeisters der amtierenden Königin Elizabeth I., zu treten. In dieser Position reist Overbury 1601 im Auftrag Ihrer Majestät nach Edinburgh, wo er bei seinem Aufenthalt am Hofe des schottischen Königs James VI. den 14-jährigen Pagen Robert Kerr kennenlernt. Eine schicksalhafte Begegnung, denn zwischen Overbury und Kerr entsteht schnell eine tiefe, möglicherweise auch romantische Verbundenheit. Schließlich kehren sie gemeinsam zurück nach London und sind fortan unzertrennlich. Die beiden ergänzen sich optimal. Kerr, der sich durch ein unbeschwertes, unkompliziertes Wesen auszeichnet, kann sehr gut mit Menschen umgehen und ist schnell überall beliebt. Dabei ist sicherlich nicht unerheblich, dass er in den Augen der Zeit ein äußerst attraktiver junger Mann gewesen sein muss. In zeitgenössischen Berichten wird stets auf sein lockiges Haar, seine schlanke Figur und sein bartloses Gesicht hingewiesen – ein Schönheitsideal im England des beginnenden 17. Jahrhunderts. Allerdings fehlt es Robert Kerr an formeller Bildung, was ihm tiefgründigere Konversation auf dem höfischen Parkett erschwert. Und nicht nur das. Auch an anderen Talenten, die hingegen Thomas Overbury auszeichnen, mangelt es Robert. So wird Overbury schnell zum Mentor des jüngeren Mannes, unterweist ihn in Recht und Politik und führt ihn in die Nuancen des höfischen Intrigenspieles ein.

Gleichzeitig kämpft Thomas Overbury mit eigenen Schwächen. Er hat Schwierigkeiten, mit Menschen umzugehen, ist überheblich und urteilt schnell über andere. Das führt dazu, dass man sich nicht gerne mit ihm umgibt. Insofern kann er von Robert Kerrs Anziehungskraft profitieren, dem es so leichtfällt, überall Freunde und Bewunderer zu finden. Eine Eigenschaft, die vor allem zur damaligen Zeit unbedingte Voraussetzung ist, um bei Hofe Anerkennung zu finden und sich im Ränkespiel der Mächtigen behaupten zu können. Und das wiederum ist die einzige Möglichkeit, im Schatten der Monarchin Karriere zu machen.

So manövrieren Thomas Overbury und Robert Kerr sich gemeinsam einige Jahre erfolgreich bei Hofe voran und erleben schließlich, wie Königin Elizabeth I. im Jahre 1603 kinderlos verstirbt. Ihr Erbe wird James VI. von Schottland, nicht nur der Sohn von Elizabeths berühmter Rivalin Maria Stuart, sondern nun als James I. von England auch der erste König, der die Krone von England und Schottland vereint. Mit seiner Thronbesteigung endet die Tudor-Dynastie, und die Zeit der Stuarts auf dem englischen Thron beginnt.

Thomas Overbury und Robert Carr, wie er sich nun nennt, um den englischen Gemütern den schottischen Klang seines Namens zu ersparen, bleiben trotz aller politischen Umbrüche auch unter dem neuen König recht erfolgreiche Höflinge. Größeren Einfluss erlangen sie jedoch nicht; ein Umstand, an dem sich im Jahre 1607 durch eine weitere schicksalhafte Begegnung schlagartig etwas ändern sollte.

Zur Feier seines vierten Jahrestages auf dem englischen Thron lässt James I. ein großes Turnier veranstalten, ein riesiges Spektakel, bei dem die Menschen zwischen bunten Marktständen flanieren, den Vorträgen von Barden lauschen oder sich an spannenden Ritterkämpfen erfreuen können. Der Tradition folgend, wird bei Letzteren auch der König selbst seine Kampfeskraft unter Beweis stellen. Unter allen Höflingen wird Robert Carr dazu auserwählt, dem König den Schild zu überreichen – eine

Funktion, die höchst begehrt und mit großem Prestige verbunden ist. Denn der Auserwählte kommt in direkte Berührung mit dem Monarchen und erhält so die Gelegenheit, dessen Aufmerksamkeit auf sich zu ziehen.

Doch als Carr sich hoch zu Ross aufmacht, um diese wichtige Aufgabe zu erfüllen, kommt es zu einem Unfall. Er stürzt vom Pferd und bricht sich das Bein. Natürlich ist das potenziell nicht nur eine unrühmlich verpasste Gelegenheit, sondern auch eine ernste Gefahr für die Gesundheit. Allerdings birgt der Vorfall für Robert auch eine riesige Chance: James I. wird auf den attraktiven jungen Mann aufmerksam und entsendet prompt seinen eigenen Leibarzt zur Versorgung des Verletzten. Auch verbringt der König höchstpersönlich viel Zeit am Krankenlager, wo er Carr Unterricht in Latein gegeben haben soll – damals keineswegs alltägliche Gesten. In der Folge dieses Unfalles kommen sich die beiden Männer also näher, und Robert Carr wird zum Favoriten des Königs, was in der Tat vieles bedeuten kann.

Heute wissen wir, dass James I. im Laufe seines Lebens mindestens drei langjährige männliche Favoriten hatte, mit denen er sehr viel Zeit verbrachte, innige, teilweise sehr romantische Briefe austauschte und die gelegentlich sogar bei ihm im Schlafgemach auf einer eigenen Bettstatt übernachteten. In der Forschung gehen daher inzwischen viele davon aus, dass James I. homosexuell oder bisexuell war und dass die Beziehungen zu seinen Favoriten romantischer Natur gewesen waren. Es war damals durchaus auch bei anderen Herrschern gang und gäbe, enge männliche Vertraute zu haben. Ein zärtlicher Umgang unter Männern sowie die Verwendung liebevoller Gesten und Worte waren nicht ungewöhnlich für die frühe Neuzeit und gesellschaftlich vollkommen akzeptiert. Die überaus innigen Beziehungen, die der König mit seinen Favoriten lebte, führten jedoch schon unter den Zeitgenossen zu Spekulationen über die Vorgänge hinter verschlossenen Türen. James I. hatte dabei sicherlich ein starkes Interesse daran, dass diese Gerüchte nicht bestätigt werden konnten. Schließlich ist ein körperliches Ausleben der Liebe zwischen gleichgeschlechtlichen Partnern in den Augen der Kirche jener Zeit Sünde, wird mit sexualisierter Gewalt gleichgesetzt und steht unter Strafe.

Selbstverständlich wagt es niemand, den König offiziell der Sünde zu bezichtigen, letzten Endes ist es ja auch für Zeitgenossen schwer zu beurteilen, wie weit die Beziehung zu seinen Favoriten geht. James I. ist sehr gläubig und verurteilt zeitlebens jegliche Sünde scharf, was sich unter anderem auch in seiner unbarmherzigen Verfolgung vermeintlicher Hexen, für die er sich in der englischen Geschichte einen unrühmlichen Namen machen sollte, zeigt. Daher ist es unmöglich, abzuschätzen, wie er die Vermutungen über ein Ausleben seiner Gefühle vor seinem religiösen Hintergrund selbst eingeschätzt hätte. Sicher ist jedoch, dass die Beziehungen, zumindest vonseiten des Königs, auf echter Zuneigung zu beruhen scheinen, was in seinem Verhalten gegenüber den Favoriten zum Ausdruck kommt und wovon die bereits erwähnten Briefe erzählen.

Wie intensiv ihre Beziehung auch gewesen sein mag, erhält Robert Carr in der Folge die Möglichkeit, großen politischen Einfluss auszuüben, und in seinem Fahrwasser wird auch Thomas Overbury bei Hofe immer einflussreicher. Beide werden in den Adelsstand erhoben. Overbury erhält schon 1608 den Ritterschlag, während Carr von James I. nicht nur Anteile an den Einnahmen der Krone, sondern auch Ländereien und 1611 schließlich den Titel des Viscount von Rochester verliehen bekommt.

Für Robert Carr und Thomas Overbury könnte sich die Sache kaum besser entwickeln – auch wenn der englische Adel und die Höflinge das Ganze erwartungsgemäß mit wenig Begeisterung beobachten. Zwar ist man es durchaus gewohnt, dass die Monarchen ihre Favoriten reich beschenken, darin waren auch schon die Herrschenden der Tudor-Dynastie groß gewesen. Jedoch meint man zu beobachten, dass es unter der Herrschaft von James I. eher schottische als englische Untertanen sind, die der König mit Titeln, Ländereien und Geld bedenkt – kein unbegründeter Verdacht, wie wir heute wissen.

Robert Carr und Thomas Overbury kümmert dies jedoch noch wenig. Gemeinsam gelingt es ihnen, alle Probleme zu umschiffen, die das Leben bei Hofe ihnen stellt, und sie genießen ihren Status samt allen Vorteilen, die ihnen eingeräumt werden.

Das geht über vier Jahre gut. Dann aber macht Robert 1611 bei Hofe die Bekanntschaft einer jungen Dame: Frances Howard ist zu diesem Zeitpunkt 21 Jahre alt und mit ihrem Leben weniger zufrieden. Sie stammt aus einer Familie, die einst zu den einflussreichsten am englischen Hof gehörte. So entstammten sowohl Anne Boleyn als auch Katherine Howard, beide bekanntlich unter den Ehefrauen Heinrichs VIII., dem Geschlecht der Howards. Sicher auch aufgrund dieser Verbindungen nimmt der Einfluss der Howards bereits unter Elizabeth I. stark ab, und dank weiterer politischer Verwicklungen ist die Familie Anfang des 17. Jahrhunderts weit von ihrem ehemaligen Glanz entfernt. Ein Umstand, den man zu ändern gedenkt. Thomas Howard, Earl von Suffolk, gelingt es aufgrund seiner herausragenden militärischen Leistungen unter Königin Elizabeth, großen Einfluss zu erlangen. Um nun die Macht und das Ansehen der Familie zu alter Größe zurückzuführen, plant man – ganz im Geiste der Zeit – die Heirat einer Tochter Thomas Howards, besagter Lady Frances Howard, mit einem jungen Mann aus einer anderen der alten, einflussreichen Familien des Landes. Ein passender Kandidat ist schnell gefunden: Robert Devereux, der 14-jährige 3. Earl von Essex soll Frances' Bräutigam werden.

Die Feier anlässlich der Hochzeit am 5. Januar 1606 erregt nicht nur großes Aufsehen, sondern versammelt auch die Einflussreichen des Landes. Tatsächlich ist es niemand Geringerer als König James I., der die 15-jährige Braut an Vaters statt an

Robert Devereux übergibt. Bei dieser Gelegenheit werden weder Kosten noch Mühen gescheut, um den Status des Paares und der Familien unmissverständlich zu unterstreichen. Die jungen Brautleute allerdings sind einander von Beginn an nicht sonderlich zugetan. Zu ihrem Glück wird von Lady Frances Howard und Robert Devereux nicht erwartet, ihre Ehe sofort zu vollziehen. Tatsächlich hält man in Teilen der aristokratischen Oberschicht – entgegen der heute gängigen Erwartung – sexuelle Aktivität in einem so jungen Alter für gesundheitsschädlich. Man fürchtet, dass die körperliche Entwicklung der Jungen negativ beeinträchtigt werde und dass das Risiko von Komplikationen bei einer Schwangerschaft für junge Mädchen erhöht sei.

So begibt sich Robert Devereux bereits kurz nach der Vermählung zunächst auf eine mehrere Jahre dauernde Kavaliersreise durch Europa, während Lady Frances weiterhin im Kreise ihrer Familie lebt. Schließlich wird sie, wie für junge Adelige üblich, bei Hofe eingeführt, wo sie wegen ihrer Intelligenz, der Fähigkeit zur gepflegten Konversation und ihrer viel beschworenen Schönheit schnell große Bekanntheit unter den Höflingen erlangt.

Als ihr Ehemann von seiner Reise zurückkehrt, wird schnell deutlich, dass die Ehe alles andere als gut funktioniert. Was genau sich zwischen den beiden zugetragen haben mag, werden wir nie erfahren. Was belegt ist: Die Beziehung zwischen den beiden bleibt kühl und distanziert. Trotz aller Bemühungen wächst die gegenseitige Abneigung stetig.

Lady Frances beginnt, immer mehr Zeit bei Hofe zu verbringen, wo sie die ihr entgegengebrachte Aufmerksamkeit genießt. Sie bewegt sich gekonnt und mit großem Vergnügen in der höfischen Gesellschaft, unterhält zahlreiche Bekanntschaften und ist auch dem ein oder anderen Flirt nicht abgeneigt, was 1611 unweigerlich dazu führt, dass sie auch den Favoriten des Königs, Robert Carr, näher kennenlernt.

Vom ersten Augenblick an sind die beiden voneinander fasziniert, und was wohl als delikater Flirt beginnt, entwickelt sich zu einer leidenschaftlichen Affäre. Thomas Overbury jedoch reagiert empfindlich auf Roberts Interesse an Lady Frances. Er verabscheut die Howards und deren politische Agenda und hält Frances für eine flatterhafte Verführerin, die nur auf ihren eigenen Vorteil bedacht ist. Wieder und wieder beschwört er Robert, von ihr zu lassen.

Doch sein Protest trifft auf taube Ohren. Anstatt sich zu trennen, fassen Lady Frances und Robert Carr den Entschluss, ihre Beziehung durch Heirat offiziell zu machen. Nun dürfte uns allen im Gedächtnis geblieben sein, dass Lady Frances bereits verheiratet ist. Also muss ein Plan her, um ihren Ehemann, Robert Devereux, loszuwerden. Auch der König ist allem Anschein nach nicht nur mit der Ehe seines Favoriten einverstanden, sondern unterstützt sogar die Bemühungen. Hierbei spielt sicher eine Rolle, dass eine politisch günstige Ehe von allen Mitgliedern der höfischen Gesellschaft nicht nur erwartet wird, sondern nicht unerhebliche Vorteile mit sich bringt. Auch der König selbst ist aus eher politischen Erwägungen mit Anna von Dänemark vermählt. Vermutlich war auch Lady Frances' Familie für die Eheschließung. Man verspricht sich möglicherweise von der Verbindung mit dem überaus einflussreichen Carr einen weiteren Machtzuwachs. Lady Frances, die als Frau den Prozess nicht selbst anstoßen kann, bittet daher ihren Vater und ihren Onkel als ihre Vertreter, eine Annullierung der Ehe anzustrengen. Was für ein gefundenes Fressen für die zum Klatsch neigende Gesellschaft bei Hofe! Als Begründung behauptet Lady Frances nämlich, die Ehe sei niemals vollzogen worden. Ein Umstand, so gibt sie an, der in der Impotenz ihres Ehemannes begründet sei.

Die Nachricht über den Prozess und seine angeblichen Hintergründe verbreitet sich natürlich wie ein Lauffeuer, zumal in dessen Zuge sämtliche privaten Details der Ehe zwischen Lady Frances und Robert Devereux an die Öffentlichkeit gezerrt werden – ein Skandal, der die Höflinge hervorragend unterhält. Im Prozess leugnet Devereux tatsächlich nicht, dass die Ehe nie vollzogen wurde. Die alleinige Schuld trage aber seine Frau, denn sie lasse in ihm jeden Liebeseifer versiegen. Zur Klärung dieser Frage werden im Laufe des Verfahrens mehrere unterhaltsame Zeugenaussagen gehört, die belegen sollen, dass Robert durchaus zu einer Erektion imstande sei. Frances indes muss sich einem Jungfräulichkeitstest unterziehen. Anhand einer körperlichen Untersuchung durch Hebammen soll ihre sexuelle Unberührtheit nachgewiesen werden. Zu diesem Anlass erscheint Lady Frances mit einem langen schwarzen Schleier, der ihr Gesicht so vollständig verdeckt, dass sich die Zeitgenossen fragen, ob es auch tatsächlich Lady Frances Howard ist, deren Unberührtheit von den Hebammen bestätigt wird. Auch wenn uns heute völlig klar sein sollte, dass eine solche Untersuchung jeglicher medizinischen Grundlage geschweige denn wissenschaftlicher Validität entbehrt, gilt sie doch für die Menschen des 17. Jahrhunderts als eine zuverlässige Untersuchungsmethode. Auch eine Einmischung des Königs im Interesse Robert Carrs ist nicht auszuschließen.

Wie auch immer es zu diesem Ergebnis gekommen sein mag, am Ende hat Lady Frances Erfolg, und die Ehe mit Robert Devereux wird annulliert. Nun ist der Weg frei, und Lady Frances und Robert Carr können heiraten. Thomas Overbury hält sich indes den gesamten Prozess über mit seiner schlechten Meinung über Lady Frances nicht zurück. Und auch nach dem Urteil versucht er weiterhin vehement, Carr davon zu überzeugen, die Beziehung zu beenden.

Zu dieser Zeit verfasst Overbury sein bis heute bekanntestes Gedicht »A Wife«, zu Deutsch »Die Frau«, in welchem er detailliert beschreibt, welche Eigenschaften ein Mann bei seiner zukünftigen Partnerin suchen solle – die ideale Frau des 17. Jahrhunderts also. Wir können uns vorstellen, dass das nicht gerade eine Beschreibung der selbstbewussten, lebenslustigen und eigensinnigen Lady Frances Howard ist. Diese versteht die Anspielung allerdings und fühlt sich durch den öffentlichen Angriff und die damit verbundene Bloßstellung provoziert. Die Spannungen zwischen ihr und Thomas sind bei Hofe ein offenes Geheimnis, und so amüsiert sich nach der Veröffentlichung des Gedichtes der gesamte Hofstaat hinter vorgehaltener Hand über Lady Frances.

Der ewige Zwist zwischen Robert Carrs zukünftiger Gemahlin und seinem engsten Freund eskaliert. Lady Frances verbreitet Gerüchte bei Hofe, nach denen Overbury unrühmlich über die Königin, Anna von Dänemark, gesprochen habe, woraufhin er der erbosten Monarchin nicht mehr unter die Augen treten darf. Möglicherweise als Reaktion auf die Gerüchte bietet James I. prompt Thomas Overbury eine Position als Botschafter in Russland an, was de facto eine Verbannung vom Hofe darstellt, wenn auch mit der Möglichkeit, zumindest aus der Ferne politischen Einfluss auszuüben. Overbury lehnt das Angebot ab – leider, wie wir vielleicht sagen –, obwohl ihm bewusst sein muss, dass er damit den König erzürnt. Einem direkten Wunsch des Monarchen nicht zu entsprechen kann sehr leicht als Affront gegen die Krone aufgefasst werden. Gerade im Hinblick auf Overburys viel gerühmtes politisches Gespür ist es äußerst unwahrscheinlich, dass sich seine Entscheidung einfach als simple Fehleinschätzung erklären lässt. Vielmehr verbirgt sich dahinter vermutlich der Wunsch, Robert Carr nicht schutzlos dem Einfluss der Howards auszuliefern. Etwas Eifersucht ist am Ende vielleicht mit im Spiel. Warum auch immer der sonst so kluge und bedachte Thomas Overbury sich dazu entscheidet, den Schritt nach Russland zu verweigern – es sollte sich als ein fataler Fehler herausstellen, der ihm erst eine Inhaftierung wegen Hochverrats einbringt und ihn am 15. September 1613 das Leben kostet.

Nachdem Thomas Overbury verstorben ist, geht für Lady Frances und Robert Carr alles weiter, als sei nichts geschehen: Drei Monate später, im Dezember 1613, heiraten die beiden. Wieder wird anlässlich der Hochzeit – die am selben Ort stattfindet, an dem Frances schon mit Robert Devereux vermählt wurde – tagelang eine glamouröse Feier veranstaltet. Nach der Hochzeit lässt der König seinen Favoriten ziehen, nicht jedoch ohne ihm zuvor den Titel des Earl of Somerset zu verleihen und ihn schließlich zum Lord Chamberlain, dem Kämmerer des Königs, zu ernennen. Damit bekleidet Robert Carr nun eines der höchsten Ämter im Staate.

Lange genießen kann er diese Stellung allerdings nicht: Verschiedene politische Fehleinschätzungen bringen seine Position immer stärker ins Wanken, und die einst so innige Beziehung zu James I. kühlt merklich ab. Der König umgarnt einen neuen Favoriten, und Carrs Einfluss schwindet.

Im Juli 1615 dann kommen – aufgrund einiger zweideutiger Aussagen des Gouverneurs des Towers of London, Sir Gervaise Elwes – Gerüchte auf: Man beginnt hinter vorgehaltener Hand zu spekulieren, ob hinter dem fast zwei Jahre zurückliegenden Tode Thomas Overburys mehr stecken könnte. Ein Umstand, der sowohl Robert Carr als auch Lady Frances und ihr Umfeld nervös macht. Schließlich ist ihre Vorgeschichte mit Thomas Overbury bei Hofe durchaus bekannt. Im September 1615 wird James I. das angebliche Geständnis eines Apothekergehilfen zugetragen, nach dem Thomas Overbury keines natürlichen Todes gestorben sei. Der Geständige sei selbst an der Tat beteiligt gewesen, wodurch er dies Wissen erlangt habe. Ob die Darstellung der Ereignisse der Wahrheit entspricht, ist schwer zu sagen. Es existieren verschiedene Aussagen darüber, wie und von wem der erste Hinweis stammt. Sicher ist jedoch, dass James I. daraufhin eine gründliche Untersuchung zum Tode Thomas Overburys einleiten lässt.

Eine solches Unterfangen im frühen 17. Jahrhundert lässt

sich selbstverständlich nicht mit modernen kriminalistischen Untersuchungen vergleichen. Zur Beweisführung dienten in der Regel Zeugenaussagen, also subjektive Wahrnehmungen und Erinnerungen, sowie die Befragung der Beschuldigten, wobei diese unter großen Druck geraten konnten. Zu guter Letzt galt auch das Prinzip der Unschuldsvermutung nicht, und so oblag es den Verdächtigen, ihre Unschuld zu beweisen – eine äußerst schwierige, in den meisten Fällen unmögliche Ausgangslage.

Der Fall Thomas Overbury wird unter der Leitung des Obersten Richters Edward Coke und des Generalstaatsanwaltes Sir Francis Bacon untersucht, und so bestätigt man schließlich den anfänglichen Verdacht: Thomas Overbury wurde Opfer eines feigen Giftmordes! Seit seiner Inhaftierung im Tower habe sein Wärter, ein gewisser Richard Weston, ihm immer wieder vergiftete Süßspeisen serviert, bis Overbury schließlich an den Folgen der schleichenden Vergiftung verstorben sei. Sowohl den Auftrag als auch das Gift habe jener Weston von einer Dame namens Anne Turner erhalten, die seit vielen Jahren nicht nur in Diensten von Lady Frances Howard, Countess of Somerset, steht, sondern ihr auch eine enge persönliche Freundin ist. Zudem sei Weston für die Tat von Lady Frances persönlich in Gold entlohnt worden, wenn auch mit einiger Verzögerung, wie er im Verlauf der Befragungen beklagt. Mrs Turner wiederum habe das Gift von einem Apotheker namens James Franklin bezogen, dessen Assistent es gewesen sein soll, der durch sein Geständnis die ganze Untersuchung ins Rollen brachte. Doch auch der bereits erwähnte Sir Gervaise Elwes, der damalige Gouverneur des Towers of London, soll – zumindest indirekt – an dem Mord beteiligt sein. Obwohl er nie gestehen sollte, wirft man ihm vor, den Mord wider besseres Wissen nicht verhindert oder angezeigt zu haben – aufgrund seiner Beziehung zu Robert Carr: Er verdankt Carrs Einfluss den Posten als Gouverneur des Towers. Allein um die Somersets zu schützen, soll er Weston nicht von seinem Tun abgehalten haben.

Der größte Skandal dabei aber ist die implizierte Beteiligung des Earls und der Countess von Somerset an dem Verbrechen. Um zu gewährleisten, dass sie ihren Einfluss nicht dazu nutzen, ihre Rolle bei der Verschwörung zu verschleiern, wird der Earl am 17. Oktober verhaftet, unter Hausarrest gestellt und später in den Tower überführt, um dort auf seine Verhandlung zu warten. Der zu diesem Zeitpunkt hochschwangeren Countess Frances gestattet man, bis zur Geburt des Kindes im eigenen Hause zu verbleiben. Doch schon kurz nachdem im Dezember 1615 ihre Tochter Anne zur Welt kommt, wird auch sie zusammen mit dem Kind unter Hausarrest gestellt.

Noch vor ihrer Inhaftierung finden zwischen Oktober und November des Jahres 1615 die Verhandlungen gegen die vermutlichen Mitverschwörer Weston, Turner, Elwes und Franklin statt. Keine der angeklagten Personen bekennt sich zu dem Mord. Retten kann sie das jedoch nicht. Sie alle werden im Prozess für schuldig befunden und zum Tode verurteilt – ein Urteil, das bereits wenige Tage nach der Verkündung vollstreckt wird.

Natürlich ist das Interesse der Öffentlichkeit an dem skandalösen Fall gewaltig. Spekulationen und Gerüchte machen die Runde, auch solche, nach denen Robert und Frances sich mehrfach der Hexerei bedient hätten, um ihre Ziele zu erreichen. Gerade der Niedergang des einst so einflussreichen Robert Carr sorgt für Spott und Schadenfreude. Manche Höflinge profitieren unmittelbar, indem sie ihm in eine seiner zahlreichen Positionen bei Hofe nachfolgen.

Schließlich wird Lady Frances Howard am 24. Mai 1616 in der Westminster Hall vor Gericht gestellt. In ihrem Verfahren gesteht sie ihre Beteiligung am Tode Thomas Overburys. Tatsächlich wiederholt sie ein Geständnis, das sie bereits im Januar abgelegt hatte. Bei dieser Gelegenheit hatte sie darauf bestanden, dass ihr Ehemann Robert Carr völlig unbeteiligt sei und auch nichts von ihren Plänen gewusst habe – die Schuld für den Mord an Overbury nimmt sie vollständig auf sich. Sie habe wegen der Dinge, die dieser über sie geschrieben und gesagt hatte, eine derart große Wut empfunden, dass sie den Entschluss zu der Tat eigenständig gefasst und umgesetzt habe. Die Geschworenen, unter denen tatsächlich auch ihr erster Ehemann Robert Devereux ist, befinden sie der Beihilfe zum Mord für schuldig: Auch sie wird zum Tode verurteilt. Gleich nach dem Urteilsspruch wird sie in den Tower verlegt und muss ihre kleine Tochter Anne in die Obhut ihrer Schwester übergeben.

Die Verhandlung gegen Robert Carr findet einen Tag nach der seiner Frau am 25. Mai 1616 statt. Längst hat der einstige Favorit seinen Status eingebüßt, und der König ist vor allem daran interessiert, dass keine Details über seine Beziehung zu ihm im Verfahren zur Sprache kommen oder dieser ihn auf andere Weise diskreditiert. Carr bleibt jedoch seiner Linie treu und lässt nichts verlautbaren, was ihn den letzten Rest des Wohlwollens kosten könnte, das der König ihm noch entgegenbringt. Vehement streitet er jegliche Beteiligung an dem Verbrechen ab und lässt sich durch die Befragung der Anklage nicht aus der Ruhe bringen. Nichtsdestotrotz wird auch er am Ende der Beihilfe zum Mord für schuldig befunden und zum Tode verurteilt.

Doch die Todesurteile gegen die Somersets sollten nie vollstreckt werden. Das Paar verbleibt im Tower, bis beide Verurteilten 1621 schließlich in die Freiheit entlassen und 1624 vollständig begnadigt werden. Nach ihrer Entlassung kehren sie auf ihren Landsitz zurück, können aber nie wieder gesellschaftlich Fuß fassen. Selbst ihre Tochter Anne kehrt nicht zu ihnen zurück, sondern verbleibt bei der Familie ihrer Tante. Lady Frances Carr, Countess of Somerset, stirbt bereits 1632 im Alter von nur 42 Jahren wahrscheinlich an einer Krebserkrankung. Sir Robert Carr, Earl of Somerset, hingegen lebt noch bis 1645. Über die Umstände seines Todes ist nichts bekannt.

Am Ende der Geschichte angekommen, stellt sich wie so oft die Frage, ob alles wirklich so ist, wie es auf den ersten Blick scheint. Es ist durchaus möglich, dass Thomas Overbury einem Giftmord zum Opfer fiel, der von Lady Frances erdacht und von ihren Mitverschwörern ausgeführt wurde. Die Abneigung, die Thomas Overbury und Lady Frances füreinander empfanden, war kein Geheimnis. Möglicherweise fürchtete sie, Thomas könne auch nach seiner Inhaftierung noch für Unruhe sorgen und sogar ihre Hochzeit mit Robert Carr gefährden. Es ist anzunehmen, dass Frances aufgrund der Erziehung, die sie als Tochter einer ambitionierten Adelsfamilie genoss, bereit war, zum Schutze der eigenen Interessen auch Opfer in Kauf zu nehmen. Genauso möglich ist es jedoch, dass jemand anderes hinter dem Mord steckte. Overbury hatte nicht viele wahre Freunde bei Hofe, und es wäre nicht das erste Mal, dass sich jemand eines Rivalen auf diese Weise entledigte. Und natürlich bleibt die Möglichkeit bestehen, dass Thomas Overbury gar keinem Mord zum Opfer fiel.

Die eigentlich viel interessantere Frage aber ist: Warum tauchten die Gerüchte um den Mord ausgerechnet zu einer Zeit auf, als Robert Carrs Einfluss bei Hofe zu schwinden begann? Robert Carr hatte sich im Laufe der Zeit in Erfüllung seiner verschiedenen Ämter gewiss zahlreiche Feinde gemacht und stand anderen Aristokraten bei der Erreichung ihrer Ziele im Wege. Auch wird nicht überall auf Gegenliebe gestoßen sein, dass er ein Günstling des Königs war. Dazu kommt seine Verbindung zu Lady Frances Howard, die zu einer durchaus polarisierenden Familie gehörte. Politische Intrigen waren an den Königshöfen der frühen Neuzeit weit verbreitet, und ein jeder suchte, durch kluge Schachzüge einen möglichst großen Vorteil zu erlangen. Möglicherweise hatte man deshalb damit gewartet, die Somersets anzuprangern. Robert Carr war ja 1613 zum Zeitpunkt des Todes von Thomas Overbury noch auf dem Höhepunkt seiner Macht, die Beziehung zum König war nach wie vor eng. Zwei Jahre später aber hatte sich die Situation verändert. Vielleicht sah man nun die Gelegenheit gekommen, mit dem Wissen, der Vermutung – oder schlicht dem Gerücht – über den Mord einen Rivalen zu beseitigen.

Was Thomas Overbury 1613 im Tower of London wirklich widerfuhr oder ob die für seinen Tod Verurteilten tatsächlich auch die Schuldigen waren, werden wir nie mit letzter Sicherheit erfahren. Die wahren Hintergründe sind jedoch überdeutlich: Es sind das Machtstreben und die Intrigen eines Adels, der für den unerbittlichen Kampf um die Vormachtstellung buchstäblich über Leichen geht.

Deutschlands letzte Hexe: Anna Maria Schwegelin

1775

Es ist ein Samstag, der 8. April 1775, als das Urteil gegen Anna Maria Schwegelin bekannt gegeben wird. Sie ist der Hexerei angeklagt, und man verurteilt sie zum Tode durch das Schwert, danach soll ihr Körper verbrannt werden. Anna hat noch drei Tage. Am Dienstag, dem 11. April, soll sie sterben, als erster zum Tode verurteilter Mensch im Kurfürstentum Bayern seit knapp zwanzig Jahren und als letzte vermeintliche Hexe auf deutschem Boden – mitten in der Epoche der Aufklärung.

Wahrscheinlich wüssten wir heute nicht mehr viel über die ehemalige Dienstmagd Anna Maria Schwegelin, wäre nicht am 16. Februar 1775 eine Anzeige gegen sie beim Kriminalamt im allgäuischen Kempten abgegeben worden. Eine Aufseherin im Armen- und Zuchthaus Langenegg, geheißen Kühstallerin, beschuldigt die 46 Jahre alte Insassin Schwegelin eines schon zu jener Zeit ungewöhnlichen Verbrechens. Zunächst sei Schwegelin durch merkwürdiges Verhalten aufgefallen und habe ihr, der Kühstallerin, sowie später auch dem Zuchtmeister gestanden, im Pakt mit dem Teufel zu stehen und nun von diesem verfolgt zu werden. Sie halte es daher im Armenhaus nicht mehr aus.

Anna Maria Kühstallerin war einst selbst nach einer versuchten Selbsttötung als Insassin ins Armenhaus gekommen. Nun sollte die Einrichtung aufgelöst werden, und aus Mangel an Alternativen war die ehemalige Mitinsassin übergangsweise zu Anna Maria Schwegelins Aufpasserin ernannt worden. Die beiden Frauen scheinen sich gegenseitig zutiefst zuwider gewesen zu sein, zunächst als Insassinnen, dann in der unglücklichen Aufpasserin-Bewachte-Konstellation. Da die Denunziantin aufgrund ihrer eigenen Vorgeschichte wenig glaubwürdig erscheint, wird die Anzeige zunächst nicht ernst genommen. Doch schließlich ruft sie den erfahrenen fürststiftischen Landrichter Johann Franz Wilhelm Treuchtlinger auf den Plan, der Anna Maria Schwegelin einbestellt und den Vorwurf prüft, wenngleich schon damals vielerorts ein Hexenprozess aus der Zeit gefallen wirkt.

Obwohl Prozesse gegen Menschen, denen Zauberei vorgeworfen wird, bereits aus dem alten Ägypten und Babylonien, spätestens aber seit der klassischen Antike bekannt sind, handelt es sich hierbei noch nicht um die Art Hexenprozess, wie sie zwischen dem 15. und 18. Jahrhundert in Europa vermutlich über 60000 Menschenleben kosten sollten. Eine Prozess- und Hinrichtungswelle, die vor allem auf dem Gebiet des heutigen Deutschlands verheerende Ausmaße annahm.

Der berühmte Kirchentheoretiker Thomas von Aquin postuliert im 13. Jahrhundert in seinen Schriften, aufbauend auf der Dämonenlehre des spätantiken Kirchengelehrten Augustinus von Hippo, es sei durchaus möglich, dass Menschen durch einen Teufelspakt zum Wirken von Magie in der Lage wären. Schon für ihn sind es hierbei vor allem Frauen, denen Derartiges zuzutrauen wäre.

Anfang des 15. Jahrhunderts kommen dann zur Definition von Hexerei neben dem Pakt mit dem Teufel und Schadenszauberei noch die Versammlung in Hexensekten, der Teufelspakt, die Teufelsbuhlschaft, also sexueller Kontakt mit Dämonen, und der Hexenflug hinzu. Die moderne Forschung führt diese Entwicklung unter anderem auf Antisemitismus zurück – auf typische Feindbildstereotype gegen jüdische Menschen, wie den Ritualmord an christlichen Kindern, die Vergiftung von Brunnen und den Wunsch, die christliche Gemeinschaft zu zerstören. Diese Vorwürfe finden sich in kaum abgewandelter Form in den Hexenprozessen der frühen Neuzeit wieder. Aber auch christliche Glaubensgemeinschaften, deren Praktiken und Ansichten sich von denen der katholischen Kirche unterscheiden, wie zum Beispiel die der Katharer und Waldenser, sehen sich schon ab dem 13. Jahrhundert Verfolgungen ausgesetzt.

Heute ist uns das kaum bewusst, aber bei der Hexenverfolgung geht es im Laufe der Zeit nicht mehr um einzelne Menschen, die durch vermeintliche Zauberei Schaden verursachen, sondern um die Bekämpfung einer vermuteten Sekte, deren Ziel es sei, im Gefolge des Teufels die Christenheit zu vernichten. Diese Befürchtungen stoßen vielerorts auf offene Ohren, wenn es auch anfangs noch selten gezielt zu Verfolgungen kommt. Selbst unter Gelehrten, die im 15. Jahrhundert zumeist entweder der Kirche oder dem Adel angehören, ist die Meinung über die Existenz von Hexen äußerst gespalten.

Den endgültigen Startschuss zur Hexenverfolgung gibt schließlich Heinrich Kramer. Der Dominikanermönch, Inquisitor und fanatische Frauenhasser ist davon überzeugt, dass Hexerei nicht nur existiert, sondern auch verfolgt werden muss. Im Jahre 1486 verfasst er daher das *Malleus Maleficarum*, den *Hexenhammer*, in dem er zum ersten Mal ausführlich beschreibt, wie man Hexen erkenne und wie mit ihnen zu verfahren sei. Zwei Jahre zuvor hatte Kramer Papst Innozenz VIII. dazu gebracht, in der sogenannten Hexenbulle die Hexenverfolgung zu legitimieren. Doch während die Hexenbulle, mit der Kramer den *Hexenhammer* eröffnet, noch relativ harmlos daherkommt, trieft der *Hexenhammer* vor Misogynie, Fanatismus und dem Aufruf zur Gewalt gegen vermeintliche Hexen. Für Kramer steht fest: Vor allem Frauen sind von Natur aus moralisch und geistig schwach. Zudem stecken sie voller Hinterlist. Auch sei der Glaube in Frauen grundsätzlich schwächer ausgeprägt, was sie anfälliger mache für die Einflüsterungen des Teufels und der Dämonen. Dank des Buchdruckes verbreitet sich Kramers in lateinischer Sprache verfasstes Buch, das auch erste Anleitungen für die Durchführung von Hexenprozessen enthält, schnell unter den Gelehrten der Zeit – allerdings ohne direkt zu einem merklichen Anstieg der Zahl von Hexenverfolgungsprozessen zu führen. Tatsächlich gibt es sogar eine ganze Reihe Gegner, wozu übrigens nach heutigem Forschungsstand auch Jakob Sprenger gehört, der oft als Mitverfasser des *Hexenhammers* genannt wird. Dass er tatsächlich daran mitschrieb, ist aber aus dem zuvor genannten Grund äußerst unwahrscheinlich.

Zur Verankerung der Hexenprozesse im allgemeinen Rechtsverständnis trägt außerdem der 1511 erschienene *Neue Laienspiegel* von Ulrich Tengler bei. Dieses Rechtsbuch beinhaltet erstmals auch eine Anleitung zur Durchführung von Hexenprozessen in deutscher Sprache, was den ausführenden Organen der Rechtsprechung ein Werkzeug in die Hand gibt. Hierbei ist interessant, dass die Hexenprozesse der frühen Neuzeit sämtlich vor weltlichen Gerichten stattfinden, dass diese Verfahren also – anders als zum Beispiel Ketzereiverfahren – weder von der Inquisition noch der Kirche durchgeführt werden. Tatsächlich gibt es in Gebieten mit starker Präsenz der Inquisition vergleichsweise wenige Hexenprozesse, etwa in Spanien und Portugal. Allerdings folgen die Hexenprozesse der Form eines Inquisitionsprozesses, das heißt, der Prozess wird von Amts wegen ausgelöst und erfordert nun nicht mehr wie in früheren Zeiten die Anklage durch eine geschädigte Person.

In anderen Regionen wie der Schweiz, der Bodenseeregion, Norditalien und dem Rhein-Main-Gebiet kommt es Ende des 15. Jahrhunderts bereits zu Hexenprozessen, denen zahlreiche Menschen zum Opfer fallen. Mit dem Beginn der Reformation 1517 schläft die Hexenverfolgung für einige Zeit weitestgehend ein, wahrscheinlich auch, weil es nun eine schlimmere Bedrohung gibt, der man sich widmen muss. Allerdings nur, um in der zweiten Hälfte des 16. Jahrhunderts mit voller Wucht zurückzukehren. Dies gilt übrigens für beide Konfessionen.

Nun sind wir in der historischen Zeit angelangt, in der der Hexenwahn seine ganze zerstörerische Macht entfalten sollte. Dies hat wohl mehrere Gründe. Zum einen führen die Konflikte und Glaubenskriege zwischen Katholiken und Protestanten zur Radikalisierung auf beiden Seiten. Glaubenssätze und Vorstellungen werden rigider, und Angst und Unsicherheit plagen die Bevölkerung. Dazu kommen die Auswirkungen der sogenannten Kleinen Eiszeit, die Mitte des 16. Jahrhunderts über Europa hereinbricht. Überdurchschnittlich niedrige Temperaturen und häufige Niederschläge führen zu Missernten und zu einer deutlichen Ressourcenverknappung. In der Folge kommt es zu Preissteigerungen, Kriegen und Seuchen. Die Menschen sind zutiefst verunsichert und werden von ständiger Existenzangst geplagt. Für all diese realen Schrecken wird ein Grund gebraucht – jemand muss dafür verantwortlich sein, dass der Teufel die Christenheit derart heimsucht. Vor allem in Mittel- und Nordeuropa sucht man die Schuldigen in Hexenzirkeln. Hierzu trägt ein tief im Volksglauben verankerter Glaube an Magie entscheidend bei. Denn der Großteil der Prozesse wird nicht etwa von Kirchendienern oder der Obrigkeit losgetreten. Es sind die Mitbürgerinnen und Mitbürger, die aus Aberglauben oder persönlichen Motiven – etwa, um einen unliebsamen Nachbarn loszuwerden oder um von eigenen Verfehlungen abzulenken – Menschen der Hexerei bezichtigen.

Eine einfache Anschuldigung reicht, um ein Verfahren einzuleiten. Dann gibt es für die Beschuldigten meist keinen Ausweg mehr. Unter der Folter, die im Zuge aller Inquisitionsverfahren eingesetzt wird, gestehen nicht nur die allermeisten, die Beschuldigten werden zudem von den Verhörenden dazu getrieben, weitere Personen aus ihrem Umfeld zu »besagen«, die an der Hexerei beteiligt gewesen sein sollen. Die zugrunde liegende perfide Logik, dass Hexen stets in Zirkeln operieren, sorgt somit für das oft verheerende, immer aber tragische Ausmaß der Hexenverfolgungen, denen jeder Mensch, egal welchen Standes, zum Opfer fallen konnte.

Gleichzeitig wächst die Angst vor Besessenheit durch dämonische Mächte in der Zeit des 16. Jahrhunderts, was angesichts der furchtbaren Hexenprozesse nicht verwundert. So gewinnen auch die religiösen Rituale zur Abwehr einer solchen Besessenheit, wie etwa Wallfahrten oder Exorzismus, stetig an Bedeutung. Tatsächlich ist das *Rituale Romanum* von 1614, wenn auch in angepasster Form, noch heute Basis christlicher Exorzismen.

Als nun 1618 der Dreißigjährige Krieg über große Teile Europas und somit auch über das Gebiet des heutigen Deutschlands hereinbricht, der bis zu seinem Ende im Jahre 1648 ungefähr ein Drittel der Bevölkerung in den betroffenen Gebieten das Leben kosten sollte, erreicht die Hexenverfolgung ihren traurigen Höhepunkt. Die grausamen Erfahrungen des Krieges brechen sich in Form von Angst und Ohnmachtsgefühlen der Menschen Bahn – und Hunderte Anschuldigungen gegen vermeintliche Hexen und Zauberer sind die Folge.

Doch zunehmend werden kritische Stimmen laut, die sich gegen die Prozesswellen, vor allem aber gegen die durch Folter erlangten Geständnisse aussprechen und die Anwendung geltenden Rechts fordern. Das ist zu jener Zeit noch die Constitutio Criminalis Carolina, kurz Carolina, das 1532 erlassene, erste für das gesamte Heilige Römische Reich Deutscher Nation gültige Strafrecht. Bereits im 16. Jahrhundert sprechen sich viele gegen die Hexenverfolgung aus, so unter anderem der Arzt Johann Weyer, der in seinen Schriften nicht nur gegen den *Hexenhammer* argumentiert, sondern tatsächlich in den Hexenprozessen selbst das Werk des Teufels zur Spaltung der Christenheit erkennt.

Deutlich größeren Einfluss sollten jedoch die Ausführungen des Jesuiten Friedrich Spee von Langenfeld haben, der 1631 in einer zunächst anonymen Schrift, der *Cautio criminalis*, seine Bedenken gegen die Hexenprozesse öffentlich macht. Er vertritt die Ansicht, dass die Folter niemals ein probates Mittel sei, wahrheitsgemäße Geständnisse zu erwirken. Diese Ansicht gegen die Rechtmäßigkeit und Vernunft der Hexenprozesse ist damals tatsächlich bereits weit verbreitet und wird von vielen Kirchenoberen und sogar von zahlreichen Vertretern der Inquisition geteilt.

Hinzu kommt, dass zu jener Zeit die Bedeutung der Naturwissenschaften wächst. Wissenschaftliche Erkenntnisse können nun zahlreiche Phänomene erklären, die für die Vorfahren noch unerklärlich waren, was das scholastische Weltbild vielerorts ins Wanken bringt. Immer mehr Naturphänomene werden erforscht, und auch die Medizin macht stetig Fortschritte. So etabliert sich zunehmend ein Bewusstsein für körperliche und psychische Erkrankungen und deren mögliche Ausprägungen und Auswirkungen auf das Verhalten und die Wahrnehmung der Menschen. Gleichzeitig wird die Frage diskutiert, ob sich nicht etwas, das allenthalben noch als Hexenwerk interpretiert wird, unter wissenschaftlicher Betrachtung als natürliches Phänomen erklären ließe.

Diese veränderte Denkweise der Gebildeten ist es, die schließlich zu Änderungen des geltenden Rechtes führt. Zum einen werden vielerorts Hexenprozesse gänzlich verboten, so unter anderem schon im 17. Jahrhundert in Frankreich und Schweden. Zum anderen wird der Gebrauch der Folter stark eingeschränkt. Stichhaltige Beweise für den Teufelspakt werden gefordert. In den meisten Fällen bedeutet dies, dass überhaupt erstmals Untersuchungen angestellt werden, ob die vorgeworfenen Verfehlungen oder Verhaltensweisen nicht natürliche beziehungsweise gesundheitliche Ursachen haben können.

Die weitreichenden Hexenprozesse werden nach und nach

abgeschafft und verboten. Bahnbrechend hierbei sind vor allem die Arbeiten des Juristen Christian Thomasius, der 1712 auf Grundlage der Schriften niederländischer Kirchenphilosophen erklärte, dass der Teufel als körperliches Wesen nicht existiere. Diese mangelnde Körperlichkeit mache so etwas wie eine Teufelsbuhlschaft und ein Bündnis mit dem Teufel unmöglich. Allerdings ist es wohl auch Thomasius' scharfe Ablehnung alles Katholischen, die dazu beitragen sollte, dass Anklagen wegen Hexerei in Gebieten mit überwiegend katholischer Bevölkerung noch deutlich länger vorkommen – denn dort werden seine Schriften nicht anerkannt.

Anfang des 18. Jahrhunderts ist zumindest auf dem Gebiet des heutigen Deutschlands die Zeit der großen Hexenverfolgungswellen vorüber. Dennoch kommt es in einigen Regionen vereinzelt noch zu Prozessen vornehmlich gegen Frauen, denen Hexerei und Teufelspakt vorgeworfen werden, und in der Folge zu Hexenprozessen wie dem der Anna Maria Schwegelin im Jahre 1775.

Ihre Heimat Oberschwaben ist im 18. Jahrhundert eine Region mit zahlreichen kleinen bis mittelgroßen Städten und Dörfern, die sich voneinander nicht nur durch ihre verschiedenen Regierungsformen – Fürstentum, freie Stadt oder Kirchenland –, sondern auch durch Dialekt und Gebräuche abgrenzen. Katholische und protestantische Gemeinden liegen dicht beieinander. Hier ist der Volksglaube an Zauberei, gekennzeichnet durch die Verwendung von Talismanen und Ritualen, noch stark in der Bevölkerung verankert. Sogenannte Zauberbücher und andere okkulte Schriften sind weit verbreitet und finden reißenden Absatz, obwohl die zumeist fahrenden Händler, die sie vertreiben, sich vor Obrigkeit und Kirchenvertretern in Acht nehmen müssen. Der Inhalt der Bücher – Rituale, mit denen man positive oder negative Effekte zu erzielen versuchte, oder angeblich geheime Passagen der Bibel – wird von gebilde-

2 *Hexe bei Beschwörungsriten laut eines Kupferstichs aus dem 18. Jahrhundert*

ten Bürgern bereits als Humbug angesehen, sodass sie versuchen, die Verbreitung zu unterbinden. Eine Kluft zeichnet sich ab zwischen der breiten Bevölkerung mit ihrem Verständnis von Zauberei und der gebildeten Obrigkeit, die Zugang zu wissenschaftlichen Erkenntnissen hat.

Dies ist also die Realität der Zeit, in der Anna Maria Schwegelin durch Anna Maria Kühstallerin als Hexe bezichtigt und eine Untersuchung eingeleitet wird. Werfen wir einen Blick auf das Leben der Beschuldigten, sofern es die wenigen dokumentierten Spuren zulassen, die sie als Angehörige der ärmsten Landbevölkerung hinterlassen hat.

Abgesehen von den Gerichtsunterlagen, ist nur wenig über ihr Leben bekannt. Die katholische Taufe der kleinen Anna Maria findet am 23. Januar 1729 in Lachen, einem kleinen Dorf in der Nähe von Memmingen, statt, das bis zum Reichsdeputationshauptschluss von 1803 zum Fürststift Kempten gehört. Nach dem Tode ihres Vaters, der die Familie nahezu mittellos zurücklässt, ist Annas Leben von der Suche nach Lohn und Brot geprägt. Ihre erste Anstellung tritt sie – mit knapp 19 Jahren – 1748 an, im selben Jahr stirbt auch ihre Mutter. In den Jahren danach steht sie in immer wieder neuen Anstellungsverhältnissen, bleibt jedoch der Region um Memmingen treu. Typisch für die Angehörigen der damaligen ländlichen Unterschicht arbeitet sie oft nur wenige Jahre, manchmal Wochen oder Tage, an ein und demselben Ort – mal als Aushilfe, mal als Magd, mal als Spinnerin von Flachs –, ehe sie sich etwas Neues suchen muss.

Im Jahre 1751 macht Anna während solch einer Anstellung die Bekanntschaft des 35-jährigen Martin Linck. Wie Anna Maria arbeitet er damals auf dem Landgut Künersberg. Während sie sich als Aushilfe verdingt, ist er dort Kutscher. Martin scheint für Anna eine gute Partie und damit eine Chance auf einen kleinen gesellschaftlichen Aufstieg gewesen zu sein. Auch wenn er vierzehn Jahre älter ist als sie, verfügt er über ein gewisses Vermögen. Allerdings ist er im Gegensatz zu Anna ein Protestant.

Wie sie bei ihren späteren Verhören berichtet, scheint dies für Martin jedoch kein Hindernis gewesen zu sein. Vielmehr soll er ihr die Heirat versprochen haben, sofern sie konvertiere. Er besorgt ihr sogar eine neue Stelle an einem von Protestanten geführten Hof, als sie ihre alte Arbeit aufgeben muss. Die dortige Herrschaft soll ihr gar eine Aussteuer versprochen haben, sollte sie konvertieren. Doch daraus wird nichts, und noch ehe Anna zum protestantischen Glauben wechseln kann, zerbricht die Beziehung, und Martin ehelicht im November 1753 eine andere konversionsbereite Katholikin. Was zur Trennung führt, ob Martin gar zweigleisig fährt, kann nur spekuliert werden. Vieles deutet aber darauf hin, dass die beiden – gegensätzlich zu

Annas späteren Behauptungen – längst getrennte Wege gehen, als Martin sich der anderen Frau zuwendet.

In der Folge finden sich in den Jahren 1754 und 1757 Spuren von Anna Maria Schwegelin in den Memminger Ratsprotokollen: im ersten Fall, da sie zeitweise aus der Stadt geworfen wird, nachdem sie offenbar bei einem illegalen Trinkgelage zugegen war, das zweite Mal, weil sie das Erbe eines verstorbenen, entfernt verwandten Familienmitgliedes beansprucht. Ob sie damit Erfolg hatte oder nicht, ist jedoch nicht bekannt.

Die Jahre danach scheinen für Anna weiterhin durch Arbeitssuche und harte körperliche Arbeit geprägt, bis ihre schwindende Gesundheit etwaige weitere Pläne offenbar durchkreuzt. Denn 1769 kommt sie aufgrund einer Beinerkrankung ins Siechenhaus Obergünzburg. Was sie damals genau plagt, ist heute nicht bekannt, vermutlich handelte es sich um eine entzündliche Erkrankung der unteren Extremitäten. Bei ihrem späteren Verhör habe sie schließlich nur noch auf dem Boden, aber nicht mehr auf einem Stuhl sitzen können. Sogar eine Amputation steht zeitweise im Raum. Doch dazu kommt es glücklicherweise nicht, und nach vermutlich rund zwei Jahren überstellt man die nun arbeitsunfähige Frau ins Armenhaus Langenegg, wo sie dreieinhalb Jahre später denunziert werden sollte.

Auch Langenegg zählt damals zum Fürststift Kempten und wird somit vom jeweiligen Fürstabt der Benediktinerabtei Kempten als Landesherr regiert. Die bedeutendste weltliche Gerichtsbarkeit ist dort das Kaiserliche Landgericht, vertreten durch den Landrichter, der wiederum einer Gruppe ehrenamtlicher Laien vorsteht. Im Jahre 1775 hat dieses Amt der Richter Johann Franz Wilhelm Treuchtlinger inne, der bereits zuvor in einzelnen Fällen von Hexerei ermittelt hat, die teilweise mit einem Todesurteil endeten. Als Landrichter verhört er ab dem 6. März 1775 Anna Maria Schwegelin sowie den Zuchtmeister des Armenhauses, die Kühstallerin und den Aufseher des Kerkers.

Die wenigen belegten Zeugenaussagen verstärken das Bild von einer sich seltsam verhaltenden Frau, die immer wieder vom Teufel spricht, bringen aber keine neuen Vorwürfe ans Tageslicht.

Im Zuge ihrer Befragung räumt Anna Maria Schwegelin selbst einen Pakt mit dem Teufel ein. Dieser habe sie immer wieder besucht, und nach anfänglichem Weigern habe sie sich auf ihn – auch sexuell – eingelassen. Vieles an ihren Schilderungen wirkt konstruiert, scheint von der Wahrheit leicht abzuweichen und eher auf Externalisierung zu basieren, wie wir das heute nennen würden, wenn jemand etwa infolge eines schlechten Gewissens sich selbst einer Schuld bezichtigt.

So ist das Schlüsselereignis in Anna Maria Schwegelins Schilderungen – und auch der Fokus ihrer Befragung durch Treuchtlinger – ein mutmaßlicher Übertritt Annas zum Protestantismus, für welchen es jedoch keine dokumentierten Beweise gibt. Unabhängig davon, ob die Konversion stattfand oder nicht, scheint der Glaubenswechsel – oder vielleicht auch nur dessen Planung – Annas Gewissen nachhaltig beschäftigt zu haben. Allein der Gedanke daran, sich vom Katholizismus loszusagen, kommt für sie offenbar einem persönlichen Sündenfall nahe. Fast alles, was ihr in der Folge passiert, führt Anna auf genau dieses Moment zurück und steht für sie offenbar in einer klaren Kausalität dazu.

Auch wenn der Wechsel der Konfession in der damaligen, stark von der jeweiligen Religion geprägten Lebensrealität ein großer und schwerwiegender Schritt ist, so kommt er – wenn auch selten – vor. Anna aber interpretiert ihn als das ausschlaggebende Einfallstor für das Böse, denn nur spätestens sechs Monate nach der Konversion will sie das erste Mal auf dem Feld beim Heumachen auf den Teufel in Verkleidung eines Jägers getroffen sein. Sie blockt seinen Annäherungsversuch ab, lässt ihn jedoch beim Schultern des Geernteten helfen und willigt so im übertragenen Sinne ein.

Als der Teufel sie das nächste Mal besucht, gibt sie nach und lässt sich anscheinend auf Geschlechtsverkehr – auf Teufelsbuhlschaft – mit ihm ein. In der Folge beginnt Anna eine Art Beziehung mit dem Teufel, es kommt zu regelmäßigen Treffen, Gesprächen und Sex. Sie will versucht haben, ihr Gewissen durch Beichte und Absolution zu erleichtern, doch sie ist sich nicht sicher, ob man ihr die Absolution wirklich erteilt habe, da der betreffende Pater im Nachgang das Kloster unter ominösen Umständen verlassen habe.

Als Anna im Armenhaus aufgenommen wird, scheint sie bereits überzeugt davon zu sein, selbst verschuldet durch die Konversion und den Pakt mit dem Teufel unrettbar verloren zu sein. So soll sie sich auch mit Selbsttötungsgedanken getragen haben. Ihre »Geständnisse« gegenüber dem Landrichter bedienen viele der damals bekannten Narrative im Kontext von Hexerei und Teufelspakt. Wir können heute nicht mehr sagen, ob ihre Aussagen möglicherweise von realen Ereignissen inspiriert oder gänzlich erfunden sind, doch auch eine psychische Erkrankung ist denkbar.

In jedem Fall enden die Befragungen Anna Maria Schwegelins damit, dass Richter Treuchtlinger nach sechs Verhören am 30. März 1775 ein Gutachten aufsetzt. Darin kommt er zu dem Schluss, dass durch die – in seinen Augen glaubwürdigen – Aussagen der Beschuldigten Teufelspakt und Unzucht mit dem Teufel ausreichend bewiesen wären. Die Aussagen der drei Zeuginnen und Zeugen zeichnen zudem ein dementsprechend schlechtes Bild des Charakters der Angeklagten. So kommt der Richter zu dem Schluss: Dies sei nur mit der Todesstrafe – mit anschließender Verbrennung auf dem Scheiterhaufen – zu ahnden.

Die Hofräte schließen sich Treuchtlingers Einschätzung an, woraufhin der Fürstabt das Urteil bestätigt. Der nun folgende Prozess am 7. April und die Urteilsverkündung am 8. April selbigen Jahres scheinen vor diesem Hintergrund wie eine gewohnheitsmäßige, aber im Grunde irrelevante Etappe auf dem Weg zur Urteilsvollstreckung. Anna aber soll in Tränen ausgebrochen sein, als sie das Urteil vernimmt.

Und damit landen wir wieder an jenem Dienstag, dem 11. April 1775, dem Tag, der als Tag der Vollstreckung des Todesurteils gegen Anna Maria Schwegelin in die Geschichtsbücher gelangte.

Doch ist Anna Maria Schwegelin wirklich hingerichtet worden? Die Recherche des Historikers Wolfgang Petz brachte 1995 ans Tageslicht, dass die geplante Hinrichtung Anna Maria Schwegelins nie stattfand, auch wenn wir heute nur über die Gründe spekulieren können. Möglicherweise wurden Treuchtlinger Verfahrensfehler vorgeworfen, man fürchtete die öffentliche Reaktion, oder es gelang aufklärerisch gesinnten Männern aus dem Umfeld des Fürstabtes, ihn zum Einlenken zu bewegen und die Vollstreckung der Todesstrafe auszusetzen. In jedem Fall wurden offenbar die Aussagen der Angeklagten nun doch für teils zeitlich unstimmig und die Beweislage für zu dünn erachtet und eingehendere Nachforschungen – etwa über Annas mutmaßliche Konversion – angestrengt. Doch für den Religionsübertritt finden sich anscheinend schon damals keine Belege.

Was hingegen belegt ist, das ist das tatsächliche Ableben Anna Maria Schwegelins. Im Kirchenbuch der Kemptener Pfarrei St. Lorenz sind ihr Tod und die Erteilung der katholischen Sterbesakramente für den 7. Februar 1781 eingetragen, also sechs Jahre nach ihrem vermeintlichen Tod als Hexe auf dem Richtblock. Bis zu ihrem – wohl natürlichen – Tod ist sie anscheinend im Stiftsgefängnis untergebracht.

Lange ging man davon aus, dass die Prozessakten über ihren Fall im Zuge der Säkularisation in Bayern zu Beginn des 19. Jahrhunderts zerstört wurden oder mit der Zeit verloren gegangen seien. So waren jahrhundertelang nur Abschriften bekannt. Doch 1998 wandte sich ein Privatmann an Historiker

Wolfgang Petz: Er war im Besitz der Dokumente. Aus Interesse waren sie dem Archiv des Fürststifts vor der Vernichtung des restlichen Bestandes entnommen und so über die Jahrhunderte hinweg in privater Hand aufbewahrt worden. Dennoch bringen die wiedergefundenen Akten kein umfassendes Licht ins Dunkel um die ausgesetzte Hinrichtung Anna Maria Schwegelins. Ein regelgerechter Freispruch ist jedenfalls unauffindbar.

Doch wie hatte es in den 1770er-Jahren im Heiligen Römischen Reich Deutscher Nation überhaupt noch zu einem solchen Prozess wegen Hexerei und Teufelspakt kommen können? Zu jener Zeit wird – gerade im süddeutschen Raum – die Diskussion um die Co-Existenz von Wissenschaft und Theologie geführt. In dieser Zeit der Aufklärung, in der wissenschaftliches Denken und Vernunft zu den höchsten Idealen aufsteigen, sind die Vertreter der Kirchen besorgt. Nicht nur der Glaube, sondern auch der Einfluss der Kirche auf Politik und Gesellschaft stehen schließlich auf dem Spiel. Die Auseinandersetzung zwischen konservativen katholischen Kräften und progressiven aufklärerischen Strömungen ist dafür zentral. Als dann im Oktober 1766 der Münchner Pater Ferdinand Sterzinger vor der Kurbayerischen Akademie der Wissenschaften einen Vortrag gegen die Hexenverfolgung und die physische Existenz dämonischer Mächte hält, tritt er damit den sogenannten Bayrischen Hexenkrieg los – eine öffentlich geführte Debatte über die Berechtigung der Hexenverfolgung, die sich zu einer nie da gewesenen Dimension auswächst. Unmittelbar im Anschluss daran sollte der sogenannte Gaßner-Streit sogar noch umfassender werden. Im Zentrum dieser Debatte steht der Geistliche Johann Joseph Gaßner, der in seiner Gemeinde in Vorarlberg Wunderheilungen durch Exorzismen betreibt. Seine Bekanntheit wächst zusehends, und bald pilgern die Menschen zu seinen Exorzismen, die er in der Folge auch an verschiedenen Orten unter anderem in Bayern anbieten sollte.

Da Gaßners Wunderheilungen auch von skeptischen, wissenschaftlich denkenden Beobachtern nicht erklärt werden können, ist sein Wirken ein perfekter Nährboden für die Diskussion um den Einfluss dämonischer Mächte auf die reale Welt und die Bedeutung der Kirche bei ihrer Bekämpfung. Genau in diese Zeit fällt der Prozess gegen Anna Maria Schwegelin, bei dem wie bei den anderen Hexereiprozessen in der zweiten Hälfte des 18. Jahrhunderts bereits weder Schadenszauber noch Hexenzirkel oder -flug eine Rolle spielen. Einzig der Teufelspakt und die Teufelsbuhlschaft stehen im Mittelpunkt, womit der Prozess unmittelbar vor dem Hintergrund der zu jener Zeit geführten Diskussion um die physische Existenz des Bösen zu verstehen ist.

Auch wenn Anna Maria Schwegelin 1775 die letzte Frau ist, die auf dem Boden des heutigen Deutschlands in einem dokumentierten Prozess als Hexe zumindest verurteilt wird, ist die Verfolgung von Menschen unter dem Vorwurf der Hexerei in vielen Ländern der Welt belegt und auch heute noch kein Thema der Vergangenheit. Organisationen wie die Vereinten Nationen machen seit Langem darauf aufmerksam, dass jährlich in über 40 Ländern – vor allem in Afrika, Südostasien und Lateinamerika – Tausende Kinder, Frauen und Männer aufgrund von Hexenwahn eingesperrt, gefoltert und getötet werden – und während der Covid-19-Pandemie ist ihre Zahl noch gestiegen. Vermutlich fielen in den letzten Jahrzehnten weltweit mehr Menschen dieser Verfolgung zum Opfer als während der gesamten Phase der europäischen Hexenverfolgung. So ist der letzte deutsche Hexenprozess gegen Anna Maria Schwegelin keine Episode eines abgeschlossenen Kapitels der europäischen und vor allem auch deutschen Geschichte, sondern mahnt unmittelbar in unserer Gegenwart.

Die Serienmörderin Gesche Gottfried

1831

Überquert man den Platz vor dem Bremer St.-Petri-Dom, so lässt sich von Zeit zu Zeit ein eigentümliches Verhalten beobachten: Passierende Menschen spucken auf einen schwarzen quadratischen Stein mit weißem Kreuz am Boden. Dieser Stein, der das Muster der restlichen, kleineren Bepflasterung durchbricht, soll jenen Ort markieren, an welchem im April 1831 die Todesstrafe an der Serienmörderin Gesche Gottfried vollstreckt wurde. Kurz nach ihrer Hinrichtung, der letzten öffentlichen in der Hansestadt, tauchte im Pflaster eines Tages der Stein auf. Auch wenn seine Herkunft bis heute im Dunkeln liegt, bürgerte sich alsbald bei den Passierenden ein, dem Unmut über die Taten der hier getöteten Mörderin durch herzhaftes Spucken auf den Stein Ausdruck zu verleihen. Nicht von ungefähr ist der Stein daher als »Spuckstein« bekannt.

An den Fall der Gesche Gottfried wird jedoch noch heute auch wegen der vielen Opfer erinnert, die sie auf dem Gewissen hat. Von 1813 bis zu ihrer Verhaftung 1828 tötet die Giftmörderin fünfzehn Menschen und verabreicht mindestens neunzehn weiteren Personen Gift. Zu ihren Opfern zählen ausschließlich Menschen aus ihrem Umfeld: Bekannte, Familienmitglieder, ihre Partner, Eltern und Kinder. Aus welchen Motiven sie ihre Opfer auswählt, bleibt jedoch rätselhaft, und jede Epoche scheint bis heute eigene Antworten auf die offenen Fragen zu finden. In der Rezeption der Geschichte zeigt sich daher auch, wie stark der Drang nach Erklärungen angesichts der Unbegreiflichkeit dieser Mordtaten ist und wie kritisch historische Quellen betrachtet werden müssen. Lange wurde Gottfried zur zielgerichtet und eiskalt mordenden Täterin stilisiert, zum schönen gefallenen »Engel von Bremen«; ein Bild, von dem man auch heute zuweilen noch liest. Doch mittlerweile scheint es als moralisierendes Narrativ ihrer Epoche entlarvt. An der Gefährlichkeit der Mörderin gibt es jedoch bis heute keinen Zweifel.

Gesche Timm und ihr Zwillingsbruder kommen am 6. März 1785 als Kinder eines Schneidermeisters und einer Wollnäherin zur Welt. Die Familie bewohnt ein Haus in der renommierten Bremer Pelzerstraße. In der Hansestadt – damals eine der vier Freien Städte im Deutschen Bund – gibt es ein reiches und prägendes Bürgertum, doch rund ein Viertel der Bevölkerung lebt in Armut. Auch wenn die Timms als Handwerkerfamilie zur sogenannten Arbeiterklasse zählen, ermöglicht die familieneigene Schneiderei für Damenkleidung ihnen einen gewissen Wohlstand. Im Jahre 1806 heiratet Gesche wohl auf Drängen des Vaters den Nachbarn Johann Miltenberg und zieht auf dessen Hof, nur schräg gegenüber ihrem Elternhaus. Vermutlich verspricht sich Gesches Vater, der im Ruf steht, geldgierig zu sein, von der Verbindung seiner Tochter mit dem verwitweten Sattlermeister einen wirtschaftlichen und gesellschaftlichen Aufstieg. Doch die Ehe ist äußerst unglücklich. Gesches Angetrauter vertrinkt und verspielt offenbar das Geld, trägt es in Freudenhäuser und nimmt es mit der Treue auch sonst nicht so genau. Möglicherweise als Flucht aus dieser Situation geht Gesche in den sieben Jahren der glücklosen Ehe mindestens eine Affäre ein, weshalb Fragen nach der Vaterschaft bei einigen der Kinder aufkommen, die sie während der Ehe mit Miltenberg zur Welt bringt. Drei davon, zwei Mädchen und ein Junge, überleben – zumindest Geburt und erste Lebensmonate.

Dann, 1813, stirbt Johann Miltenbergs Vater, wodurch die finanziellen Belastungen auf Sattlerei und Hof ans Licht kommen, die der Sohn über die Jahre angehäuft hat. Ob hier der konkrete Auslöser für die nachfolgende Tat zu sehen ist, wissen wir nicht, doch Gesche versetzt eines Tages das Frühstück ihres Ehemannes mit Arsenik. Das Pulver befindet sich schon eine ganze Weile in ihrem Besitz, nachdem sie es von Brot abgekratzt hatte, das als Mäuseköder auf dem elterlichen Dachstuhl ausgelegt ist. Schon bald nach der Aufnahme der Substanz setzen bei Johann Miltenberg die Vergiftungssymptome ein: marternde Bauchschmerzen, Durchfall, Erbrechen und unstillbarer Durst. Doch trotz der Qualen segnet ihr Ehemann nicht das Zeitliche, und so gibt Gesche ihm eine weitere Dosis Arsenik ins Essen. Nach vier Tagen verstirbt Johann Miltenberg schließlich unter Schmerzen am 1. Oktober 1813. Er sollte das erste Opfer Gesche Gottfrieds sein.

Gesche ist nun Witwe, und die Schulden ihres verstorbenen Mannes sind somit zu ihrem alleinigen Problem geworden. Doch Gesches Vater hilft seiner Tochter, klappert offenbar in ärmliche Kleidung gehüllt die Gläubiger ab und überredet sie, der Tochter die Schulden so weit wie möglich zu erlassen: Diese sei bankrott. Überraschenderweise hat Johann Timm damit tatsächlich Erfolg, und am Ende des Manövers ist seine Tochter eine gut situierte Frau.

Gesche wendet sich nun dem ledigen Weinvertreter Michael Christoph Gottfried zu, dessen Bekanntschaft sie bereits kurz nach der Hochzeit mit Miltenberg gemacht hat und für den sie offenbar schon länger Gefühle hegt. Gesche und Michael, ein Freund ihres verstorbenen Mannes und ebenfalls wohnhaft in der Pelzerstraße, werden ein Liebespaar, und die nächsten rund zwei Jahre sieht es so aus, als würde der Mord an ihrem ersten Mann eine einmalige Tat bleiben. Doch 1815 zieht Gesches Mutter zur Pflege zu ihrer Tochter, und beim Packen des mütterlichen Hab und Gutes entdeckt Gesche offenbar ein weiteres

Mal Arsenik im elterlichen Heim. Auch dieses hat die Mutter eigentlich zur Vergiftung von Ungeziefer aufbewahrt. Gesche nimmt das Pulver an sich, und einige Tage vergehen, ohne dass etwas passiert. Dann streut sie der Mutter eine Prise der giftigen Substanz ins Getränk, und Gesche Margarethe Timm verstirbt nach zwei qualvollen Tagen am 2. Mai 1815 als zweites Opfer ihrer Tochter.

Als wäre eine Art Damm gebrochen, mordet Gesche in den nächsten Monaten nahezu ohne Pause. In den Jahren 1815 und 1816 tötet sie nach und nach ihre gesamte Familie. Hintereinander vergiftet sie ihre Töchter, ihren Vater, ihren Sohn und ihren Bruder mit Arsenik. Das schreckliche Leiden der Opfer dauert manchmal wenige Stunden, oft mehrere Tage. Die sich häufenden Todesfälle im Hause Timm beziehungsweise Gottfried bleiben allerdings nicht unbemerkt, und man drängt Gesche dazu, ihren toten Sohn obduzieren zu lassen. Doch der untersuchende Arzt stellt schlicht »Verschlingung der Eingeweide« statt Vergiftung mit Arsenik als Todesursache fest. Im Sommer 1816 hat Gesche Gottfried schließlich bereits sieben Menschen ermordet und als Folge Ehemann sowie Eltern erfolgreich beerbt.

Oft liest man, dass Gesches Motivation für die Ermordung ihrer Familie darin zu finden sei, dass sich ihre Eltern gegen eine Heirat mit Michael Christoph Gottfried stellten. Allerdings widerspricht Gesche dieser Annahme später, und eine Erklärung für die Morde an Kindern und Bruder kann diese Theorie ohnehin nicht bieten. Was die Mörderin tatsächlich angetrieben hat, bleibt daher nur zu vermuten. In jedem Fall überredet die mittlerweile nicht nur familienlose, sondern auch schwangere Gesche Ende Juni 1817 Michael Gottfried zur Hochzeit. Sie dankt ihm seine Zustimmung allerdings wenige Tage später dadurch, dass sie sein Essen mit Arsenik versetzt. Unter Bauchschmerzen heiratet er Gesche, ehe er am 5. Juli stirbt.

Rund drei Monate später bringt Gesche, die nun Gottfrieds Nachnamen trägt, einen toten Jungen zur Welt.

Die zweifache Witwe und achtfache Mörderin erbt ein weiteres Mal, doch in Gottfrieds Nachlass befinden sich neben einer stattlichen Summe auch stattliche Schulden. Vieles deutet darauf hin, dass Gesche weder ihre finanzielle Situation überblickt noch gut mit Geld umgehen kann. Dennoch inszeniert sie sich in der Folge offenbar nach außen hin ärmer, als sie eigentlich ist. Schon zu dieser Zeit werden erste Verdächtigungen gegenüber der möglicherweise nicht nur vom Pech verfolgten Witwe laut, und Warnungen vor ihr beginnen zu kursieren. Konsequenzen haben diese jedoch nicht, und da Gesche nun sechs Jahre mit dem Morden pausieren sollte, werden die Gerüchte zunächst auch nicht weiter angefacht.

Im Jahr 1821 zieht sie aus ihrem Haus in der Pelzerstraße aus, um es zu vermieten, und wohnt im Anschluss selbst zur Miete. Dann macht 1823 der Stiefsohn ihres Vermieters Gesche einen Heiratsantrag. Den Mann scheint nicht zu stören, dass man ihn bereits vor ihr gewarnt hat, und er hat zunächst Glück, da sie den Antrag ablehnt. Als sie sich jedoch eines Besseren besinnt, dauert es nicht lange, und bei ihm setzen erste Schmerzen ein: Seine Verlobte hat ihm eine Messerspitze sogenannter Mäusebutter ins Essen getan. Vier Wochen später, am 1. Juni 1823, ist der Mann tot. Auch wenn Gesche und er nicht verheiratet sind, wird sie in seinem Testament begünstigt und erbt so – wieder einmal.

Eine weitere Periode des Mordens beginnt. Dabei bleibt Gesche Gottfried ihrer Mordwaffe im Grunde treu, wenn auch die Konsistenz sich verändert hat: In der Zeitung soll sie auf eine Anzeige für Mäusebutter gestoßen sein, einer Mischung aus Arsenik und Schweineschmalz, die damals offenbar häufig über die Verkaufstheken der Bremer Gemischtwarenläden geht. Es ist kein Käufernachweis vonnöten, um das Gift, das eigentlich zur Tötung von ungebetenen Nagetieren gedacht ist, zu erwerben. Erst seit dem Jahr von Gesche Gottfrieds Hinrichtung sollten Kontrollen den Verkauf einschränken.

Mit der schmierigen, körnigen Paste mordet Gesche in der Folge allerdings nicht nur. Sie fängt auch an, die Mäusebutter immer wieder in nicht tödlichen Mengen – versteckt im Essen – in ihrem Freundes- und Bekanntenkreis zu verabreichen. Dabei scheint sie vollkommen willkürlich vorzugehen, mischt beispielsweise auch einer guten Freundin wiederholt Gift ins Essen, wenn diese zu Besuch ist. Von 1823 bis 1827 tötet Gesche Gottfried so mit Mäusebutter insgesamt sieben Menschen und verabreicht das Gift darüber hinaus nahezu wahllos in ihrem Umfeld. Neben ihrem bereits erwähnten Verlobten, Freundinnen, Freunden und Nachbarn ermordet Gesche in dieser Zeit ihre Magd und auch deren kleine Tochter sowie die Frau ihres Vermieters. Denn sie ist zwar 1824 in ihr Haus in der Pelzerstraße zurückgekehrt, verkauft es aber 1826 an Johann Christoph Rumpff, einen Rademachermeister, der mit seiner jungen Frau einzieht, während Gesche selbst sich auf eine zum Haus gehörige Wohnung beschränkt. Kein halbes Jahr später stirbt Rumpffs Frau kurz nach der Geburt eines Kindes. In ihrer Hafersuppe ist Mäusebutter.

Wieder rufen die sich häufenden Todesfälle in der Pelzerstraße Anschuldigungen und Gerede hervor, doch eine geplante Obduktion eines der Opfer findet in letzter Minute nicht statt. Erinnert man sich an die Obduktion von Gesches Sohn, ist allerdings fraglich, ob die Ärzte die Vergiftung nachgewiesen hätten. Berechtigte Zweifel, denn viele der Opfer werden zu Lebzeiten von denselben Ärzten behandelt, die jedoch allesamt andere Diagnosen stellen, als die Vergiftung mit Arsenik zu erkennen.

Im Juli 1827 reist Gesche mit etwas Mäusebutter im Gepäck zu dem Familienfreund Friedrich Kleine nach Hannover. Er hat ihr bereits mehrfach finanziell unter die Arme gegriffen und will nun, dass sie ihre Schulden begleicht. Acht Tage später, nachdem sie auch ihm das Gift auf ein Brot geschmiert verabreicht hat, stirbt der Mann. Gesche gibt – wieder nahezu willkürlich – einigen Menschen aus seinem Umfeld Gift ins Essen. Doch Friedrich Kleine sollte Gesches letztes Mordopfer bleiben.

Am Morgen des 5. März 1828 – die mittlerweile fünfzehnfache Mörderin Gesche ist wieder zurück in Bremen – fällt ihrem Vermieter Johann Christoph Rumpff etwas Verdächtiges auf seinem Speck auf. Da es nicht das erste Mal ist, dass er eine weißlich pastöse Substanz auf seinem Essen entdeckt, und er mittlerweile mehrfach vor Gesche gewarnt wurde, geht er mit dem Speck sofort hinüber zu einem Nachbarn, um dessen Meinung einzuholen. Dieser ist sich aufgrund von Geruch und Beschaffenheit der Substanz schnell sicher, dass sie Arsenik enthält, und drängt Rumpff dazu, sich für eine Analyse sicherheitshalber an einen Arzt zu wenden. Dr. Luce, der zuvor schon einige von Gesches Opfern behandelt hat, unterzieht die Masse am folgenden Tag gemeinsam mit einem Apotheker sechs verschiedenen chemischen Tests. Das Ergebnis: Die Paste enthält tatsächlich zu großen Teilen Arsenik. Die Männer fackeln nicht lange, und Dr. Luce zeigt Gesche Gottfried noch am Vormittag des 6. März 1828 beim Kriminalgericht an. Dass etwas vor sich geht, bekommt Gesche offenbar mit, und vielleicht ahnt sie auch, dass man ihr auf die Schliche gekommen ist. Zumindest soll sie die übrige Mäusebutter noch am selben Morgen an ihrem Körper versteckt haben.

Bevor die Glocken zu Mittag läuten, klopfen der Untersuchungsrichter, Senator Franz Friedrich Droste, und der Polizeikommissar an die Tür des Hauses Rumpff, ehemals Gottfried, ehemals Miltenberg. Sie wollen zu Frau Gottfried, die Bewohner des Haushalts befragen und das Haus durchsuchen. Gesche gegenüber, die sie anscheinend im Bett antreffen, verschweigen sie zunächst den Grund ihres Besuchs und vernehmen sie erst einmal nur oberflächlich. Die Befragungen der anderen Bewohner machen jedoch bald deutlich, dass es im Hause Rumpff seit langer Zeit wohl nicht mit rechten Dingen zugeht und Gesche Gottfried die Ursache der häufigen Erkrankungen und auch einiger Todesfälle zu sein scheint.

Das reicht aus, um Gesche noch am Abend ins Stadthaus zu überführen. Erst jetzt, bei einem ersten regulären Verhör, offenbart der Senator ihr, dass Arsenik auf Rumpffs Speck nachgewiesen werden konnte. Aufgrund des daraus resultierenden Verdachts eines Mordversuchs verhaften sie Gesche offiziell und klagen sie an – während diese offenbar noch immer die versteckte Mäusebutter am Körper bei sich trägt. Erst später sollte man das Gift bei der Durchsuchung ihrer Gefängniszelle finden. Warum sie die Mäusebutter mitgenommen hatte, ob Gesche gar zwischenzeitlich vorhatte, sich damit selbst zu töten, kann heute nicht mehr sicher gesagt werden. Nach fünfzehn Morden – dreizehn davon allein an Menschen aus der Pelzerstraße – ist Gesche Gottfried jedoch endlich aus dem Verkehr gezogen.

Die Nachricht von der Verhaftung der Witwe verbreitet sich in Bremen wie das sprichwörtliche Lauffeuer. Nun will sich jede und jeder an Vorfälle erinnern: Gesche habe sich merkwürdig verhalten oder sei durch häufige Einkäufe von Mäusebutter aufgefallen. Selbst vermeintliche Opfer melden sich und deuten zurückliegende Gebrechen und Leibschmerzen als Symptome einer Vergiftung, was jedoch später nicht bewiesen werden kann.

Eine Untersuchung seitens der Behörden beginnt. Nach damals in Bremen geltendem Recht wird das gemeinrechtliche Inquisitionsverfahren angewendet, wonach zuerst eine nicht öffentliche Untersuchung durch das Kriminalgericht erfolgt, an die sich die Verteidigung und schließlich ein Urteil durch das Obergericht anschließen. Bis zum Urteil durfte zudem über die laufenden Ermittlungen nichts an die Öffentlichkeit herausgegeben werden.

In Gesches Fall vertritt dessen stellvertretender Direktor, Senator Droste, das Kriminalgericht. Seine Aufgabe ist es, durch Ermittlungen und Befragungen herauszufinden, welche Taten auf das Konto der Verdächtigen gehen könnten, und diese der vermeintlichen Mörderin nachzuweisen. Dazu braucht er mehr als Aussagen und Indizien, vor allem da eine mögliche Todesstrafe im Raum steht. Droste muss belegen, dass wirklich das Arsenik, das Gesche Gottfried ihnen verabreichte, die Opfer tötete. Während die hierfür nötigen Ermittlungen und auch Exhumierungen der Leichen anlaufen, beginnt Senator Droste, Gesche Gottfried regelmäßig zu verhören. Das gestaltet sich immer wieder schwierig, etwa wenn die Verdächtige bei ihren Aussagen ins Stocken gerät, ihre Angaben ändert oder wenn sie auf die Notwendigkeit hingewiesen werden muss, wahrheitsgemäß auszusagen.

Doch dann erhält Droste die ersten erhofften forensischen Beweise: An verschiedenen sichergestellten Nahrungsmitteln aus dem rumpffschen Haus und aus Gesches Wohnung kann die arsenikhaltige Mäusebutter nachgewiesen werden. Mit diesen Beweisen und der in ihrer Zelle aufgefundenen Mäusebutter konfrontiert, beginnt Gesche Gottfried zu gestehen. Bis zum 15. März 1828 bekennt sie sich zu zwölf Morden, im weiteren Verlauf der Verhöre gesteht sie weitere drei. Zudem bekennt sie sich zu diversen nicht tödlichen Vergiftungen und weiteren Verbrechen – wie etwa Diebstahl und Meineid.

Trotz der eigentlich herrschenden Zensur sind zu diesem Zeitpunkt bereits einige Flugschriften über den Fall Gottfried in Umlauf, und auf dem Bremer Freimarkt, einem Rummel, der traditionell im Oktober stattfindet, werden erste, gefälschte Porträts der mutmaßlichen Mörderin Gesche Gottfried verkauft. Im Vorfeld des bis heute beliebten Volksfests geht auch eine Anfrage beim Bremer Senat ein, die Witwe Gottfried auf dem Volksfest ausstellen zu dürfen. Dieser Antrag wird zwar abgelehnt, grundsätzlich ist es damals jedoch nicht ungewöhnlich, dort auch Menschen als Kuriositäten zu präsentieren.

Die in Bremen durchgeführte Untersuchung der exhumierten Leichen erbringt zu Drostes Verdruss keinen Nachweis von Arsenik, sodass er Proben von der Leiche eines weiteren vermeintlichen Opfers in der Hoffnung versierterer Nachweismethoden zur Analyse nach Göttingen schicken lässt. Im Dezember erhält er von dort ein Gutachten: In den Proben konnte tatsächlich Arsenik nachgewiesen werden. Damit kann endlich die Untersuchung abgeschlossen werden, wovon Gesche Gottfried Ende Dezember im Bremer Detentionshaus – dem damals noch neuen Gefängnis – erfährt, in das sie Mitte Mai 1828 gebracht wurde. Die Untersuchung kommt zu dem Schluss, dass Gesche aus Wollust und Habgier gemordet habe. Nun darf sie sich einen Verteidiger auswählen und entscheidet sich für Friedrich Leopold Voget. Er verfasst auf Basis der Untersuchungsakten eine Verteidigungsschrift, die er der Angeklagten im Sommer 1829 vorlegt und sie alsdann bei Gericht einreicht. Alles geht nun den juristisch festgelegten Gang.

Voget kritisiert in seiner Schrift das Verfahren an sich – die ausschließliche Auseinandersetzung und Urteilsfindung auf der Basis von Akten – und weist darauf hin, dass auch die Konstitution der Angeklagten selbst zu betrachten sei. So sei es möglich, dass Gesche nicht zurechnungsfähig gewesen sei, was in einem psychiatrischen Gutachten festgestellt werden solle. Ein Schritt, der damals ausgesprochen selten und fortschrittlich ist. Darüber hinaus sieht Voget formale Fehler und stellt die chemischen Analysen und die vorliegenden Arsenik-Nachweise infrage. Dem Verteidiger zufolge seien sie alles andere als hieb- und stichfest und somit ungeeignet für eine valide Beweisführung. Voget plädiert dafür, auf die Verhängung der Todesstrafe zu verzichten.

So engagiert der Verteidiger hier im Sinne der Angeklagten zunächst klingen mag: In seiner Verteidigungsschrift lässt Voget durchblicken, dass die Verteidigung Gesche Gottfrieds seinen persönlichen Moralvorstellungen widerspricht. Er räumt zudem offenbar seiner Verteidigung keine großen Chancen ein, was er wohl auch Gesche gegenüber erwähnt. Heute scheint recht sicher, dass der Verteidiger nicht nur das Beste für seine Mandantin im Sinn hatte, sondern von anderen Interessen angetrieben wurde, wie wir später noch sehen werden.

Während Gesche Gottfried im Detentionshaus auf den Urteilsspruch wartet, vergehen über zwei Jahre, in denen sie Briefe schreibt, regelmäßig ihren Verteidiger empfängt und auch porträtiert wird. Das heute bekannteste Bildnis von ihr wird 1829 auf dem Bremer Freimarkt für einen guten Zweck angeboten. Anders als die im Jahr zuvor unerlaubt verkauften zeigt es tatsächlich die Angeklagte. Warum sich die Behörden zu dem Schritt entschieden, ein Porträt anfertigen zu lassen, ist unklar, denn vor einer Urteilsverkündung war das eigentlich ebenfalls nicht erlaubt.

Wie von Voget vorhergesagt, prallt seine Verteidigung nahezu folgenlos am Obergericht ab, das am 17. September 1830 als Strafe für die Giftmorde und diverse Vergiftungen mit und ohne Tötungsabsicht das Todesurteil über Gesche Gottfried fällt. In Bezug auf die von Voget angemerkte mögliche Unzurechnungsfähigkeit der Angeklagten weist das Obergericht darauf hin, dass dies der Richter durchaus selbst einschätzen könne. Es sei kein Gutachten nötig. Der schlechte Charakter der Angeklagten – und nicht mögliche psychische Erkrankungen – sei schuld an ihren Taten.

Am frühen Morgen des 18. September erfährt Gesche von dem Urteil. Anfang November reicht Voget Berufung ein, um das Todesurteil aufheben zu lassen, worüber nun das Oberappellationsgericht in Lübeck zu entscheiden hat.

Während sie auf die finale Entscheidung über ihr Leben wartet, isst Gesche immer weniger und verzichtet ab März 1831 ganz aufs Essen. Aus Sorge, sie könne sich etwas antun, wechseln sich fortan Aufseherinnen bei ihrer Bewachung ab. Am 12. April 1831 erreicht die Bremer Behörden dann die Entscheidung aus Lübeck: Das Todesurteil bleibt bestehen. Die mittlerweile körperlich stark geschwächte Gesche scheint sich damit abzufinden und untersagt ihrem Verteidiger, in ihrem Namen ein Gnadengesuch einzureichen. Auch wenn es wenig aussichtsreich erscheint, setzt Voget sich über den Willen seiner Mandantin hinweg. Doch umsonst: Das Gnadengesuch wird stante pede abgewiesen.

Am 20. April 1831 wird Gesche von Senator Droste eröffnet, dass das Todesurteil am folgenden Tag vollstreckt werden solle. Zu diesem Zweck errichtet man noch am selben Abend vor dem Bremer St.-Petri-Dom zwei Plattformen: eine für die Richter und die zweite als Schafott. Da die Bevölkerung schon durch die Presse über Hinrichtungszeitpunkt und -ort informiert wurde, versammeln sich noch am Abend die ersten Schaulustigen.

Am Morgen des 21. April 1831, einem Donnerstag, bringt man Gesche Gottfried auf einem Wagen die rund tausend Meter vom Detentionshaus zum Domshof. Nachdem den Förmlichkeiten Genüge getan ist, nimmt die Verurteilte auf einem Stuhl auf dem Schafott Platz, an welchen ihr Körper fixiert wird. Vermutlich mehrere Zehntausend Menschen sehen dabei zu, wie ihr Haupt festgehalten wird, dann erfolgt der tödliche Schlag durch das Schwert des Henkers. Zu guter Letzt wird der abgetrennte Kopf der Menge als Beweis für das vollstreckte Urteil präsentiert und der Stuhl mitsamt dem Körper umgeworfen.

Nachdem vom Kopf Gesche Gottfrieds Abdrücke für Totenmasken genommen wurden, kommt er mit ihrem zuvor skelettierten Körper ins Bremer Museum. Beides gelangt dann später wohl ins Pathologische Institut der Bremer Krankenanstalt, bei dessen Brand im Zweiten Weltkrieg Skelett und Kopf anschei-

3 *Gesche Margarete Gottfried*

nend zerstört werden. Heute befindet sich eine Kopie von Gesche Gottfrieds Totenmaske im Bremer Focke-Museum. Dieser Abdruck stammt jedoch aus neuerer Zeit, da eine 2004 in England gefundene Totenmaske Gottfrieds eine Kopie möglich machte; die Bremer Totenmaske war ebenfalls den Zerstörungen der Hansestadt im Zweiten Weltkrieg zum Opfer gefallen. Jegliches Hab und Gut der Mörderin ließ die Gerichtsbehörde der Stadt bereits kurz nach der Hinrichtung versteigern.

Auch wenn eigentlich erst mit der Ratifizierung des Todesurteils die Zensur über den Fall erlischt, kursieren schon kurz nach Gesche Gottfrieds Verhaftung national wie international die ersten Berichte und auch literarische Auseinandersetzungen mit den Verbrechen und vor allem mit der Person der Mörderin. Nicht nur in Bremen selbst reagieren die Menschen vor allem schockiert, aber auch fasziniert. Allerdings leistet der zensurbedingte Mangel an validen Informationen vor allem der sensationslüsternen Gerüchteküche Vorschub, aus der sich einiges Gerede bis heute hartnäckig hält.

Doch nicht die zahllosen Schriften Unbeteiligter hinterlassen den nachhaltigsten Eindruck in der Öffentlichkeit, sondern die Publikationen von Gesche Gottfrieds Verteidiger. Er beginnt während der noch laufenden Untersuchung mit der Arbeit an der *Lebensgeschichte der Giftmörderin Gesche Margarethe Gottfried, geborene Timm*, die Voget in zwei Bänden schon 1831 herausbringt. Ein Umstand, der möglicherweise erklärt, warum er sich so ungewöhnlich oft mit der Angeklagten trifft. In seinem Werk unterstreicht Friedrich Leopold Voget nicht nur mehrfach, wie sehr seine Haltung als Verteidiger von seinen persönlichen Ansichten über Gesche Gottfried abweicht, sondern stilisiert die Frau als genau jene lügenhafte, sexuell freizügige und auf allen Ebenen zutiefst amoralische Person, die er in seiner Verteidigungsschrift ganz anders darstellte, denn darin forderte er eine differenziertere Sicht. Jetzt aber kommt er zu dem Schluss, jegliche Handlungen Gottfrieds seien schlicht auf einen zutiefst sündigen, egoistischen und erbarmungslosen Charakter und dessen Hybris zurückzuführen.

Ohne Gesche Gottfrieds Schuld und ihre Taten relativieren zu wollen, kommt man daher nicht umhin, in Vogets Werk eine der Epoche entsprechende, moralinsaure Mahnschrift zu erkennen, in der die Mörderin auf eine bestimmte, dem Narrativ zuträgliche Art und Weise dargestellt wurde. Ein Eindruck, der sich noch verfestigt, seitdem die Prozessakten wieder verfügbar sind. Diese waren seit dem Zweiten Weltkrieg verschollen, jedoch 1950 im Moskauer Zentralarchiv wiederentdeckt worden und gelangten 1987 schließlich zurück nach Bremen. Bis dahin war meist unhinterfragt vor allem Vogets Werk als Quelle zum Fall Gottfried genutzt worden.

Vor allem der engagierten Arbeit und akribischen Analyse der Fallakten durch den Schriftsteller Peer Meter ist es zu verdanken, dass unser Bild auf den Fall und die Täterin heute deutlich differenzierter ist. Meter konnte im Vergleich der Akten mit Vogets Werk an verschiedenen Stellen Unterschiede und teils vermutlich bewusste Fehldarstellungen im Interesse der eigenen Erzählabsicht durch den Verteidiger nachweisen.

Auch wenn die Prozessakten selbst als historische Quelle und nicht als neutrale Wahrheitsdarstellung interpretiert werden müssen, stellen sie einige Episoden differenzierter dar als Vogets Publikationen. Doch bezüglich Gesche Gottfrieds Einschätzung sind sich beide Quellen recht einig: Sie erscheint als hartherzige Mörderin, die keine Gewissensbisse zeigt.

Neben der zeitgenössischen Berichterstattung und weiteren – auch literarischen – Auseinandersetzungen mit der Mörderin Gesche Gottfried ist vermutlich das Bühnenstück und der darauf basierende Film von Rainer Werner Fassbinder namens *Bremer Freiheit* (Uraufführung des Bühnenstücks 1971, Verfilmung von 1972) am prägendsten. Doch wer Gesche Gottfried wirklich war und, vor allen Dingen, was sie zu ihren Taten und der Auswahl ihrer Opfer antrieb, kann bis heute nicht mit Sicherheit beantwortet werden und bleibt ein Rätsel. Bei einigen ihrer Morde – etwa an ihren Partnern, ihren Eltern oder Menschen, denen sie Geld schuldig war – drängt sich Habgier als Motiv auf, profitierte sie doch finanziell von deren Tod. Bei den oft willkürlich erscheinenden Ermordungen oder nicht tödlichen Vergiftungen im Bekannten- und Freundeskreis passt dieses Motiv jedoch nicht. Hier wurden und werden beispielsweise Sadismus, Machthunger oder Empathielosigkeit als Beweggründe genannt. In ihren Befragungen gibt Gesche dazu jedoch nie eine konsistente oder befriedigende Auskunft. Im Gegenteil wiederholt sie mehrfach, dass sie keine Gründe gehabt habe, ihr stattdessen ein Mord meist spontan in den Sinn kam und ein sogenannter Gifttrieb sie zu den Taten veranlasste. Ebenso habe sie im Nachgang einer Tat keine Reue empfunden. So existieren heute Dutzende Erklärungsansätze, die jedoch allesamt nicht befriedigend sind. Schon Senator Droste ist irritiert bis frustriert angesichts der anscheinenden Motivlosigkeit der Angeklagten und versucht immer wieder vergebens, sie zu einer diesbezüglich befriedigenden Aussage zu drängen. Angesichts von teils bis in die Prozessakten durchscheinender Verwirrtheit und emotionaler Unstetigkeit Gesche Gottfrieds ist denkbar, dass ein psychiatrisches Gutachten hier tatsächlich hätte Licht ins Dunkel bringen können. Ihre Darstellung als kalkulierte, rücksichtslose Giftmörderin greift in jedem Fall zu kurz.

Nur wenige Tage nachdem Gesche Gottfried auf dem Bremer Domshof geköpft wurde, taucht im Pflaster des Platzes der schwarze »Spuckstein« auf. Doch wer dessen Setzung veranlasst hat und aus welchem Grund, ist auch für die zeitgenössische Bevölkerung der Hansestadt ein Rätsel, genauso wie die Frage, ob die Stelle überhaupt die richtige ist, wie damals im *Bremischen Unterhaltungsblatt* diskutiert wird. Ob gesellschaftskritisches Mahnmal gegenüber einer Gesellschaft, die zu lange ihre Augen verschloss, skurriler Scherz oder ein Fanal zur Diffamierung einer Mörderin: Bis heute hält der Stein die Erinnerung an Gesche Gottfried und ihre vielen Opfer am Leben.

Der Fall Grace Marks

1843

Noch heute ist die Geschichte, um die es in diesem Kapitel gehen soll, zahlreichen Menschen auf der ganzen Welt bekannt. Und das nicht zwingend wegen dem, was sich im Sommer des Jahres 1843 tatsächlich im kanadischen Ontario ereignete, sondern vielmehr aufgrund des Romans *Alias Grace* von Margaret Atwood[*], der auf diesem Fall beruht. Doch warum widmet eine der einflussreichsten kanadischen Autorinnen des 20. Jahrhunderts einen ihrer Romane ausgerechnet der vermutlichen Mörderin Grace Marks? Was macht bis heute die Faszination dieser Geschichte aus?

Um dem auf den Grund zu gehen, begeben wir uns in das Jahr 1843 auf das Gebiet der britischen Kolonie Großkanada, welche zur Mitte des 19. Jahrhunderts noch nicht über die Grenzen der heutigen Provinzen Quebec und Ontario hinausgeht. Die Geschichte beginnt auf einer beschaulichen Farm, die sich im Besitz des 41-jährigen Gentleman Thomas Kinnear befindet. Geboren am 27. September 1802 in Collessie, Schottland, war Kinnear als junger Mann nach Kanada ausgewandert und hatte dort sein Glück gemacht. Nun bewirtschaftet er seine Farm in der Yonge Street in Richmond Hill, 16 Meilen nördlich von Toronto. Unterstützt wird er dabei von seiner Haushälterin Nancy Montgomery, die sich um alle Haushaltsangelegenheiten des

---

[*] Margaret Atwood, *Alias Grace*, Berlin Verlag, Berlin 2009.

Junggesellen Kinnear kümmert und auch für die Aufsicht über die anderen Hausangestellten, den Knecht James McDermott sowie das Hausmädchen Grace Marks, zuständig ist.

Es ist Sonntag, der 30. Juli des Jahres 1843, als James Newton am späten Morgen seinen guten Bekannten Thomas Kinnear besuchen möchte. Bei seinem Eintreffen auf der Farm findet Newton jedoch niemanden vor. Weder der Hausherr noch seine Hausangestellten sind zu sehen oder antworten auf sein wiederholtes Klopfen. Nachdem er daraufhin zunächst ergebnislos die Nachbarn nach dem Verbleib der Bewohner der Farm befragt, kehrt Newton zum hölzernen Farmhaus Kinnears zurück und betritt die Küche durch die unverschlossene Vordertür.

In einem schmalen Flur, der von der Küche abgeht, fallen ihm auf dem Boden ein paar Blutstropfen auf, die ihn aber aufgrund der geringen Menge noch nicht allzu sehr beunruhigen. In der Sattelkammer, die von der Küche aus zu erreichen ist, bemerkt er ein Gewehr, das auffällig an der Wand hinter der Tür lehnt. Newton erkundet nun auch das Obergeschoss des Holzhauses und findet dort alle Betten ordentlich gemacht vor, wenn ihm auch eine generelle Unordnung auffällt. Im Schlafzimmer des Hausherrn erregt ein blutbeflecktes Buch seine Aufmerksamkeit, das anscheinend achtlos auf die Bettdecke geworfen wurde.

Nun ernsthaft besorgt, verlässt Newton das Haus und bittet einen Bekannten, Francis Boyd, ihn bei der weiteren Untersuchung des Hauses zu unterstützen. Gemeinsam gehen sie durch alle Räume und bemerken, dass überall große Unordnung herrscht. Den Männern kommt der Verdacht, dass das Haus durchsucht worden sein könnte. Hat es einen Überfall gegeben? Boyd bemerkt zudem, dass in der Zarge der Tür, die von der Küche in den Hof führt, eine Gewehrkugel steckt.

Hausherr und Angestellte jedoch bleiben verschwunden. So entschließen sie sich schließlich, im Keller nachzusehen, der durch eine Falltür im Boden des Küchenflures zu erreichen ist. Die beiden Männer öffnen die Luke und steigen vorsichtig in dem fahlen Licht, das durch die Öffnung im Boden fällt, hinunter. Bereits bevor sie unten angelangt sind, können sie ihn sehen: Am Fuße der hölzernen Treppe liegt Thomas Kinnear ausgestreckt auf dem Rücken, während seine linke Hand auf der Stirn ruht. Newton und Boyd eilen die letzten Stufen hinab, um zu sehen, ob sie helfen können. Doch leider können sie nichts mehr für Thomas Kinnear tun. Er ist tot, sein Körper bereits kalt.

Erschüttert untersuchen die beiden Männer die Leiche nach Spuren eines Unfalles, doch sind weder eine größere Blutlache noch sonstige Anzeichen für einen Treppensturz zu erkennen. Links oben in der Brust bemerken sie jedoch eine Verletzung. Sie wirkt auf die Männer wie ein Einschussloch.

Umgehend macht sich Francis Boyd auf, um den Arzt David Bridgefort zu informieren. Dieser begleitet Boyd zurück zur Kinnear-Farm, wo er die erste Leichenschau an Thomas Kinnears Körper noch vor Ort im Keller durchführt. Nachdem er festgestellt hat, dass der Tote, bis auf fehlende Stiefel, vollständig bekleidet ist, untersucht er die Wunde auf der Brust. Auch er ist der Überzeugung, dass es sich hierbei um eine Schussverletzung handelt, bei der die Kugel in einem aufwärtsgerichteten Winkel von vorne durch die Brust in das Herz des Toten eingedrungen und im Schulterblatt stecken geblieben ist. Die dadurch verhinderte Austrittswunde erklärt das Fehlen einer Blutlache unterhalb des Toten. Bridgefort ist zudem der Auffassung, dass die Schusswunde todesursächlich und Thomas Kinnear relativ sofort nach dem Eindringen der Kugel verstorben sein muss.

Bridgefort untersucht auch die nähere Umgebung der Leiche und findet zu seiner Verwunderung eine größere Menge Blutes, das an die Wand des Kellers gespritzt ist. Auf der Treppe selbst kann er jedoch kein Blut feststellen. Damit beendet man die

Untersuchung des Hauses für den Tag, immer noch im Unklaren darüber, wo sich die drei Hausangestellten aufhalten oder was mit ihnen geschehen sein könnte.

Als die Herren am nächsten Tag mit ihrer Untersuchung fortfahren, fällt ihnen im Keller eine umgedrehte Wanne auf, unter der zwei Beine hervorschauen. Dass sie die zweite Leiche tags zuvor nicht bemerkt haben, kann daran liegen, dass die beiden Körper durch Regale voneinander getrennt sind, die wohl einen recht effektiven Sichtschutz bilden.

Als man nun die Wanne umdreht, findet sich darunter der bereits recht stark fäulnisveränderte Körper der Haushälterin Nancy Montgomery. Nancys Leiche ist in einem deutlich schlechteren Zustand als der tags zuvor entdeckte Körper von Thomas Kinnear, woraus Bridgefort schließt, dass sie zeitlich vor ihrem Dienstherrn zu Tode gekommen sein muss.

Bereits im Zuge dieser ersten Leichenschau wird eine gravierende Kopfverletzung sichtbar, die sehr stark geblutet haben muss. Blutspuren finden sich auf dem Boden unter der Wanne, und der Kopf der Toten ist blutverkrustet. Damit ist möglicherweise auch die Quelle des Blutes an den Wänden identifiziert.

Nachdem sich im Keller keine weiteren relevanten Spuren finden, werden die Leichen abtransportiert und obduziert. Hierbei bestätigt sich die initiale Beobachtung Bridgeforts: Tatsächlich kann die Kugel, die Thomas Kinnear tödlich getroffen hat, im Schulterblatt des Toten sichergestellt werden. Obwohl eine ballistische Untersuchung dieser Kugel wie auch der Kugel aus der Türzarge aufgrund der mangelnden Möglichkeiten jener Zeit nicht vorgenommen wird, liegt es nahe, dass sie aus der Waffe stammen, die Newton in der Sattelkammer des Hauses aufgefunden hat.

Die Untersuchung des Körpers von Nancy Montgomery ergibt – neben der offensichtlichen, schweren Schädelverletzung –, dass sie tatsächlich durch Erdrosseln zu Tode gekommen ist. Zudem findet man bei der Leichenöffnung heraus, dass Nancy zum Zeitpunkt ihres Todes ein Kind erwartete.

Gleichzeitig beginnt die Suche nach den beiden noch immer vermissten Hausangestellten, dem Stallburschen James McDermott und dem Hausmädchen Grace Marks. Beide sind erst seit kurzer Zeit im Kinnear-Haushalt angestellt und haben bis zu diesem Zeitpunkt ein jeweils eher unauffälliges Leben geführt.
    James McDermott wird 1823 in Irland geboren und wandert bereits mit 14 Jahren ohne seine Familie nach Kanada aus, wo er zunächst auf Dampfschiffen als Kellner arbeitet. Mit 17 Jahren meldet er sich freiwillig zum Militär. Er dient, bis seine Kompanie im Mai 1843 aufgelöst wird. Daraufhin verschlägt es den nun 20-Jährigen nach Toronto, wo er nach längerer Arbeitssuche hört, dass auf der Kinnear-Farm ein Stallbursche gesucht wird. Er stellt sich auf der Farm vor und wird von Nancy Montgomery eingestellt. James lebt als Stallbursche auf der Farm, kümmert sich um das Pferd und verrichtet andere schwere Arbeiten wie das Ausbessern der Zäune und Holzhacken. Ein paar Wochen nach seinem Arbeitsantritt wird auch Grace Marks als Dienstmädchen dort eingestellt.

Grace wird 1827 als drittes von neun Kindern des Steinmetzes John Marks und seiner Frau, deren Name leider nicht überliefert ist, in Ulster, im Norden Irlands, geboren. Wie zahllose andere Familien wandern sie – wahrscheinlich um der Armut in Irland zu entgehen – im Jahre 1840 nach Kanada aus. Bereits während der wochenlangen Überfahrt verstirbt die Mutter aus unbekanntem Grund. In Kanada angekommen, siedeln sie sich in Toronto an.
    Die heutige Metropole Toronto ist zu jener Zeit eine gerade bei irischen Einwanderern beliebte, aufstrebende Stadt mit rund 20 000 Einwohnern. Unbefestigte Straßen und teils noch provisorische Häuser prägen große Teile des Stadtbildes, als die

Familie Marks sich hier niederlässt. Die 13-jährige Grace nimmt, wie zu jener Zeit keinesfalls unüblich, bereits kurz nach ihrem Eintreffen die erste Anstellung als Hausmädchen an, um die Familie durch ihre Einkünfte zu unterstützen.

Grace wechselt auffällig oft den Arbeitgeber und ist drei Jahre später, im Jahre 1843, bereits im fünften Haushalt angestellt. Hier lernt auch Nancy Montgomery Grace kennen und scheint von der jungen Frau einen positiven Eindruck zu haben. Denn als sie nun auf der Suche nach einem Hausmädchen für die Kinnear-Farm ist, bietet sie Grace eine Bezahlung von drei Dollar im Monat an. Eine stattliche Vergütung zur damaligen Zeit. Dafür ist die 16-jährige Grace Marks auch schnell bereit, ihren Arbeitgeber ein weiteres Mal zu wechseln. Anfang Juli 1843 zieht die junge Frau auf die Farm und tritt ihre Arbeit an.

Nur wenige Wochen später sollten die Leichen von Thomas Kinnear und Nancy Montgomery im Keller aufgefunden werden, während von James und Grace jede Spur fehlt.

Der vom Gericht der Stadt Toronto beauftragte Inspektor George Kingsmill ist davon überzeugt, dass James und Grace die Morde begangen haben und dass sie sich nun mit dem im Hause erbeuteten Diebesgut auf der Flucht befinden. Er folgt der Spur der Flüchtigen bis nach Toronto. Laut Zeugenaussagen frühstückten James und Grace dort gegen fünf Uhr morgens in einem Hotel, bevor sie sich – in die Kleider der Mordopfer gekleidet – wieder auf den Weg gemacht haben sollen. Grace Marks habe sich den Zeugen als Mary Whitney vorgestellt, ein Alias unbekannten Ursprungs. Gegen acht Uhr besteigen sie offenbar den Dampfer nach Lewiston im US-Bundesstaat New York, wo sie gegen 15 Uhr am selben Nachmittag eintreffen und sich zwei Zimmer in einem Gasthaus nehmen.

Eine ruhige Nacht sollte den beiden jedoch nicht gegönnt sein. Gegen fünf Uhr morgens holt Inspektor Kingsmill sie schließlich ein, und sie werden verhaftet. In ihrem Besitz kann nicht nur die Kleidung der Toten sichergestellt werden, sondern auch zahlreiche Wertgegenstände, die aus dem Hause Kinnear stammen. So werden die Verdächtigen mit dem nächsten Dampfer zurück nach Toronto gebracht, wo sie bis zu ihrer für November angesetzten Gerichtsverhandlung inhaftiert bleiben sollten.

Unterdessen beginnt der Fall großes öffentliches Interesse zu erregen. Die Presse berichtet detailliert über sämtliche Entwicklungen, neue Erkenntnisse und Gerüchte und diskutiert mit Hingabe die möglichen Hintergründe der Taten. Die Ereignisse um die Morde auf der Kinnear-Farm sind besonders interessant, da sie gleich mehrere soziale Gruppen betreffen und damit zahlreiche Aspekte des gesellschaftlichen Miteinanders. Neben der Tatsache nämlich, dass es sich um ein grausames Verbrechen handelt, über das man möglichst detailreich erfahren will, gerät schnell das Gerücht in den Fokus, Nancy Montgomery und ihr Dienstherr, Thomas Kinnear, hätten eine Affäre gehabt, und dass er der Vater ihres ungeborenen Kindes gewesen sei. Gerade skandalöse Details wie dieses faszinieren damals die Menschen und treffen den Nerv einer Zeit, in der Standesbewusstsein und Klassengrenzen noch fest etabliert sind. Stimmen jedoch, die diese Grenzen aufweichen und durchbrechen wollen, werden gleichzeitig überall auf der Welt lauter, während sich der Wunsch nach sozialer Gerechtigkeit zaghaft in allen Bevölkerungsschichten zu regen beginnt.

Diese Entwicklung weckt bei vielen Menschen der höheren Gesellschaftsschichten die Angst, dass Dienstboten, die sich nicht an die »natürlichen« Klassengrenzen halten, auf lange Sicht zu einer Gefahr werden könnten. Besonders dann, wenn dies wie im vorliegenden Fall zu einer scheinbar nicht weiter provozierten Mordtat aus Habgier und anderen niederen Beweggründen führt! Umso wichtiger ist es für die Behörden folglich, klare Signale zu senden und die Aburteilung der Verdächtigen mit aller Härte voranzutreiben. Ein solches Verbrechen darf – gerade angesichts der Unruhe, die es in den höheren Gesellschaftsschichten verbreitet – nicht ungesühnt bleiben.

Zu guter Letzt verkörpern die beiden Angeklagten wunderbar die gängigen Stereotypen des mittleren 19. Jahrhunderts. James McDermott gibt das Bild des rauen, ungebildeten irischen Einwanderers ab, dem man ein ungutes Temperament unterstellt. Man meint, ihm seinen schlechten Charakter förmlich ansehen zu können. In Grace hingegen will man eine gleichsam ideale Einwanderin sehen. Sie arbeitet hart, um ihre Familie zu unterstützen, ist bildschön, klug und jung. Dies bringt ihr schnell viele Sympathien ein. Und diese durch die Presse und Gerüchte verbreiteten Vorurteile sorgen dafür, dass die Angeklagten von Beginn an nicht unvoreingenommen beurteilt werden.

Als die Verhandlungen gegen James McDermott und Grace Marks schließlich am 3. November des Jahres 1843 im Gericht von Toronto beginnen, ist das Interesse der Öffentlichkeit riesig, und eine gewaltige Menschenmenge versammelt sich im und um das Gebäude.

Obwohl beide Angeklagte zunächst gemeinsam vor Gericht gestellt werden sollen, setzt ihr Verteidiger, Kenneth McKenzie, durch, dass es aufgrund des offenkundigen Interessenkonfliktes getrennte Verhandlungen geben müsse. Das sollte sich, zumindest für Grace Marks, als sehr kluge Strategie erweisen. Verhandelt wird zunächst nur der Mord an Thomas Kinnear, nicht der an Nancy Montgomery, was wahrscheinlich darauf zurückzuführen ist, dass man im Falle eines Freispruches noch eine Karte in der Hinterhand behalten will.

Schließlich kann die Verhandlung gegen James McDermott beginnen. Er gibt an, den Mord zwar begangen zu haben, jedoch einzig auf Bestreben von Grace Marks. Sie habe ihn dazu gedrängt, und er sei von ihrer Schönheit und sexuellen Anzie-

4 Grace Marks und James McDermott

hung derart überwältigt gewesen, dass er schließlich die Taten ausgeführt habe. Nachdem alle Aussagen gehört sowie Indizienbeweise vorgebracht sind, hält McKenzie eine flammende Verteidigungsrede. Doch da James McDermott die Mordtaten bereits gestanden hat, besteht wenig Zweifel an seiner Schuld.

Nun muss wiederum die Tatsache, dass beide Verdächtigen von McKenzie verteidigt werden, zu einem Interessenkonflikt führen. Wie es scheint, hat sich McKenzie zu diesem Zeitpunkt bereits darauf verlegt, Grace vor der Hinrichtung zu bewahren und James verloren zu geben. Die Geschworenen beraten denn auch nur zehn Minuten, bevor sie James McDermott des Mordes an Thomas Kinnear für schuldig befinden. Er wird daraufhin zum Tode verurteilt und seine Hinrichtung auf den 21. November 1843 festgesetzt.

Grace Marks' Verhandlung findet am Folgetag, dem 4. November 1843, statt. Im Wesentlichen verläuft sie ähnlich wie die von McDermott. Allerdings verfolgt die Verteidigung hier die gegenläufige Strategie und behauptet, Grace habe aus Angst vor McDermott gehandelt und ihn daher nicht von den Taten abgehalten. Obwohl dieselben Zeuginnen und Zeugen wie am Vortag zu Wort kommen, fällt auf, dass Grace' angeblich positiver Charakter eine prominente Rolle spielt. James Newton zum Beispiel betont, wie wundervoll ihr Wesen sei und dass er nie etwas Negatives über sie gehört habe. Auch die Kugel in der Türzarge erhält auf einmal Gewicht, denn sie könnte ein Beleg dafür sein, dass McDermott zumindest einmal auf Grace geschossen und damit auch ihr Leben bedroht habe, wie sie es nun plötzlich behauptet.

Einen negativen Eindruck hinterlässt jedoch die Aussage von James Walsh, einem 16-jährigen Nachbarn der Kinnear-Farm, der das Haus in den Tagen vor und nach den Morden mehrfach besucht hat. Er berichtet, dass Grace bei einem Treffen am Samstagabend, kurz nachdem Thomas Kinnear wahrscheinlich ermordet worden ist, gut gelaunt gewirkt habe. Außerdem sei sie deutlich besser gekleidet gewesen als gewöhnlich, was den Schluss zulässt, dass sie hier bereits Kleidung der verstorbenen Nancy Montgomery getragen haben könnte.

Auch hier kommen die Geschworenen rasch zu einem einstimmigen Ergebnis: Grace Marks wird des Mordes für schuldig befunden und zum Tode verurteilt. Aufgrund der Umstände empfehlen die Geschworenen in ihrem Fall allerdings, die Todesstrafe auszusetzen und in eine lebenslange Haft umzuwandeln, was auch geschieht.

Zwei Wochen nach ihrer Verurteilung machen sowohl Grace Marks als auch James McDermott auf beständiges Nachfragen hin Aussagen, die bis heute überliefert und die einzigen Beschreibungen der angeblich tatsächlichen Vorgänge auf der Kinnear-Farm zwischen dem 27. und 29. Juli 1843 sind.

Grace Marks schildert die Ereignisse in ihrer Aussage wie folgt: Zwischen James McDermott und Nancy Montgomery habe es häufig Streit gegeben. Tatsächlich habe Nancy dem Stallburschen deshalb auch zum Ende des Monats gekündigt. Wütend habe James daraufhin den Plan gefasst, Nancy und Thomas Kinnear zu töten, sie auszurauben und in die Vereinigten Staaten zu fliehen. Diesen Plan habe er Grace verraten und sie gebeten, ihn bei seinem Vorhaben zu unterstützen. Dies habe Grace verstört, und sie habe aus Angst, selbst Opfer der Mordpläne werden zu können, seinem Vorschlag zugestimmt.

Am Donnerstag vor den Morden, also am 27. Juli 1843, sei Mr Kinnear dann in die Stadt aufgebrochen, um Besorgungen zu machen und Geschäfte zu erledigen. James habe daraufhin verkündet, Nancy noch in derselben Nacht töten zu wollen, solange der Hausherr nicht da sei. Grace jedoch habe ihn davon abgehalten. Am Freitagmorgen habe Grace von Nancy den Auftrag erhalten, James McDermott auszurichten, dass er am Samstag die Farm verlassen solle. Aufgrund dieser Nachricht sei McDermott sehr wütend geworden und habe Nancy nun in dieser Nacht töten wollen. Grace habe ihn jedoch erneut angefleht, seinen Plan nicht auszuführen, da die beiden Frauen im gleichen Bett schliefen und es leicht zu einem Unfall habe kommen können.

Den Abend habe man gemeinsam mit dem 16-jährigen James Walsh, dem jungen Mann aus der Nachbarschaft, verbracht. Dieser habe auf seiner Flöte Tanzmusik gespielt. McDermott habe jedoch die ganze Zeit über mürrisch und abwesend gewirkt.

Am Morgen des darauffolgenden Tages habe McDermott in der Küche erneut über seine Mordpläne gesprochen. Grace habe ihn jedoch beschworen, zumindest zu warten, bis Nancy aufgestanden und nicht mehr im Schlafzimmer sei, um Blutflecken zu vermeiden.

Etwas später, während Grace selbst im Hof gewesen sei, um Wasser zu holen, habe sie gesehen, wie McDermott Nancy von der Rückseite des Hauses kommend über den Hof gezogen habe. Nancy habe stark am Kopf geblutet und sich nicht bewegt. Erschüttert, da sie sich nicht habe vorstellen können, dass McDermott seinen Plan tatsächlich in die Tat umsetzen würde, habe Grace gefragt, was geschehen sei. James habe ihr daraufhin mitgeteilt, dass Nancy zwar noch nicht tot sei, er dies aber bald ändern werde. Er forderte Grace auf, ihm das weiße Hals-

oder Wischtuch auszuhändigen, das sie bei sich hatte. Sobald er dies erhalten habe, sei er mit Nancy durch die Vordertür zurück ins Haus verschwunden.

Als er schließlich zu Grace in den Hof zurückgekehrt sei, habe er ihr nicht nur erklärt, dass Nancy tot sei, er habe ihr auch gedroht, dass ihr ein Gleiches geschehen werde, sollte sie je etwas über die Tat verraten. Aus Furcht habe sie ihm daraufhin erneut Verschwiegenheit geschworen und zudem bekräftigt, ihn auch bei dem noch bevorstehenden Mord an Thomas Kinnear unterstützen zu wollen.

Kinnear sei gegen elf Uhr auf die Farm zurückgekehrt und habe sich sogleich nach Nancys Verbleib erkundigt. Mit der Ausrede, diese sei ausgegangen, habe Grace ihn beruhigt und ihrem Arbeitgeber auf seinen Wunsch hin ein Essen zubereitet, das dieser auch verzehrt habe. Daraufhin habe Kinnear sich mit einem Buch in die Stube zurückgezogen. Ihres Wissens nach habe McDermott ihn kurz darauf in die Küche gelockt, indem er ihm gesagt habe, er möge sich etwas in der Sattelkammer anschauen. Auf dem Weg durch die Küche habe der Stallbursche seinen Arbeitgeber dann erschossen. Grace selbst sei zu dieser Zeit nicht im Haus gewesen und habe davon nur aus Erzählungen McDermotts erfahren. Sie sei jedoch bald nach dem Mord in die Küche zurückgekehrt und beim Anblick des Toten derart erschrocken, dass sie augenblicklich wieder aus dem Haus gelaufen sei. Daraufhin habe McDermott einen Schuss auf sie abgegeben, welcher sie jedoch verfehlt habe. Die Kugel sei im Türrahmen stecken geblieben. McDermott, der Thomas Kinnears Leiche zwischenzeitlich in den Keller verbracht hatte, habe ihr später geschworen, er habe sie mit dem Schuss nur erschrecken wollen.

Gegen 20 Uhr desselben Tages sei der Nachbar James Walsh nochmals zur Farm gekommen. Er habe Grace angesprochen und sie nach dem Gewehr gefragt, mit dem McDermott wohl noch immer auf dem Hof umherlief. Um den jungen Mann vor

McDermott zu schützen, habe sie ihm erzählt, dass die Waffe zur Jagd auf Vögel diene, dass Nancy und Thomas nicht zu Hause seien und dass er sich am besten wieder auf den Heimweg machen solle. Sobald James Walsh wieder seines Weges gegangen sei, hätten sie und McDermott das Haus und Kinnears Körper nach Wertsachen durchsucht, diese auf den Wagen geladen und sich dann gegen 23 Uhr auf den Weg gemacht. Die Leiche von Nancy Montgomery habe Grace nie gesehen.

Folgt man hingegen der Aussage James McDermotts, ereignete sich Folgendes:

Das Zusammenleben auf der Farm sei keinesfalls immer friedlich gewesen. Zwischen Nancy und Grace habe es oft Spannungen gegeben, da die Haushälterin Grace' Arbeit wohl sehr oft kritisiert und sie zurechtgewiesen habe. Irgendwann habe Grace, wieder einmal erzürnt über Nancys Vorwürfe, ihm von einem Plan erzählt, sowohl Nancy als auch Mr Kinnear vergiften zu wollen. Eine einfache und sichere Methode, das habe ihm Grace versichert, jedoch benötige sie hierfür seine Unterstützung. Von dieser Aussage zutiefst verstört, habe James eine Beteiligung sofort abgelehnt. Nun sei er aber von der außerordentlich hübschen und attraktiven Grace so beeindruckt gewesen, dass diese Überzeugung bald ins Wanken geraten sei. Möglicherweise werde sich Grace seinen Annäherungsversuchen gegenüber offener zeigen, wenn er sie bei ihren Vorhaben und schließlich bei der Mordtat unterstützte. Zudem sei sein Verhältnis zur angeblich herrischen Nancy eher schlecht gewesen. Die Spannungen seien tatsächlich so weit gegangen, dass er bereits den Entschluss gefasst habe, die Stellung auf der Kinnear-Farm Ende Juli zu verlassen. Deshalb, so behauptet er, habe er auch bereits einige Zeit vor den Morden mit Mr Kinnear gesprochen und ihm gekündigt.

Die Taten selbst schildert McDermott wie folgt: Nachdem Mr Kinnear am Donnerstag in die Stadt aufgebrochen sei, habe

Grace wieder über ihren Plan gesprochen, Kinnear und Montgomery zu vergiften. Nun habe sie zudem die Idee geäußert, die Farm auszurauben und gemeinsam zu fliehen. Noch immer sei dieser Gedanke bei ihm auf Ablehnung gestoßen, jedoch habe Grace mit ihm kokettiert und ihm eine sexuelle Beziehung in Aussicht gestellt, sollte er sie unterstützen.

Nachdem Thomas Kinnear also aufgebrochen war, sei es zwischen den beiden Frauen wieder zum Streit gekommen. Nancy habe Grace mit der Kündigung gedroht, woraufhin diese sehr wütend geworden sei. Sie habe sich nun noch mehr im Recht gefühlt, ihre Mordpläne in die Tat umzusetzen. Dann habe sie McDermott immer weiter bedrängt und ihn schließlich dazu gebracht, die Morde für sie auszuführen. Warum sie von ihrem Plan mit dem Giftmord abwich und die Ausführung der Taten McDermott überließ, erwähnt er nicht.

Der erste, nächtliche Anschlag sei jedoch gescheitert, da James sich nicht dazu habe durchringen können, Nancy tatsächlich in ihrem Bett zu erschlagen. Grace habe jedoch am Samstagmorgen weiter auf ihn eingeredet und ihn der Feigheit bezichtigt. Diese Kränkung habe ihn schließlich dazu gebracht, Nancy mit der Axt anzugreifen, während Grace im Hof ihren Aufgaben nachgegangen sei. Er habe der überraschten Frau eine tiefe, stark blutende Kopfverletzung zugefügt, welche allerdings nicht zum Tode geführt habe. Daraufhin habe er sie in den Keller gebracht, wo sie dann erdrosselt worden sein muss. Wie genau er das vollbracht haben will, schildert er nicht – ebenso wenig den Mord an Kinnear.

Während beide Verdächtigen den Tathergang also in den Grundzügen ähnlich beschreiben, so bezichtigen sie einander doch gegenseitig, die Mordpläne erdacht zu haben. Grace Marks' Aussage ist ausführlicher, sie benennt weitere Zeugen, mehr Details und gibt Auskunft über mögliche Motive. Auch ist ihre Beteuerung, aus Angst nichts gegen die Aggression Mc-

Dermotts unternommen zu haben, grundsätzlich nachvollziehbar. Doch auch die von James McDermott vorgebrachte Version ist denkbar. Beide Aussagen lassen sich zudem mit den am Tatort vorgefundenen Indizien vereinbaren und widersprechen nicht den Zeugenaussagen, die im Zuge der Verhandlung vorgebracht wurden. Was tatsächlich geschah und wer wirklich die treibende Kraft hinter den Morden war, blieb und bleibt folglich auch heute ungewiss.

Während Grace Marks also lebenslanger Haft entgegenblickt, wird das Todesurteil an James McDermott am 21. November 1843 vollstreckt. Doch kurz vor seiner Hinrichtung macht er eine weitere Aussage, die nahelegt, dass Grace sehr wohl eine aktive Rolle bei den Morden gespielt haben könnte. Tatsächlich sei demnach sie es gewesen, die Nancy im Keller mit dem weißen Tuch erdrosselt habe. Warum er dies zuvor nie zu Protokoll gegeben hat und erst zu diesem Zeitpunkt seine Aussage ändert, wird wohl nie zu klären sein. In ihrem Buch *Life in the Clearings Versus the Bush*[*] behauptet Susanna Moodie 1853, dass McDermott wohl bis zuletzt gehofft habe, ebenfalls begnadigt zu werden. Erst als ihm klar geworden sei, dass dies nicht zu erwarten stand, habe er seine Aussage entsprechend angepasst. Sie vermutet, er habe damit Grace Marks wieder in den Fokus rücken und eine weitere Verhandlung in Gang setzen wollen, um sich an seiner Komplizin zu rächen. War sie die Mörderin, so habe er wohl nicht allein für die gemeinsam begangene Tat büßen wollen. Sollte sie unschuldig gewesen sein, so könne dies ein Versuch gewesen sein, seine Drohung wahr zu machen, auch ihr Leben zu beenden, so sie ihn verriete.

Wie dem auch sei, seine Aussage hat nicht den gewünschten Effekt. Grace sollte nie des Mordes an Nancy Montgomery angeklagt werden.

---

[*] U.a.: Susanne Modie, *Life in the Clearings Versus the Bush,* New Canadian Library, McClelland and Stewart, Toronto 2010.

Grace Marks wird stattdessen im Kingston Penitentiary, einem Zuchthaus, inhaftiert, wo sie, mit Ausnahme einer kurzen Zeit, die sie in einem psychiatrischen Krankenhaus verbringt, die nächsten 29 Jahre ihres Lebens einsitzen sollte. Im Laufe der Zeit setzten sich zahlreiche Menschen, auch und vor allem aus der besseren Gesellschaft, geduldig und vehement für sie ein. Diese Menschen, die von ihrer Unschuld überzeugt waren, kämpften viele Jahrzehnte um ihre Freilassung. Schließlich sollten sie Erfolg haben: Im Jahr 1872 wird Grace Marks offiziell begnadigt und aus der Haft entlassen, woraufhin sie Kanada Richtung New York verlässt und aus den historischen Aufzeichnungen verschwindet.

Warum aber bewegt der Fall um Grace Marks die Gemüter so sehr – und dies tatsächlich bis heute? Es spielen dabei sicher mehrere Faktoren eine Rolle, die in dieser Geschichte zusammenkommen. Zum einen liegen zahlreiche Aspekte der Tat noch immer im Dunkeln. Warum die Situation auf der Farm derart schnell eskalierte, konnte nie geklärt werden, die Beziehungen der Beteiligten untereinander bleiben unklar, und auch die Rolle, die Grace Marks tatsächlich gespielt haben mag, regt zu Spekulationen an. Auch als Person fasziniert Grace Marks und bleibt ein Stück weit ungreifbar. Gerade in der Konstellation mit James McDermott ist es der intelligenten jungen Frau gelungen, ob bewusst oder nicht, die Geschlechtervorstellungen jener Zeit für sich zu nutzen. Sie war zum Tatzeitpunkt sehr jung, allen Angaben nach ausgesprochen hübsch, hatte eine angenehme, ruhige Art und war zudem redegewandt. Ihre Tugendhaftigkeit, Zurückhaltung und ihr Fleiß wurden auch während der Verhandlung mehrfach betont. Besonders im Vergleich zu James McDermott, den alle als verschlagen, missgünstig und gemein beschrieben, wird das Wirkung gezeigt haben. Zumal die Art, wie man ihn wahrnahm, durch seine Aussage im Nachhinein unbewusst selbst beeinflusst worden sein mag. Denn die

Betonung seiner Schwäche für Grace und seines sexuellen Interesses an der jungen Frau wurden ihm durch seine Zeitgenossen als Lüsternheit und als wenig ritterlich ausgelegt, wie Ashley Banbury in ihrem Artikel »The Trial and Testimony of Grace Marks, Murderess: Gender Performance in a Colonial Courtroom, Upper Canada 1843«[*] ausführt.

Dieser Gegensatz in Kombination mit dem Frauenbild der Zeit, das »gesunden« Frauen grundsätzlich jede Aggressivität oder Gewaltbereitschaft absprach, beeinflusste die öffentliche Wahrnehmung von Grace Marks positiv. Es fiel den Menschen ihrer Zeit sehr viel leichter, sich vorzustellen, dass James McDermott der Aggressor war, der Grace manipuliert und in seine Pläne hineingezogen hatte, als andersherum. Dabei ist es durchaus möglich, dass es tatsächlich Grace Marks war, die James mit ihrem Versprechen sexueller Gefälligkeiten manipulierte, um sich der ungeliebten Nancy Montgomery zu entledigen und sich persönlich zu bereichern.

Tatsächlich ist allen Aussagen nach unbestreitbar, dass sie zumindest der Beihilfe zum Mord schuldig gewesen sein dürfte. Zudem sprechen manche ihrer eigenen Aussagen für eine gewisse Kaltblütigkeit. So unter anderem ihre Bitte, das Schlafzimmer nicht mit Blut zu beschmutzen, Nancy nicht zu ermorden, wenn die Waffe auch sie treffen könne, oder ihr scheinbar unbekümmertes Verhalten unmittelbar nach den Morden, wie es durch den Zeugen James Walsh belegt ist. All dies spricht nicht dafür, dass Grace Marks angesichts der Morde tatsächlich so eingeschüchtert und verstört war, wie sie aussagte.

Die Geschichte der Morde an Thomas Kinnear und Nancy Montgomery ist also tief verwoben mit den gesellschaftlichen Konventionen, Vorstellungen und Grenzen ihrer Zeit. Auch

---

[*] Ashley Banbury, »The Trial and Testimony of Grace Marks, Murderess: Gender Performance in a Colonial Courtroom, Upper Canada 1843«, in: *Mount Royal Undergraduate Humanities Review (MRUHR)* 1(1), 2013.

deshalb befasst sich Margaret Atwood in ihrem 1996 erschienenen Roman *Alias Grace* mit dieser Geschichte, eignet sie sich doch hervorragend dazu, ein Porträt der kanadischen Gesellschaft in der Mitte des 19. Jahrhunderts zu zeichnen. Und so beschäftigt uns das Mysterium um Grace Marks auch über 180 Jahre nach den brutalen Morden noch genauso wie ihre Zeitgenossen. Grace dient damals wie heute als Leinwand für all das, was wir in ihr sehen wollen.

Das Schicksal der Donner-Party

1846

Wenige Individualschicksale aus dem 19. Jahrhundert haben sich so in das kollektive Gedächtnis der USA gebrannt und sind derart nachhaltig in die Folklore eingegangen wie das der sogenannten Donner-Party. Was den Familien Donner, Reed und anderen im Winter 1846/47 zustieß, eignet sich leicht als Blaupause dafür, wie der amerikanische Traum zum finstersten Albtraum werden kann. Stephen King erkor die Geschehnisse in seinem Roman *The Shining** nicht zufällig zu einem unheilvollen Omen dessen, was der Familie von Jack Torrance in der Abgeschiedenheit des Hochgebirges blühen sollte, und Stanley Kubrick kam nicht umhin, dies in seiner Verfilmung des Stoffes** entsprechend aufzugreifen.

Die zugrunde liegenden historischen Ereignisse vermögen allerdings zu verstören. Daher sei darauf hingewiesen, dass in diesem Kapitel unter anderem der Tod von Kindern und Kannibalismus thematisiert werden.

In den 1840er-Jahren setzen auf dem nordamerikanischen Kontinent die großen Siedlungsströme nach Westen ein. Mehrere Hunderttausend Menschen machen sich auf den äußerst beschwerlichen und lebensgefährlichen Weg Richtung Pazifik ins heutige Kalifornien, getrieben von der Hoffnung auf ein besse-

---

* Die deutsche Erstausgabe unter dem Titel *Shining* erschien 1980 im Verlag Bastei Lübbe, Köln.
** Der Film kam 1980 heraus.

res Leben. Ihr Selbstverständnis ziehen sie aus der damals populären Ideologie der Manifest Destiny, die ihnen ein »offenkundiges Schicksal« vorherbestimmt. Denn die 1845 von einem Journalisten geprägte Bezeichnung steht für die Überzeugung, dass es das göttliche Schicksal und die Pflicht der weißen Amerikaner sei, den gesamten nordamerikanischen Kontinent zu besiedeln. Unmittelbar Leidtragende dieser Siedlungsbewegung sind indigene Stämme und die mexikanische Bevölkerung.

Zu jenen, die bereits nach Kalifornien gereist und von dem Landstrich begeistert sind, zählt Lansford W. Hastings. Er will Kalifornien, das damals noch ein Teil Mexikos ist, zu einer unabhängigen Republik machen – natürlich mit sich an der Spitze. Um ausreichend Menschen für die Besiedlung seiner Republik zu interessieren, schreibt er den *Emigrants' Guide to Oregon and California**, also den »Auswanderer-Reiseführer für Oregon und Kalifornien«, im Grunde eine Art Werbeprospekt inklusive Anreisebeschreibung. Denn Hastings' Meinung nach kann die nordamerikanische Westküste schneller als auf den etablierten Routen über eine Abkürzung erreicht werden, die fünfhundert Kilometer einspart und durch die Große Salzwüste und das Große Becken führt. Doch niemand hat diese Route bislang getestet – nicht zu Pferd und erst recht nicht mit einem Planwagen.

Angelockt von den Versprechungen, machen sich Mitte April 1846 die Familien von James Frazier Reed und der Brüder George und Jacob Donner gemeinsam von Springfield, Illinois, aus auf den Weg nach Kalifornien. Im Gepäck haben sie Lansford Hastings' »Reiseführer«, denn die Gruppe um die drei Familien plant die Abkürzung zu nehmen und so schneller an ihr Ziel zu kommen: San Francisco. Insgesamt besteht diese »Springfield-Gruppe« aus 32 Menschen, die wohl komfortabel reisen möch-

---

* Das Buch ist in der englischen Ausgabe von 1994, erschienen bei Applewood Books, Boston, noch lieferbar.

ten, denn das Auffallendste an der Gruppe ist der Wagen der Reeds: Er ist zweistöckig mit eingebautem Eisenofen, federgepolsterten Sitzen und Schlafkojen und muss von acht Ochsen gezogen werden. Zunächst geht es nach Independence in Missouri, wo sich die Auswanderertrecks traditionell vor dem Aufbruch nach Westen sammeln.

Die damals erprobten drei Hauptrouten nach Kalifornien, die voneinander abzweigen, sind der Oregon Trail nach Portland, der nördlich der Großen Salzwüste entlangführt, der Mormon Trail ins heutige Salt Lake City und der California Trail nach Sacramento. In der Regel bewältigt ein Treck 24 Streckenkilometer am Tag, sodass die gesamte Reise über den Oregon Trail mit seinen 3500 Kilometern tatsächlich vier bis sechs Monate in Anspruch nimmt. Doch es gibt ein weiteres Hindernis: ein limitierendes Zeitfenster. Die Trecks können erst nach den Frühlingsregenfällen starten und müssen den gesamten Weg zurückgelegt haben, ehe die Schneefälle im Herbst und Winter die Sierra Nevada unpassierbar machen.

Während die Donners und Reeds mit der Springfield-Gruppe ihre Reise nach Westen antreten, macht sich Lansford Hastings fast gleichzeitig von Kalifornien aus auf, um die Abkürzung zu testen, die er so vollmundig angepriesen hat.

Nach knapp vier Wochen erreicht die Springfield-Gruppe Independence, denn alles läuft wie geplant. Am 12. Mai 1846 geht es dann in einem Treck mit mehr als fünfzig Planwagen weiter. So ein riesiger Treck ist keine Seltenheit, allein in dieser Saison wagen immerhin mehr als fünfhundert Planwagen den beschwerlichen Weg nach Westen. Doch anhaltende Regenfälle und Gewitter erschweren das Vorankommen, zerstreuen das Vieh und lassen kleine Flüsse zu reißenden, kaum passierbaren Fluten anwachsen. Ende Mai ist in der Springfield-Gruppe die erste Tote zu betrauern, die betagte Schwiegermutter von Familienvater James Reed, die man abseits des Weges unter einem Baum begräbt.

Am 27. Juni – nur eine Woche hinter dem Zeitplan – erreichen die Siedler Fort Laramie. Danach gibt es kein Zurück mehr, wollen sie noch in diesem Jahr San Francisco erreichen. Doch angesichts der Zeitersparnis, die ihnen Hastings' Abkürzung verschaffen soll, ist man in der Springfield-Gruppe nicht allzu besorgt über die aktuelle Verspätung und schlägt Warnungen in den Wind, die Abkürzung sei nicht für Planwagen geeignet. So zieht der Treck unbeirrt weiter.

Mitte Juli erreicht ein Reiter die Planwagen. Im Gepäck hat er einen offenen Brief von Lansford Hastings. Alle Interessierten sollen Hastings in dem kleinen Handelsposten Fort Bridger treffen, um von dort aus gemeinsam über den neuen Pfad zurück nach Westen zu wandern. Doch als die Springfield-Gruppe Fort Bridger erreicht, ist Hastings schon fort: Eine Woche zuvor ist er mit einem anderen Treck aufgebrochen.

Jetzt gilt es, eine Entscheidung für oder gegen die Abkürzung zu treffen. Da Hastings Anweisungen für die Strecke hinterlassen hat und Jim Bridger, der Betreiber des Handelspostens, ihnen die Abkürzung anpreist, machen sich am 31. Juli rund zwanzig Fuhrwerke auf den neuen Weg. Zu den Familien Donner und Reed gesellen sich sieben weitere Familien und einige Alleinreisende sowie Wagenlenker. Insgesamt sind es 87 Menschen, von denen rund die Hälfte noch im Kindesalter ist. Die Schicksalsgemeinschaft wählt am folgenden Tag George Donner zu ihrem Anführer. Nun sind sie ganz offiziell die Donner-Party.

Zu Beginn schaffen sie noch bis zu 19 Kilometer am Tag, doch je weiter sie vordringen, desto unwegsamer wird das Gelände. Schließlich kommen sie nur noch wenig mehr als zwei Kilometer pro Tag voran, sodass sie erst am 22. August auf die andere Seite der Rocky Mountains durchstoßen. Erschöpft erreichen sie in der Nähe des heutigen Salt Lake City das Große Becken.

Frustration über die Routenführung entlädt sich, denn es liegen noch zu viele Kilometer vor den Siedlern: Die Zeit sitzt ihnen im Nacken, wollen sie die Sierra Nevada rechtzeitig vor Einsetzen der Schneefälle überqueren. Doch als sie am Wegesrand eine zerfledderte Notiz entdecken, die sie Lansford Hastings zuschreiben, gibt es kein Halten. Sie füllen die Wasservorräte auf – der vor ihnen liegende Weg soll sie zwei Tage und Nächte durch die Wüste führen –, und so machen sie sich am 30. August daran, die Große Salzwüste auf der neuen Route zu durchqueren.

Bald nach dem Aufbruch entwischt Vieh, nach drei Tagen geht ihnen das Wasser aus, und erst weitere drei Tage Fußmarsch später erreichen sie halb verdurstet ihr Zwischenziel jenseits der Wüste. Der Treck ist kaum wiederzuerkennen: 36 Ochsen sind entlaufen oder umgekommen, vier Planwagen mussten aufgegeben werden, darunter das riesige Gefährt der Reeds, und zudem wissen sie, dass ihre Vorräte niemals bis Kalifornien reichen werden. Und doch wollen sie nicht aufgeben. Sie schicken zwei Männer auf schnellen Pferden voraus, Charles Stanton und William McCutchen, die Essen und Hilfe organisieren und ihnen von der anderen Seite des Weges entgegenkommen sollen. Ihr Kampf ums Überleben beginnt, während etwa zur gleichen Zeit der Verursacher ihres Unglücks, Lansford Hastings, mit seinem Treck sicher nach Sutter's Fort gelangt und das Ziel des California Trail am Rand des heutigen Sacramento erreicht.

Es ist der 26. September 1846, als die Donner-Gruppe schließlich das Ende der »Abkürzung« erreicht. Der Humboldt River ist der Punkt, an dem die Wagen wieder auf den regulären Weg stoßen. Statt Zeit zu gewinnen, haben sie mehr als zweihundert Kilometer zusätzlich zurückgelegt und so etwa einen Monat wertvoller Reisezeit verschwendet. Das verbleibende Zeitfenster steht nur noch einen winzigen Spalt offen. Wagemutig ziehen sie weiter Richtung Sierra Nevada. Jetzt kommt die Konstitution der verbliebenen Pferde zum Tragen: Bald setzen sich die Fuhrwerke der Donner-Familie mitsamt dem Anführer des Trecks, George Donner, ab.

Hinter ihnen ereignet sich ein folgenschwerer Zwischenfall. Die Gespanne zweier Familien kommen sich ins Gehege, und der Fahrer des einen drischt auf die Ochsen des anderen ein. James Reed geht dazwischen und wird – wohl absichtlich – am Kopf getroffen. Als seine Frau Margret beim Versuch einzugreifen ebenfalls einen Schlag abbekommt, zieht Reed zornerfüllt ein Jagdmesser und rammt es dem Wagenlenker John Snyder in die Brust, und Snyder stürzt tot vom Wagen. Alle halten an, denn einer der Siedler, Lewis Keseberg verlangt, James Reed zu hängen – und George Donner, der Anführer des Trecks, ist längst außer Reichweite. Wer von der Gruppe noch in der Nähe ist, spricht sich für die Todesstrafe aus. Doch Reeds Frau Margret gelingt es, die Strafe abzumildern, und James Reed wird in die Verbannung geschickt – was damals einem Todesurteil nahekam.

Die Planwagen folgen weiter dem Humboldt River. Um die erschöpften Zugtiere zu entlasten, gehen die Siedler nun zu Fuß, oder sie müssen die Wagen aufgeben. Der Treck zieht sich immer weiter auseinander, die Familien sind vereinzelt und auf sich gestellt, dabei liegt der härteste Streckenabschnitt noch vor ihnen: der Weg über die Sierra Nevada. Und der Wintereinbruch rückt näher. Als ein älterer Mann zu erschöpft ist, um weiterzuziehen, will keiner die eigenen Ressourcen riskieren: Er wird zurückgelassen und ist vermutlich bald gestorben. Doch er sollte nicht der einzige Tote bleiben.

Immerhin gelingt es der Hauptgruppe am 12. Oktober, zu den vorauseilenden Donners aufzuschließen. Dann aber stehlen Indigene einige Ochsen und erschießen weitere Tiere, sodass nun inzwischen rund hundert Zugtiere fehlen. Daher entschließt sich ein Siedler schweren Herzens, seinen Wagen mit allem, was darin ist, für einen späteren Zeitpunkt zu vergraben. Zwei Männer helfen ihm dabei, und sie geraten außer Sicht. Als sie wieder zum Treck stoßen, fehlt jedoch einer von ihnen. Ist er tot? Getötet? Ist der Mörder unter ihnen und zieht weiter mit dem Treck? Erst viel später sollte sich dieser Verdacht bewahrheiten – und doch wird es nicht das Schicksal sein, für das der Treck der Donner-Party weltweit Bekanntheit erlangte.

Als sie den Truckee River am Fuß der Sierra Nevada erreichen, droht täglich bereits der Wintereinbruch. Da ist es ein Glück, dass ihnen am 19. Oktober Charles Stanton zu Hilfe kommt, der im September vorausgeritten war. Jetzt trifft er mit Nahrungsmitteln auf sieben schwer beladenen Maultieren und in Begleitung von zwei indigenen Führern im rechten Moment ein. William McCutchen, der mit Stanton vorausgeritten war, ist krank auf der kalifornischen Seite der Berge zurückgeblieben.

So versorgt, lagert der Treck fünf volle Tage, um sich und den Zugtieren Ruhe zu gönnen, denn die schwerste Etappe liegt vor ihnen. Während es zunächst tagelang am Fluss entlanggeht, haben die Donners Pech: Am 31. Oktober bricht die Vorderachse des Familienwagens, und George Donner verletzt sich unglücklich bei der Reparatur. Sie fallen immer weiter zurück, während die Ersten aus der Gruppe den Truckee Lake auf 1800 Metern Höhe erreichen. Warum aber ist er heute als Donner Lake bekannt?

Es beginnt zu schneien. Der Winter ist da. Statt aufzugeben, entschließen sich die ersten Siedler am nächsten Morgen, den Pass zu überqueren. Aber die Führer können den Pfad unter dem Schnee nicht finden, die Planwagen kommen auf dem schlüpfrigen Untergrund ins Rutschen, und den erschöpften Frauen bleibt nichts übrig, als die kleinen Kinder zu Fuß den Hang hinaufzuschleppen. Fast oben angekommen, sind sie am Ende ihrer Kräfte. Dann wird es früh dunkel, und noch haben sie den Pass nicht bezwungen, sondern sie müssen an der ungeschützten Bergflanke kampieren, während die Temperatur weiter fällt.

Als die Sonne aufgeht, ist der Pass unpassierbar. Wären sie nur einen Tag früher aufgebrochen, sie hätten es vermutlich geschafft wie James Reed, dem es als Einzigem des Trecks tatsächlich im ersten Anlauf gelingt, die Sierra Nevada zu überqueren. Vollkommen entkräftet gelangt er nach Sutter's Fort und bittet dort um Hilfe für seine Mitreisenden, doch der anhaltende Schnee verhindert den Weg zurück. Zudem findet er keine Helfer, da die meisten Männer in Sutter's Fort und Umgebung in den gerade erst ausgebrochenen Mexikanisch-Amerikanischen Krieg ziehen und gegen Mexiko kämpfen wollen. Verzweifelt beschließt James Reed, anderswo Hilfe zu suchen, und kostbare Zeit vergeht, in der sich das Drama auf der anderen Seite der Sierra Nevada zuspitzt.

Während tagelang Schnee fällt, richten sich die restlichen Mitglieder der Donner-Gruppe in zwei provisorischen Winterlagern ein. Von den mittlerweile 81 Personen, darunter sechs Säuglinge, kampieren etwa drei Viertel in Behelfshütten am Truckee Lake, und die beiden Donner-Familien und ihr Anhang suchen rund acht Kilometer entfernt am Alder Creek in provisorischen Zelten Schutz. Die Witterung und George Donners entzündete Verletzung setzen ihnen zu. Und bald schon ist ihr Nahrungsvorrat aufgebraucht, der Großteil des Viehs, der Pferde und Maultiere ist geschlachtet und verzehrt. Von den Lebensmitteln, die Stanton mitgebracht hat, ist kaum noch etwas übrig. Bei den Minusgraden sind selbst die Kadaver jener Tiere, die von selbst verendet sind, im Nu durchgefroren und nicht leicht zu verwerten. Auch verfügt nur ein einziger Mann über ausreichend Erfahrung bei der Jagd. Selbst an die Forellen im noch nicht zugefrorenen See kommen sie daher nicht heran. Das wenige Fleisch mischen sie mit gekochten Tierhäuten, Zweigen und Blättern. Sie essen nahezu alles, was sie finden, Nagetiere genauso wie gekochte und gelierte Ochsenhaut und Tierknochen. Sie werden wohl monatelang so ausharren müssen, um am Ende qualvoll zu verhungern, wenn keine Hilfe kommt.

5 Die Donner-Party auf dem Weg zum Gipfel, Sierra Nevada

Mitte Dezember 1846 sterben die Ersten elend an Mangel- und Unterernährung, und die Stärksten wagen noch einen Versuch über die Berge. Am 16. Dezember 1846 machen sie sich, ausgestattet mit selbst gefertigten Schneeschuhen, unter der Leitung des jagderfahrenen William Eddy und der beiden indigenen Führer Lewis und Salvadore auf. Nach zwei Tagen kommen die 17 Mutigen tatsächlich zum Gipfel durch und überqueren den Pass. Infolge der starken Sonneneinstrahlung nahezu erblindet, haben sie kein Jagdglück, und nach fünf Tagen sind die ohnehin geringen Vorräte verbraucht. Der geschwächte Charles Stanton, der immerhin bereits einmal Hilfe und Vorräte geholt hatte, wird auf eigene Bitte hin zurückgelassen. Später wird man die Gruppe wegen dem, was sie daraufhin erleben, »Forlorn Hope«, »verlorene Hoffnung«, nennen.

Am neunten Tag, es beginnt gerade wieder zu schneien, erkennen sie, dass sie sich verlaufen haben. Geschwächt und halb im Delirium, gelingt es nur mühsam, Feuer zu machen. Erstmals diskutieren sie das noch Unaussprechliche: Sie schlagen vor, auszulosen, wer von ihnen für die Gruppe sterben solle, um mit seinem Fleisch die anderen am Leben zu erhalten. Das Los fällt auf den 35-jährigen Patrick Dolan, doch es bringt keiner übers Herz, ihn zu töten, zumal das Feuer im Sturm erlischt. Zuerst stirbt vor Kälte und Hunger der mexikanische Fuhrwerker Antonio, dann der 57-jährige Franklin Graves in den Armen seiner Töchter. Patrick Dolan wird ohnmächtig und stirbt ebenfalls, danach verlassen die Lebensgeister auch den 12-jährigen Lem Murphy. Als der Schneesturm endlich abklingt, kann William Eddy das Feuer wieder entfachen – und dann kommt es zu jenem Tabubruch, für den die Donner-Gruppe bis heute berühmt-berüchtigt ist: Sie beginnen, die Toten zu verspeisen. Nur die beiden indigenen Führer und zunächst wohl auch William Eddy selbst weigern sich. Was übrig bleibt, wird getrocknet, verpackt und beschriftet, damit niemand aus Versehen die eigenen Verwandten oder Lieben zu sich nimmt.

Gestärkt brechen sie auf, doch nach drei weiteren Tagen ist alles aufgebraucht. Als Einzelne planen, nun die Indigenen zu töten, verschwinden diese im Wald.

Während James Reed in San Francisco Geld und Männer für die Rettung seiner Familie aufzutreiben sucht, hält auch bei den Überlebenden in den beiden Camps auf der anderen Seite der Berge der Hungertod Einzug. Jacob Donner und drei weitere Männer sterben. Die Übrigen beginnen, die provisorischen Hüttendächer aus Ochsenhaut zu verspeisen.

Dann klopft es eines Abends, es ist der 17. Januar 1847, an der Tür einer kleinen Hütte auf Johnson's Ranch an den westlichen Hängen der Sierra Nevada. Als die Bewohnerin öffnet, steht vor ihr ein Fremder in Begleitung zweier Indigener. Es ist der abgemagerte William Eddy. Während seine Verletzungen verbunden werden, erzählt Eddy die Horrorgeschichte, wie sie ihre Toten aßen, dann wieder auf die indigenen Führer trafen und dass William Foster die zwei kurzerhand erschoss. Kurzzeitig gestärkt vom Fleisch der beiden, schlugen sich die Überlebenden zu einer Siedlung von Indigenen durch und erhielten dort Nahrung und Hilfe, sodass es ihnen gelang, zur Ranch zu finden: William Eddy sowie sechs weitere Personen sind es nur, fünf Frauen und ein Mann zwischen achtzehn und dreißig Jahren, sie sind die wenigen Überlebenden der Forlorn-Hope-Gruppe.

Zwei Wochen später bricht ein erster Rettungstrupp auf, um die jenseits der Sierra Nevada Zurückgebliebenen zu retten, gefolgt von einer zweiten Helfergruppe aus San Francisco um James Frazier Reed.

In den provisorischen Lagern verhungern die Menschen weiter, von William Eddys Familie etwa überlebt zunächst nur der dreijährige James als einziges Familienmitglied. Überliefert ist, dass die 13-jährige Virginia Reed im Gebet Gott verspricht, zum Katholizismus zu konvertieren, sollte sie es schaffen. Und als wäre ihr Flehen erhört worden, stehen ihr und den anderen Verhungernden am 18. Februar plötzlich sieben Männer des ersten Rettungstrupps gegenüber. Die lang ersehnte Hilfe ist da.

Die Rettung kommt für viele in letzter Minute und für etwa ein Dutzend der Reisenden zu spät, ihre Leichen liegen im Schnee verstreut. Nur wenigen Familien ist es gelungen, auch die Kinder durchzubringen. Sie alle sollen nun mit den Rettern über die Berge gebracht werden, doch es sind zu viele, und einige müssen zurückbleiben, darunter Familienvater George Donner, der infolge von Wundbrand transportunfähig ist.

Die später »First Relief« genannte Gruppe der »ersten Helfer« macht sich am 22. Februar 1847 mit 23 Menschen auf den Weg über die Sierra nach Kalifornien, doch sie sind vom Pech verfolgt. Der zugeschneite Pfad ist für die Jüngeren unpassierbar, sie sind zu klein für die hohen Schneewehen. Der vier Jahre alte Thomas Reed und seine achtjährige Schwester Martha »Patty« kehren um und schaffen es zurück zum Camp am Truckee Lake, während ihre Mutter Margret mit den anderen Geschwistern weiterzieht und erleben muss, wie nach und nach Mitglieder der »First Relief«-Gruppe sterben. Zum Glück aber treffen sie bald auf die »Second Relief«-Gruppe, den zweiten Rettungstrupp um James Reed. Trotz der großen Freude, seine Frau und zwei seiner Kinder wiederzusehen, lässt er sich nicht bei ihnen aufhalten, sondern zieht mit einigen Mitgliedern seiner Gruppe weiter, um seine Kinder Patty und Thomas zu retten. So trifft der zweite Rettungstrupp unter James Reeds Führung am 1. März am Truckee Lake ein. Patty und Thomas sind noch am Leben, aber gequält von Hunger, haben andere Überlebende dort Fleisch von Toten gegessen, wie sie den Rettern gestehen. Und noch liegt der Weg über die Sierra Nevada vor ihnen.

Der zweite Rettungstrupp macht sich daher mit 17 vor allem jungen Mitgliedern der Donner-Party auf den Weg hoch zum Pass, erneut von Pech verfolgt: Die Wanderer geraten in einen Schneesturm, sie verlieren sich aus den Augen. Einige sterben noch in der Nacht, andere kommen vom Weg ab und sehen wiederum keinen anderen Ausweg, als vom Fleisch der Toten zu essen. Ihre Hoffnung, gefunden zu werden, ist gering, denn sie wissen nichts von weiteren Helfern.

Doch sie werden Tage später von einem dritten Hilfstrupp gefunden, darunter William Eddy, angetrieben von der Hoffnung, seine Familie lebendig wiederzusehen. Als er am 14. März mit der Helfergruppe den Truckee Lake erreicht, ist seine gesamte Familie tot, auch sein dreijähriger Sohn James. Ein Überlebender, Lewis Keseberg, beichtet dem erschütterten William Eddy, dass er von James' Fleisch gegessen habe. Eddy soll daraufhin geschworen haben, den Schuldigen zu töten, sollten sie sich je in Kalifornien wiedersehen.

Nicht alle vertrauen sich für den Weg über die Sierra Nevada dem dritten Hilfstrupp an, lediglich die Töchter der Donner-Familie, ein gewisser Simon Murphy und zwei weitere Männer. Zurück bleibt, wer zu schwach ist oder bei erkrankten Angehörigen ausharren will, darunter ist auch der von Eddy William Bedrohte. Immerhin aber erreichen diesmal alle Kalifornien.

Infolge schwieriger Witterungsbedingungen bricht erst am 10. April 1847 ein weiterer Trupp in Richtung Alder Creek und Truckee Lake auf. Es geht den Männern nicht um mögliche Überlebende. Sie wollen die Habseligkeiten der Donner-Familie bergen, um sie zu versteigern und den Erlös den verwaisten Kindern der Familie zu geben. An Überlebende in den Camps glaubt niemand mehr.

Am Alder Creek stoßen sie im Zelt der Donners tatsächlich auf die Leiche von George Donner und treffen überraschend am Truckee Lake auf Lewis Keseberg, der den überraschten Männern schildert, er habe Fleisch der unerwartet verstorbenen Tamsen Donner verspeist und so überlebt. Den Mitgliedern des Bergungstrupps kommt an der Geschichte zu vieles verdächtig vor. Sie durchsuchen Lewis Keseberg und seine Behausung und stoßen auf ein Gefäß mit Menschenfleisch und auf Besitztümer anderer Donner-Party-Mitglieder, darunter Gold von George Donner. Keseberg wird beinahe von den Helfern gelyncht, doch er behauptet steif und fest, Tamsen Donner habe ihm das Gold anvertraut, um es ihren Kindern zu geben.

So erreicht am 25. April 1847 mit dem vierten Helfertrupp als letztes Mitglied der Donner-Party ausgerechnet Lewis Keseberg Kalifornien. Allein die Rettungstrupps brauchten mehr als zwei Monate, um alle Überlebenden zu retten. Von den ursprünglich 87 Frauen, Männern und Kindern der Donner-Party überleben nur 46 den Zug nach Westen, darunter nur zwei Familien vollzählig, die Breens und die Reeds. Familie Breen lässt sich südlich von San José nieder, wo Patrick Breen und seine Söhne Gold finden und überaus wohlhabende Rancher werden sollten. Margaret Breen verstirbt am 25. März 1935 als letzte Überlebende der Donner-Party; sie hatte den Treck als Säugling überstanden. Die Reeds gründen ihr neues Zuhause in San José, kommen durch Immobilienhandel und wohl ebenfalls durch Goldfunde zu Wohlstand. Virginia Reed konvertiert tatsächlich zum Katholizismus. Thomas Reed, der als Vierjähriger den Treck überstand, sollte nie heiraten, sondern bei seiner Schwester Patty leben, die ihn einst als Achtjährige vor dem Tod bewahrt und ins Lager am Lake zurückbegleitet hatte.

Was aber wurde aus dem des Mordes an Tamsen Donner verdächtigten Lewis Keseberg? Er lebt nach der Rettung in Sacramento, spricht offenbar freimütig darüber, Menschenfleisch gegessen zu haben, leidet aber anscheinend unter der Stigmatisierung als Menschenfresser. Tatsächlich gewinnt er einen Prozess gegen jene Mitglieder des Rettungstrupps, die ihn des Mordes an Tamsen Donner beschuldigen. Bis heute ist es nicht möglich, ein abschließendes, zweifelsfreies Urteil über ihn und seine Taten zu fällen. Seine Nachfahren aber sollten später ihren Nachnamen ändern. Ihnen haftete die Geschichte an, und sie wurden – wie viele Mitglieder der anderen Familien – lange als Kannibalen angeprangert.

Die meisten Erwachsenen der Donner-Party sollten ihr restliches Leben über die Ereignisse denn auch schweigen und nur vereinzelt Interviews geben. Einige hielten die Erlebnisse aber in Tagebuchform fest oder schrieben in Briefen darüber – diese Dokumente sind zum Teil heute erhalten. Allein den Kindern scheint es gelungen zu sein, das Geschehene zu verarbeiten und ein glückliches Leben zu führen – möglicherweise, weil sie sich sagen konnten, dass sie lediglich die Anweisungen ihrer Eltern befolgten. Die Leichen all jener aber, die im Winterlager verstarben, wurden im Juni 1847 von Soldaten bestattet. Noch Jahre später sollte man in der Gegend immer wieder menschliche Knochen finden.

Die Geschichte über das Schicksal der Donner-Party aber verbreitete sich schnell und geriet zum Medienereignis. Heute sind die Camps an Truckee Lake und Alder Creek so etwas wie Touristenattraktionen. Nachdem man 1848 in Kalifornien Gold entdeckte, wurde der mittlerweile Donnerpass getaufte Weg über die Gipfel der Sierra Nevada tatsächlich immer häufiger genutzt. Das Verhängnis der Donner-Party verblasste zur Legende. Die Geschichte der Männer und Frauen und ihr Weg, der sie statt ins Gelobte Land durch die Hölle führte, wurden nie vergessen.

Das Geheimnis von Road Hill House

1860

Wer kennt ihn nicht, den Detektivroman? Den Krimi, der uns in so mancher Stunde beschäftigt und uns kalte Schauer über den Rücken jagt. Seien es die klassischen Detektive wie Sherlock Holmes, Hercule Poirot oder Miss Marple, oder die moderneren Helden wie Jessica Fletcher, Dick Tracy, Columbo oder Monk. Stets sind es Scharfsinn oder Beobachtungsgabe der ermittelnden Hauptperson, die die unerklärlich erscheinende Tat schließlich doch erklärt und die Schuldigen ihrer gerechten Strafe zuführt.

Doch das war nicht immer so. Erst in der Mitte des 19. Jahrhunderts wird die Detektivgeschichte populär, nachdem Edgar Allan Poe 1842 seine Kurzgeschichte *Die Morde in der Rue Morgue* veröffentlicht und mit seinem C. Auguste Dupin den ersten fiktiven Detektiv der Literaturgeschichte erschafft. Schon hier steht der intime Kreis der Opfer im Vordergrund. Die Geheimnisse, die sich im Privaten verbergen. Die Beteiligten, von denen alle etwas verheimlichen und ihre individuellen Gründe haben, dem Opfer schaden zu wollen. Und in deren Mitte der Detektiv, der mit untrüglichem Gespür die sprichwörtliche schmutzige Wäsche der Beteiligten durchwühlt und so nach und nach die entscheidenden Hinweise herausfiltert, die zur – oftmals unvermuteten – Auflösung des Falles führen.

All diese Elemente finden sich in der wahren Geschichte um den geheimnisvollen Mord an Francis Savill Kent im Jahre 1860. Die privaten Details einer gut situierten Familie werden unbarmherzig in der Öffentlichkeit diskutiert, der Kreis der Verdächtigen ist auf zwölf Menschen beschränkt, die gemeinsam zur Tatzeit im Haus waren, und einer der ersten Kriminalpolizisten der Geschichte folgt seinem Instinkt, der ihn auf die Spur der Mörderin bringt. Eine perfekte Inspiration also für all die Krimis, die wir in den mehr als 150 Jahren, die seither vergangen sind, verschlungen haben – und bestimmt für viele weitere, die noch folgen werden. Doch sei an dieser Stelle eine Warnung ausgesprochen: Es ist der Tod eines sehr jungen Kindes, der im Zentrum dieses Falles steht.

Der Fall, der so viele Autorinnen und Autoren von Kriminalliteratur inspirierte, ereignet sich im Sommer des Jahres 1860 in dem kleinen Örtchen Road, heute Rode, in der Nähe von Trowbridge in Wiltshire, England. Alles ist still in Road Hill House, einem schönen, dreigeschossigen Herrenhaus aus dem 18. Jahrhundert, an diesem Morgen des 30. Juni 1860. Der gepflegte Rasen und die sorgfältig gestutzten Bäume und Büsche des weitläufigen Gartens glitzern im Morgentau. Gegen fünf Uhr wacht die Kinderfrau der Familie Kent, die 22-jährige Elizabeth Gough, auf und macht sich noch leicht verschlafen an ihr Tagewerk.

Zunächst möchte sie wie an jedem Morgen nach ihren Schützlingen sehen: den jüngsten Kindern der Familie. Das sind der dreijährige Francis Savill und seine Schwester, die einjährige Eveline. Dazu muss sie sich noch nicht einmal ankleiden, teilt sie doch das Schlafzimmer mit den Kindern. Elizabeth findet Eveline friedlich schlafend in ihrem Bettchen vor, doch als sie im durch das fahle Morgenlicht spärlich erhellten Zimmer in das Bettchen des Dreijährigen schaut, ist dieses zu ihrer großen Überraschung leer. Es kommt vor, ruft Gough sich in Erinnerung, dass der Kleine von seiner Mutter ins Bett der Eltern geholt wird, um dort zu schlafen, bis die Familie aufsteht. Der Gedanke beruhigt sie, und Elizabeth Gough beschließt, sich noch etwas Schlaf zu gönnen. Sie geht wieder ins Bett. Gegen sechs Uhr morgens dann macht das Hausmädchen der Familie, Sarah Cox, ihre erste Runde durch das Haus, um alle Türen zu entriegeln und die Läden der Fenster zu öffnen. Dabei fällt ihr auf, dass die Tür zum Salon ein wenig offen steht und die Fenster, die hinten auf den weitläufigen Rasen hinausgehen, leicht geöffnet sind. Dies ist erstaunlich, da sie sich sicher ist, alle Türen und Fenster am Vorabend verschlossen zu haben.

Etwa zur selben Zeit erwacht ein Stockwerk höher Elizabeth Gough erneut und beschließt, über den Verbleib des kleinen Jungen nun doch besorgt, sich davon zu überzeugen, dass er tatsächlich bei den Eltern ist. Sie klopft gegen 7.15 Uhr an die Tür zum Schlafzimmer der Hausherren, das gegenüber dem Kinderzimmer auf derselben Etage des Hauses liegt, und erfährt zu ihrem Schrecken, dass das Kind nicht dort ist. Die Mutter der Kinder, die 40-jährige Mary Kent, reagiert besorgt und erbost darüber, dass die Kinderfrau sie nicht sofort alarmiert hat, als sie die Abwesenheit des Kindes bemerkte. Sie habe doch wissen müssen, so der Vorwurf, dass die Mutter den Kleinen in ihrem Zustand unmöglich aus dem Bett gehoben haben kann. Schließlich ist sie im achten Monat schwanger und nicht mehr in der Lage, den schon recht schweren Dreijährigen auf den Arm zu nehmen.

Sofort werden alle im Hause Anwesenden über das Verschwinden des kleinen Francis Savill, der von allen nur Savill genannt wird, informiert, und man durchsucht das Haus und das große Grundstück. Doch die Suche bleibt zunächst erfolglos. Dann macht sich der Vater des Kindes, Samuel Kent, auf, um Kommissar John Foley, den Leiter der Polizei in Trowbridge, mit dem Mr Kent gut bekannt ist, in Kenntnis zu setzen. Zuvor hat er bereits einen Angestellten und seinen Sohn William losgeschickt, um die örtlichen Polizisten, Police Constable Alfred Urch und Parish Constable James Morgan, zu verständigen, die sich sofort auf den Weg nach Road Hill House machen.

Währenddessen wird dort die Suche nach Savill fortgesetzt. Zwei Arbeiter, William Nutt und Thomas Benger, die in der Nachbarschaft leben und vom Verschwinden des Kleinen hören, schließen sich den Suchtrupps an und betreten im Zuge dessen ein Toilettenhäuschen im Hof, das von den Hausangestellten verwendet wird. Auf dem Boden des Klohäuschens fällt den Männern eine Blutspur auf. Als sie daraufhin die Abdeckung von der Toilette nehmen und hineinsehen, finden sie die Leiche des kleinen Savill. Er liegt auf einem schmalen Vorsprung, dem sogenannten Spritzschutz, der sich unter dem Loch befindet. Dass er dort zu liegen kommt, ist wahrscheinlich ein Glück. Wäre er hinunter in die mit Fäkalien und Abfällen gefüllte Grube gefallen, hätte man seine Leiche vermutlich nie gefunden, und er wäre vermisst geblieben.

Das Kind ist in eine dünne Decke gewickelt und noch in sein Nachthemd gekleidet, das mit Blut befleckt ist. Thomas Benger hebt ihn auf und trägt den kleinen Körper in die Küche des Hauses, wo er ihn niederlegt. Die geschockten Anwesenden sehen sogleich, dass die Kehle des Kindes mit einem tiefen Schnitt durchtrennt worden ist. In der Umgebung des Toilettenhäuschens entdeckt man ein Stück Flanell und ein Stück einer Zeitung vom 9. Juni, von der man zunächst annimmt, dass es sich um eine Ausgabe des *Morning Star* handele – eine Zeitung, welche die Familie nicht abonniert hat. Auf dem Zeitungsausschnitt befinden sich Blutspuren, als sei ein Gegenstand, vielleicht ein Messer, daran abgewischt worden.

Schon vor dem schrecklichen Tod des jüngsten Sohnes der Familie war das Leben im Haushalt der Kents nicht harmonisch. Der Vater der Familie, Samuel Savill Kent, ist in zweiter Ehe mit Mary Drewe Pratt verheiratet, eine Angelegenheit, die von Beginn an zu Gerede und Animositäten in der Familie geführt hat. Samuel Kents erste Ehefrau Mary Anne Windus war im Laufe ihrer Ehe und nachdem sie zehn Kinder geboren hatte, von denen nur fünf das Kleinkindalter überleben sollten, immer schwächer geworden. Um sie zu unterstützen, stellt Samuel Kent daher 1839 die 19-jährige Mary Drewe Pratt als Kinderfrau ein. Gerüchten zufolge entwickelt sich zwischen dem Hausherrn und der jungen Kinderfrau bald ein unangemessenes Verhältnis. Nach dem Tode Mary Anne Kents im Jahre 1852 heiratet Samuel Kent Mary Pratt.

Von Beginn an steht die neue Ehe wohl unter keinem guten Stern. Die Kinder aus der ersten Ehe haben Schwierigkeiten, die ehemalige Kinderfrau als neue Mutter und Hausherrin zu akzeptieren. Sogar die jüngsten Kinder, Constance und William, zeigen wohl keine große Zuneigung für die neue Mrs Kent, obwohl sie ihre eigene Mutter kaum gekannt haben können. Diese Spaltung innerhalb der Familie setzt sich fort, als das neue Paar eigene Kinder bekommt.

Die Kinder aus erster Ehe, die 29-jährige Mary Ann, die 28-jährige Elizabeth, die 16-jährige Constance Emily und der 14-jährige William Savill, leben im zweiten Stock des großen Anwesens, dort, wo auch das Hausmädchen Sarah Cox und die Köchin Sarah Kerslake ihre Kammer haben. Die jüngeren Kinder aus zweiter Ehe, Eveline, Savill und die fünfjährige Mary Amelia, leben mit ihren Eltern im ersten Stock. Eine räumliche Trennung, die auch zu jener Zeit zumindest ungewöhnlich ist.

Samuel Kent ist Fabrikinspektor, eine Stellung, die ihm und seiner Familie ein ausgesprochen komfortables Leben ermöglicht, ihn aber in den Gemeinden, in denen er lebt und arbeitet, unbeliebt macht. Schließlich ist es eine seiner Hauptaufgaben, den Factory Act von 1833 durchzusetzen und die Arbeit von Kindern in den zahlreichen Fabriken zu reglementieren. Dem Gesetz nach müssen Kinder mindestens neun Jahre alt sein, um arbeiten zu können, und bis zum Alter von 13 Jahren dürfen sie nicht mehr als neun Stunden täglich arbeiten. Diese Vorgaben stoßen jedoch sowohl bei den Fabrikbesitzern als auch bei den Arbeitern auf wenig Gegenliebe. Der Beitrag, den die Arbeit der jüngsten Familienmitglieder zum Einkommen der Familie leistet, ist für zahlreiche Arbeiterfamilien überlebenswichtig, und die Arbeitgeber schätzen die günstige Arbeitskraft der Kinder. So erwartet den Fabrikinspektor bereits bei seinem Eintreffen in Road im Jahre 1855 eine Stimmung, die kaum ungemütlicher sein könnte. Samuel Kent jedoch, der diese Form der Ablehnung seiner Person und seiner Familie nicht zum ersten Mal erlebt – zumal auch seine Ehe mit dem ehemaligen Kindermädchen bereits zuvor für reichlich Gerede gesorgt hat –, schottet sich ab. Er lässt einen hohen Zaun um Road Hill House errichten und verbietet den Anwohnern der benachbarten Häuser, in dem Fluss auf seinem Grundstück zu fischen – ein Fakt, der die Dorfbewohner nur noch mehr gegen die Familie aufbringt.

So ist die Familie vom Dorfleben ausgeschlossen und wohl auch Beschimpfungen ausgesetzt. Deshalb hegen sowohl Samuel Kent als auch die Polizei schnell den Verdacht, dass der Mord an seinem bekanntermaßen geliebten kleinen Sohn etwas mit seiner Arbeit und der Ablehnung seitens der Nachbarn zu tun haben könnte. War es ein Racheakt aufgebrachter Fabrikbesitzer oder Arbeiter? Um diese Frage zu beantworten, beginnt eine eingehende Untersuchung des Falles unter Leitung sowohl der Polizei von Somerset als auch Wiltshire, da der Ort Road direkt auf der Grenze der Zuständigkeitsbereiche liegt.

Eine erste Leichenschau des toten Kindes wird durch Dr. Joshua Parsons, den Hausarzt der Familie, noch in Road Hill House durchgeführt. Ihr zufolge weist Savill neben der von links nach rechts durchtrennten Kehle eine Stichverletzung an der linken Brustseite auf, die ihm durch ein scharfes, spitzes Messer zugefügt worden sein muss und wohl nicht stark geblutet hat. Am Mund der Leiche findet der Arzt zudem dunkle Verfärbungen, die er mit dem Pressen eines weichen Gegenstandes auf das Gesicht erklärt. Anhand der Leichenstarre kann der Arzt den Todeszeitpunkt des Kindes auf vor 3.00 Uhr in der vorangegangenen Nacht eingrenzen. Diese Ergebnisse werden bei der offiziellen Obduktion durch Dr. Parsons und Dr. Stapleton schließlich bestätigt, auch wenn sich die Ärzte hinsichtlich der Verfärbungen am Mund nicht einig sind. Dr. Stapleton geht davon aus, dass sie post mortem entstanden sind.

Die Polizei durchsucht Haus und Grundstück der Familie auf der Suche nach weiteren Spuren. In der Küche findet ein Sergeant der Polizei aus Somerset im Boiler ein blutiges Nachthemd und einen blutigen Handabdruck auf dem Fenster. Doch zwei Inspektoren der Wiltshire-Polizei erklären diese Beweise schnell für unerheblich, da man davon ausgeht, dass das Blut »natürliche Ursachen« habe. Man möchte die Mitglieder der Familie nicht verstören, und das Kleidungsstück wird in den Boiler zurückgelegt, der Handabdruck entfernt.

Auf dem Bett von Constance Kent findet der Arzt Dr. Parsons das Nachthemd der jungen Frau, das, wie er später aussagen sollte, auffällig sauber gewesen sei, also nicht wirkte, als habe jemand darin bereits mehrere Nächte verbracht.

Aufgrund aller Fakten ist schnell klar: Der Mörder oder die Mörderin muss sich im Haus befunden haben. Schließlich hat die Durchsuchung keinerlei Einbruchspuren zutage gefördert, und die Türen und Fenster des Salons können nur von innen geöffnet worden sein. So geraten schnell die Angestellten des Haushalts in den Fokus der Ermittlungen. Die Mitglieder der Familie werden zunächst nicht verdächtigt oder mit Fragen belästigt.

Das Hausmädchen, Sarah Cox, erklärt, dass Mr und Mrs Kent noch wach waren, als sie am Abend vor dem Mord die Fenster und Türen des Hauses verschlossen habe. Dies wird auch von Samuel Kent bestätigt, der vor dem Zubettgehen nochmals überprüft haben will, ob alle Türen tatsächlich verschlossen waren.

Die Waschfrau Esther Holly, der Gärtner James Holcombe, der auch als Kutscher für die Familie tätig ist, und ein junger Mann, John Alloway, der anfallende Arbeiten erledigt, werden als Verdächtige ausgeschlossen, da sie nicht im Haushalt der Familie leben. Mrs Holly jedoch hat ein Geheimnis, das sie zunächst nicht mit den Ermittlern teilt: Sie hat beim Zählen der Wäschestücke der Familie das Fehlen eines Nachthemdes von Constance bemerkt. Es ist zwar auf der Liste der zu waschenden Kleidungsstücke aufgeführt, jedoch nicht auffindbar. Sie berichtet zunächst nur Samuel Kent von dieser Entdeckung, der ihr jedoch nicht viel Bedeutung beimisst. Überhaupt ist der Vater des getöteten Kindes stark in die Ermittlungen involviert. Er gibt den Polizeibeamten Anweisungen und entscheidet, wie einzelne Ermittlungen durchgeführt werden.

Mehr und mehr gerät das Kindermädchen Elizabeth Gough in das Zentrum der Ermittlungen. Mehrfach wird sie verhaftet und verhört und sogar vor das Ermittlungsgericht gestellt, doch es gibt keine eindeutigen Beweise für ihre Schuld. So muss sie stets wieder auf freien Fuß gesetzt werden.

Die Menschen in Road hingegen sind der Meinung, dass Samuel Kent selbst etwas mit dem Tod seines Sohnes zu tun habe. Der Verdacht kommt auf, dass Kent, wie bereits zuvor, ein Verhältnis mit der Kinderfrau hatte. Es wird vermutet, Savill könne seinen Vater und Elizabeth Gough beim Liebesspiel in ihrem Bett im Kinderzimmer gesehen haben, und aus Angst, er könne seiner Mutter etwas erzählen, hätten der Vater und die Kinderfrau das Kind ermordet. Doch die Polizei teilt diese Auffassung nicht. Die Mitglieder der Familie werden aufgrund ihres gesellschaftlichen Standes zu keiner Zeit verdächtigt und stets mit größter Achtung behandelt.

Da die Ermittlungen im Mordfall um den kleinen Savill Kent bald ins Stocken geraten, fordert man, trotz des Unmuts der örtlichen Polizei, die Hilfe der noch jungen Metropolitan Police aus London an. Die Metropolitan Police, kurz MET, war als Reaktion auf das schnelle Wachstum Londons 1829 vom damaligen Innenminister Robert Peel gegründet worden. Während die

City Police bis heute als Nachfolger der mittelalterlichen Stadtwache für die innere Quadratmeile Londons zuständig ist, erstrecken sich die Befugnisse der MET, die aufgrund der Lage ihres ersten Hauptquartiers auch als Scotland Yard bekannt ist, über das gesamte weitere, bereits riesige Stadtgebiet. Doch die klar definierte Hauptaufgabe der Polizei, ob Metropolitan oder City, ist zu jener Zeit nicht etwa die Aufklärung von Verbrechen, sondern deren Verhinderung. Anfang der 1840er-Jahre gerät das noch neue Scotland Yard zunehmend in die Kritik der Öffentlichkeit und der Regierung. Denn ein Drittel der von der Metropolitan Police damals verhafteten Mörder und Mörderinnen konnte aufgrund mangelnder Beweise nicht verurteilt werden. Auch politische Verbrechen – nicht zuletzt der vereitelte Anschlag auf das Leben der Königin im Mai 1842 – rufen nach einer Polizeieinheit, deren Ermittlungsbefugnisse und Kenntnisse deutlich erweitert sind. Es wird gefordert, dass diese Ermittler keine Uniform tragen sollen, da dies eine Arbeit im Verborgenen doch deutlich erschwere. Am 8. August 1842 wird daher eine neue Einheit der Metropolitan Police gegründet: die Detective Branch – die Kriminalpolizei. Diese neue Polizeieinheit, die mit der Aufklärung von Verbrechen betraut sein soll, umfasst zunächst acht Männer, die sich bereits durch ihr kriminalistisches Gespür im Dienst der Schutzpolizei hervorgetan haben. Einer dieser acht ersten Detectives ist Jonathan (Jack) Whicher, der sogar unter seinen Kollegen schnell einen herausragenden Ruf genießt.

Als nun die Bitte um Mithilfe bei der Aufklärung des Mordes in Road Hill House beim Scotland Yard eingeht, wird dieser 45-jährige Detective Inspector Jonathan Whicher nach Road entsandt und trifft dort am 15. Juli 1860 ein.

Sobald sich der erfahrene Ermittler mit den bisherigen Erkenntnissen in dem Mordfall vertraut gemacht hat, beginnt er mit eigenen Nachforschungen. In Begleitung der Kommissare

Foley und Wolfe durchsucht er das Haus nach möglichen Hinweisen. Nachdem er sich im Salon ein Bild von dem Verschlussmechanismus der Fenster gemacht hat, steht auch für Whicher unzweifelhaft fest: Der Mörder oder die Mörderin ist ein Mitglied des Haushaltes. Hierzu passt auch jener Teil einer Zeitung, der am Tatort gefunden wurde – wie Whicher herausfindet, stammt er tatsächlich von der *Times,* einer Zeitung, die der Hausherr durchaus abonniert hat. Auch sei das Kind nach Whichers Theorie nicht etwa über den Salon, sondern über die Hintertreppe und die Küche und weiter durch die Küchentür in den Hof und schließlich zum Toilettenhäuschen getragen worden. Das, so Whicher, sei die logischere Vorgehensweise, denn die Küchentür befindet sich viel näher am Fundort der Leiche als die Fenster des Salons. Der Weg durchs Fenster und über den Garten hinter dem Haus sei wesentlich riskanter, da man einmal fast um das gesamte Haus hätte laufen müssen, immer der Gefahr ausgesetzt, aus einem der zahlreichen Fenster des Hauses beobachtet zu werden. Die offen stehenden Fenster des Salons, so vermutet der Detective, seien nur ein Versuch, den Verdacht auf einen Eindringling zu legen und die Suche nach dem Kind auf das weitläufige Grundstück hinter dem Haus zu lenken. Da ein anderer Tatort als das Toilettenhäuschen selbst nicht ausfindig gemacht wird, nimmt Whicher an, dass der Täter oder die Täterin vorgehabt habe, das Kind in der Grube unter der Toilette zu ertränken. Als der Körper jedoch nicht an dem Spritzbrett vorbei in die Grube fällt, tötet man Savill kurzerhand mit einem oder mehreren der Messer, die in der Nähe des Tatortes, nämlich im Küchenflur, aufbewahrt werden.

Im Kinderzimmer untersucht Whicher das Bettchen, aus dem Savill in der Nacht seines Todes verschwunden ist. Aus der Art, wie die verbliebenen Decken im Bettchen gefaltet daliegen, meint er schließen zu können, dass es das Werk einer weiblichen Person sein muss. Auch testen die drei Ermittler mithilfe eines anderen Kindes, ob es möglich ist, ein schlafendes Kind aus dem Bettchen zu heben, ohne es zu wecken. Es gelingt ihnen wohl drei Mal.

Schließlich widmet der Detective sich dem Zimmer von Constance Kent, denn die Waschfrau hat ihm inzwischen anvertraut, dass eines von Constance' Nachthemden am Tag nach der Tat fehlte. Er findet eine Liste, auf der alle Wäschestücke aufgeführt sind, die Constance besitzt und auf der klar drei Nachthemden aufgeführt sind – doch nur zwei befinden sich in den Schränken. Constance erklärt, dass das Nachthemd in der Wäsche verloren gegangen sein müsse. Sie wisse nicht, wo es sich befinde.

Whicher ist zunehmend davon überzeugt, dass Constance Kent den Mord an ihrem Bruder begangen haben muss. Neben dem verschwundenen Nachthemd machen die Geschichte der Familie und das Verhältnis der Kinder aus erster Ehe zur zweiten Ehefrau den Ermittler misstrauisch. Letztlich bemerkt er auch, dass von allen Mitgliedern des Haushaltes nur Constance und William jeweils ein Zimmer allein bewohnen – und damit die Gelegenheit hatten, sich unbemerkt hinauszuschleichen.

Um seinen Verdacht weiter zu untermauern und mehr über Constance zu erfahren, begibt sich Whicher zu ihrem Internat. Dabei handelt es sich um eine sogenannte Höhere Mädchenschule, eine Institution, die im 19. Jahrhundert von jungen Damen der gehobenen Gesellschaftsschichten besucht wird, um dort, nachdem sie im Elternhaus ihre Grundbildung erhalten, die Feinheiten der Etikette und die weiblichen Tugenden zu erlernen. So stehen hier unter anderem Musik, Konversation und Handarbeit auf dem Stundenplan. Die Schulleiterin hat viel Positives über die junge Frau zu berichten, die sogar bereits eine Auszeichnung für gutes Verhalten bekommen hat.

Auch befragt Whicher Freunde von Constance, denen sie möglicherweise etwas anvertraut haben könnte. Diese wissen zu berichten, dass Constance sich in der Familie sehr ungerecht behandelt und gegenüber den Kindern aus zweiter Ehe zurückgesetzt fühlte. Gelegentlich habe sie auch über Savill gesprochen, der ihr als der Augenstern seiner Eltern besonders auf die Nerven gegangen sei.

Ein kurioses Vorkommnis einige Jahre zuvor erregt zudem die Aufmerksamkeit des Ermittlers. Constance und William waren des Nachts von zu Hause fortgelaufen und hatten sich in einem Hotel in Bath versteckt, bis sie dort erkannt und nach Hause gebracht wurden. Constance hatte sich dazu eigens die Haare abgeschnitten und in Williams Kleidung gekleidet, sodass zunächst nicht auffiel, dass es sich bei ihr um ein Mädchen handelte. Für Jack Whicher birgt diese Episode die folgende Erkenntnis: Sowohl Constance als auch William sind in der Lage, Pläne zu schmieden, diese geheim zu halten und mit Berechnung durchzuführen. Außerdem ist der Ort interessant, an dem Constance sich damals die Haare abschnitt und die Kleidung wechselte – es war das Toilettenhäuschen, in dem später Savills Leiche gefunden werden sollte.

Whicher ist sich sicher, dass sein kriminalistisches Gespür ihn auch in diesem Fall nicht trügt: Constance Kent ist die Mörderin ihres kleinen Halbbruders. Er verhaftet Constance am 20. Juli, und sie verbringt eine Woche im Gefängnis der Marktstadt Devizes, bevor sie am 27. Juli dem Untersuchungsgericht vorgeführt wird. Hier jedoch reichen die von Whicher vorgebrachten Indizien nicht aus, und Constance wird wieder auf freien Fuß gesetzt.

Für Detective Whicher ist das ein schwerer Schlag. Die Tatsache, dass er, ein Mann aus der Arbeiterschicht, eine junge Dame aus der gehobenen Mittelschicht des Mordes beschuldigt hat, zudem noch ein Familienmitglied des Opfers, wird in der Öffentlichkeit stark verurteilt. Zurück in London, wird er von vielen wegen seiner Entscheidung schwer kritisiert, seine Reputation nimmt Schaden, und er scheidet kurze Zeit nach den

Ermittlungen in Road aus gesundheitlichen Gründen aus dem aktiven Polizeidienst aus.

Da der Mord an Savill nicht aufgeklärt werden kann, verkaufen die Kents 1861 Road Hill House und ziehen nach Weston-super-Mare und schließlich nach Wales, um dem lokalen Gerede zu entkommen. Constance Kent wird indes nach Frankreich in ein Kloster geschickt, wo sie bis 1863 verbleiben sollte. Wieder zurück in England, wird sie als Lernschwester im St Mary's Home for Female Penitents angestellt, einem Heim für Prostituierte und unverheiratete Mütter, wo sie sich vorrangig um die Pflege neugeborener Kinder kümmert.

Nach einer Weile möchte Constance an der Kommunion teilnehmen und bittet den verantwortlichen Reverend Arthur Wagner darum. Dieser verweigert Constance jedoch die Kommunion, da er um den Mordverdacht weiß. Er bittet sie vielmehr, ihm zu beichten, sollte etwas auf ihrem Gewissen lasten. Und das tut sie. Im April 1865 gesteht Constance Kent tatsächlich den Mord an ihrem kleinen Bruder Savill und unterzeichnet das schriftliche Protokoll ihrer Aussage, das von Reverend Wagner gegengezeichnet und an die Behörden übersandt wird. Am 25. April wiederholt sie ihr Geständnis vor dem obersten Amtsrichter Sir Thomas Henry. Dabei besteht sie fest und wiederholt darauf, dass sie allein und ohne die Beteiligung anderer Familienmitglieder gehandelt habe. Eine detaillierte Beschreibung der Tat und ihrer Motive enthält dieses erste schriftliche Geständnis jedoch nicht, und auch der Reverend weigert sich unter Berufung auf das Beichtgeheimnis beharrlich, Details preiszugeben.

So wird Constance Kent am 21. Juli 1865 in Salisbury wegen des Mordes an ihrem Halbbruder Savill Kent vor Gericht gestellt. Bei der Verhandlung reagieren die Zuhörenden mit Trauer und ungläubig auf ihr Geständnis, und sowohl die Angeklagte als auch die anderen Anwesenden reagieren sehr emotional.

6 Constance Kent

Constance aber bekennt sich des Mordes an ihrem Bruder Francis Savill Kent für schuldig und wird zum Tode verurteilt. Während der Urteilsbegründung kann der vorsitzende Richter die Tränen nicht zurückhalten und erklärt, dass Constance sich von Eifersucht und Wut habe leiten lassen, woraufhin sie das erste und einzige Mal in der Verhandlung widerspricht: »Nicht Eifersucht!«[*]

Zu einer Vollstreckung des Todesurteiles sollte es nie kommen. Da sie zum Zeitpunkt der Tat erst 16 Jahre alt war, wird Constance Kent durch Königin Viktoria begnadigt und ihre Strafe in eine lebenslange Haft umgewandelt.

Weder beim Schuldbekenntnis noch während der Verhandlung wurden das wahre Motiv oder Details der Tat angesprochen oder aufgezeichnet. Allerdings nennt Constance ihr Motiv in einem Brief an einen ihrer Strafverteidiger, der in einer Privatsammlung überdauerte. Demnach habe Constance sich an ihrer Stiefmutter für die schlechte Behandlung ihrer Mutter rächen wollen und dafür, dass sie sich in ihre Familie hineinge-

---

[*] Kate Summerscale, *The Suspicions of Mr Whicher*, London 2008.

drängt habe. Zunächst habe sie überlegt, ob sie Mary Drewe Kent ermorden solle, doch habe sie schließlich entschieden, dass sie ihr durch die Tötung ihres Augensterns größeren und länger anhaltenden Schmerz verursachen könne. Tatsächlich sei sie nie eifersüchtig gewesen und habe auch nichts als Liebe und Zuneigung in ihrer Familie erfahren. Ob diese Darstellung nun die volle Wahrheit ist, bleibt jedoch zumindest fraglich.

Erst im August 1865 gelangt Constance' volles Geständnis durch einen Brief ihres Psychiaters Dr. Bucknill an die Presse und damit ans Licht der Öffentlichkeit. Demnach beschreibt sie die Tat ihm gegenüber wie folgt: In der Nacht auf den 30. Juni habe sie so lange im Bett wach gelegen, bis sie sich sicher gewesen sei, dass alle Haushaltsangehörigen schlafen. Dann sei sie kurz nach Mitternacht in das Kinderzimmer geschlichen, habe den kleinen Savill aus seinem Bettchen genommen und die Decken an der Seite des Kinderbettes gefaltet. Mit dem schlafenden Kind auf dem Arm habe sie sich die Treppe hinunter und in den Salon geschlichen, wo sie durch das Fenster, das sie zuvor bereits geöffnet hatte, in den Garten geklettert wäre. Dann zum Toilettenhäuschen im Hof, wo sie Tage zuvor eine Kerze und Streichhölzer deponiert hatte. Sie macht Licht und schneidet dem Kind mit einem Rasiermesser ihres Vaters, das sie bereits Tage zuvor gestohlen habe, die Kehle durch. Um sicherzugehen, dass der Kleine auch wirklich tot sei, habe sie ihm dann mit dem Rasiermesser in die Brust gestochen. Schließlich habe sie den Jungen in die Toilette geworfen. Ihr Nachthemd, auf dem sich einige Blutspritzer befinden, habe sie zunächst gewaschen und dann einige Tage nach dem Mord in ihrem Zimmer verbrannt und das gereinigte Rasiermesser heimlich in die Schatulle ihres Vaters zurückgelegt.

Schon der zeitgenössischen Presse fallen jedoch einige Ungereimtheiten in diesem Bericht auf. Es erscheint wenig glaubwürdig, dass Constance allein und mit einem schlafenden Dreijährigen auf dem Arm all die Tätigkeiten ausführen konnte, von denen sie berichtet, ohne das Kind zu wecken. Auch ist verwunderlich, dass bei der ersten Beweisaufnahme im Haus weder ihr blutiges Nachthemd noch das fehlende Rasiermesser aufgefallen sein sollten. Zudem haben die obduzierenden Ärzte klar ein spitzes Tatwerkzeug für die Brustverletzungen angenommen, und ein Rasiermesser mit seinem flachen Ende scheint hierfür tatsächlich ungeeignet.

Für weitere Klarheit sollte Constance Kent jedoch nie sorgen. Sie verbringt die nächsten zwanzig Jahre unter anderem im berüchtigten Millbank-Gefängnis in London, bevor sie 1885 nach Verbüßen ihrer Haftstrafe entlassen wird. Wieder in Freiheit, wandert sie, nun unter dem Namen Emily Kaye, zu ihrem Bruder William Kent und seiner Familie nach Australien aus, wo sie mit Leprakranken arbeitet und Anfang des 20. Jahrhunderts ein Schwesternheim gründet, das sie bis zu ihrem Ruhestand leitet. Das Verhältnis der beiden Geschwister sollte zeitlebens ein sehr inniges bleiben. Im Jahre 1944 stirbt Constance Kent schließlich im hohen Alter von 100 Jahren in Sydney.

Jonathan Whicher sollte sich hingegen nie ganz von seiner Niederlage im Fall des Road-Hill-Mordes erholen. Nach Constance' Geständnis, das sein kriminalistisches Gespür einmal mehr bestätigt und seine Reputation zumindest teilweise wiederherstellt, beginnt er als Privatermittler zu arbeiten und ist im Zuge dessen noch an der Aufklärung weiterer berühmter Kriminalfälle des 19. Jahrhunderts beteiligt. So unter anderem in der Geschichte um den Fall des Tichborne Claimant. Jonathan Whicher stirbt schließlich am 29. Juni 1881 im Alter von 66 Jahren.

So endet die Geschichte um den Mord in Road Hill House und seine Aufklärung, die die Kriminalliteratur nachhaltig beeinflussen sollte. Doch ihr Geheimnis nahm Constance Kent mit ins Grab. Dass sie wirklich ohne Hilfe den Mord begangen haben kann, erscheint unwahrscheinlich. Tatsächlich vermutete schon Detective Whicher, dass auch William an der Tat beteiligt gewesen sein könnte. Die Geschwister standen sich bekanntlich sehr nah, hatten wohl beide ein Problem mit der Stiefmutter und schon zuvor Pläne gemeinsam in die Tat umgesetzt. Und auch der Zeitpunkt von Constance' Geständnis ist interessant: Sie legt es kurz vor Williams 21. Geburtstag ab, dem Zeitpunkt, an dem er das Erbe seiner Mutter erhalten sollte. Da er eine wissenschaftliche Karriere einschlagen wollte, wäre es zudem sehr ungünstig gewesen, wenn auch nur der geringste Verdacht gegen ihn bestanden hätte. Doch einen eindeutigen Beweis gibt es nicht.

Und so verweigert uns dieser Fall ausgerechnet den Aspekt des Krimis, den wir alle am Ende schätzen: eine umfassende Aufklärung und das gute Gefühl, dass der Gerechtigkeit Genüge getan wurde.

Die Morde des Hugo Schenk

1884

Zu Beginn der 1880er-Jahre versetzt der sogenannte Dienstmädchenmörder Hugo Schenk gemeinsam mit seinem Freund und Komplizen Karl Schlossarek die k. u. k. Doppelmonarchie in Angst und Schrecken und avancierte seither zu einem der bekanntesten Serienmörder Österreichs. Manches an diesem Fall erinnert an andere Delikte aus dem 19. Jahrhundert – besonders wenn man an die Situation junger Frauen denkt, die vom Land in die Stadt zogen, um Geld zu verdienen, und deren Verschwinden lange unbemerkt blieb. Es ist ein Fall über Polygamie, Betrug, Raub und mindestens vierfachen Mord, aber auch eine Geschichte über zerstörte Hoffnung und enttäuschte Liebe.

Anfang August 1883 verschwindet in Wien die 37-jährige Therese Ketterl – Köchin und Dienstmädchen – von einem auf den anderen Tag mit all ihren Habseligkeiten. Die daraufhin losgetretenen Ermittlungen stoßen jedoch auf keinerlei brauchbare Spuren. Knapp vier Monate danach, am 20. Dezember 1883, werden die aus Böhmen stammende 47-jährige Köchin Katharina Timal und ihre 33-jährige Nichte Josefine, die als Stubenmädchen arbeitet, von Angehörigen ein zweites Mal als vermisst gemeldet. Auch diese beiden Frauen waren bereits seit dem Frühsommer verschwunden. Eine erste Anzeige, welche die Familie damals bereits aufgegeben hatte, blieb jedoch offenbar folgenlos.

7 *Hugo Schenk*

Diese Vermisstenfälle von Dienstbotinnen hätten – wie so viele zu der Zeit – einfach in Vergessenheit geraten können, hätte nicht ein versierter Ermittler das richtige Bauchgefühl gehabt. Die Rede ist von Karl Breitenfeld, seines Zeichens Polizeirat, Leiter des Sicherheitsbüros und damals als erfolgreicher Ermittler bekannt, dem es Dutzende Male gelang, Fälle aufzuklären und Kriminelle dingfest zu machen.

Breitenfeld fällt beim Lesen der – erneuten – Vermisstenmeldung von Katharina und Josefine Timal auf, dass es Parallelen zu dem Fall von Therese Ketterl gibt. Alle drei Frauen sind Hausangestellte, in mittlerem Alter und alleinstehend – vor allem aber: Alle drei haben sich einiges angespart. Und dieses Geld ist mit ihnen verschwunden. In allen Fällen hat ein unbekannter Mann ihre Sparbücher kurz nach dem Verschwinden der Frauen aufgelöst. Daher vermutet der erfahrene Ermittler, dass die Frauen Opfer ein und desselben Verbrechers geworden sind.

Die jetzt ernsthaft eingeleiteten Ermittlungen ergeben: Bevor Therese Ketterl verschwand, hatte man sie öfter zusammen mit einem attraktiven Mann gesehen, an dessen Namen sich jedoch niemand erinnern kann. Und auch in Katharina und Josefine Timals Fall geben die Verwandten an, dass die beiden Frauen zuletzt in Begleitung eines Mannes gesehen wurden. Seinen Namen allerdings kennen sie: Es handelt sich um einen gewissen Hugo Schenk.

Als Breitenfeld und seine Kollegen Hugo Schenks Hintergrund durchleuchten, kommt schnell zutage, dass er für die Ermittlungsbehörden kein Unbekannter ist. Tatsächlich verfügt Schenk bereits über eine dicke Akte, ist ein verurteilter Betrüger und Hochstapler. Und getreu dem Klischee des Hochstaplers wechselt er offenbar nicht nur gerne seinen Aufenthaltsort, sondern stellt sich auch immer wieder unter neuem Namen und mit neuer Vita vor.

Das erhebliche Gebiet der österreich-ungarischen Doppelmonarchie erstreckt sich damals neben Ungarn und Österreich – ganz oder auch nur in Teilen – auf die Gebiete der heutigen Staaten Italien, Tschechien, Slowakei, Kroatien, Slowenien, Bosnien-Herzegowina, Ukraine, Rumänien, Serbien, Polen und Montenegro. Diese enorme Größe weiß Hugo Schenk zu nutzen, reist nicht nur »geschäftlich« durch den Vielvölkerstaat, sondern lebt mal in Wien, mal in Böhmen und an vielen Orten mehr – ist also kein Mann, dessen man leicht habhaft werden kann. Zwar ist Schenk in einer Wohnung in Wien gemeldet, nur antreffen kann man ihn dort nicht. Doch die Polizei macht auch die Adressen seines Bruders Karl Schenk, Diener bei der Westbahn, und seines Freundes Karl Schlossarek ausfindig. Sie sind dem Mann auf der Spur.

Will man besser verstehen, warum Karl Breitenfeld so sicher ist, dass Hugo Schenk etwas mit dem Verschwinden der Frauen zu tun hat, muss man sich diesen etwas genauer anschauen:

Schenk stammt aus Český Těšín ganz im Osten der heutigen Tschechischen Republik, wo er am 11. Februar 1849 in eine gutbürgerliche Familie hineingeboren wird. Der Vater ist Präsident des Kreisgerichts. Nach dem Gymnasium schlägt der – wohl zu einem attraktiven und charmanten Mann – herangewachsene Hugo zunächst eine Militärkarriere ein, aus der er sich bald aber wieder verabschiedet. Schon mit Anfang zwanzig betätigt er sich offenbar in ebenjenem Gewerbe, das später Breitenfeld auf seine Spur bringen wird: der Betrügerei. Er scheint ein großer Freund des Glücksspiels zu sein und nimmt es offenbar mit den dort geltenden Regeln nicht so genau.

Hugo Schenk stellt sich zudem mal als Chemiker, als Bergwerksunternehmer oder – in einer seiner liebsten Rollen – als der russische Adlige Wilopolsky vor und passt auch Kleidung sowie Auftreten der jeweiligen Rolle an. Als Wilopolsky soll Hugo unter anderem eine reiche Witwe und deren Tochter kennengelernt und ihnen eine waschechte Räuberpistole aufgetischt haben. Er sei von hohem, russischem Adelsstand und stehe in Erwartung eines entsprechend fürstlichen Erbes, auf das er jedoch der Liebe wegen verzichten würde. Für den Start in das neue Leben bräuchte er jedoch finanzielle Unterstützung.

Die Frauen greifen ihm unter die Arme, doch Schenk alias Wilopolsky bringt das Geld zur Überraschung der Frauen allein in Wien durch und versucht einer Rückzahlung durch schwülstige Briefe zu entgehen. Als die Betrogenen jedoch auf eine Rückzahlung drängen, reist Schenk erst einmal durch halb Europa, ehe er in seine Heimat zurückkehrt.

In der Zwischenzeit hat die Witwe ihn dort jedoch angezeigt, und so kommt es, wie es kommen muss: Im Dezember 1870 wird Hugo Schenk wegen schweren Betrugs zu fünf Jahren Kerker verurteilt. Doch dank einer Begnadigung kommt er bereits nach zwei Jahren frei. Und die zwei Jahre Haft sind für Schenk keine verlorene Zeit: Er lernt einen gewissen Karl Schlossarek kennen, der wegen Diebstahls einsitzt. Die Männer freunden sich an und beschließen, sobald sie wieder in Freiheit sind, gemeinsam Raubüberfälle zu begehen.

Aus der Haft entlassen, zieht Hugo zunächst offenbar nach Passau und versucht, in der Papierbranche Fuß zu fassen. Scheinbar mit wenig Erfolg, denn wenige Jahre später kommt er ein weiteres Mal für zwei Jahre ins Gefängnis, nun wegen Heiratsschwindels.

Nach verbüßter Haft versucht Hugo sich erst einmal wieder an einem geregelten Leben und heiratet im August 1879 eine Frau namens Wanda, mit der er nach Prag zieht und dort eine Weile im Kohlengeschäft arbeitet. Das Ehepaar bekommt zwei Kinder, die wohl aber beide noch im Kindesalter versterben. Im Sommer 1881 kommt Hugo Schenk schließlich ohne seine Frau wieder nach Wien, und als könne er es nicht lassen, »arbeitet« er wieder als Heiratsschwindler. Eine Bestrafung bleibt jedoch auch dieses Mal nicht aus, und so landet er schon im September 1881 ein weiteres Mal für zwei Jahre im Gefängnis. Wanda Schenk hält jedoch zu ihrem Mann, schreibt ihm regelmäßig Briefe und sucht sich in Prag eine Anstellung, um ihren Lebensunterhalt zu finanzieren.

Anfang März 1883 wird ihr Mann entlassen. Doch anstatt schnellstmöglich zu seiner Ehefrau zurückzukehren, bleibt Hugo Schenk lieber in Wien und schaltet Zeitungsannoncen. Darin bietet er an, Arbeitssuchenden, die in der Lage seien, eine Kaution zu zahlen, Jobs zu vermitteln. Hugo erinnert sich auch an seinen ehemaligen Haftkumpan Karl Schlossarek, den er in seine neue Tätigkeit integriert: Gemeinsam begehen sie nun Raubüberfälle, mal mehr, mal weniger erfolgreich. Der Modus Operandi ist dabei immer ähnlich: Einer der beiden Männer reist mit den Arbeitssuchenden, die sich auf die Annoncen melden – mitsamt deren Sparbüchern für die gewünschte Kaution –, zu einem vermeintlichen neuen Arbeitgeber. Den Opfern wird auf der Fahrt ein Betäubungsmittel ins meist alkoholische Getränk gemischt. Dann geht es zu Fuß zur neuen Arbeitsstelle, meist durch ein Waldstück, wo sie auf den jeweils anderen Komplizen treffen, und schon ist das Opfer ausgeraubt.

Kehren wir mit diesem Vorwissen über Hugo Schenk zurück zu Karl Breitenfeld, den Vermisstenanzeigen 1883 und den sich anschließenden polizeilichen Ermittlungen: Diese bringen zutage, dass man schon am 17. Juli 1883 am Fuß des sogenannten Gevatterlochs bei Mährisch Weißkirchen, tschechisch Hranice na Moravě, einer Stadt im heutigen Osttschechien, eine bekleidete Frauenleiche entdeckt hat. Das Gevatterloch ist ein am Fuß mit Wasser gefüllter Krater, der mehrere Hundert Meter tief ist. Die Kleidungsstücke der Frau waren allesamt mit den Initialen »J. T.« markiert, und die Untersuchungen kommen zum Schluss, dass die Leiche rund zwei Monate im Wasser gelegen haben muss. Aufgrund des Fundorts geht man davon aus, dass die Frau entweder verunglückt ist oder sich suizidiert hat, doch eine Identifizierung bleibt zunächst aus. Im Zuge von Breitenfelds Ermittlungen erkennt nun Josefine Timals ehemalige Chefin eine Haarnadel wieder, ein Fundstück bei der Leichenbergung. Es ist die Nadel, die sie selbst einst Josefine geschenkt hat. Offenbar handelt es sich bei der Leiche also um die sterblichen Überreste Josefine Timals, und die Vermutung des Polizeirats scheint sich zu bestätigen: Sie ist Opfer einer Gewalttat geworden.

Auf der Suche nach den anderen vermissten Frauen – Josefines Tante Katharina Timal und Therese Ketterl – stoßen Breitenfeld und sein Team auf eine weitere nicht identifizierte Leiche: Am 24. Juli 1883 war die vollständig bekleidete Leiche einer 30- bis 40-jährigen Frau in der Donau beim niederösterreichischen Pöchlarn entdeckt worden; die Leiche befindet sich zum Zeitpunkt ihrer Entdeckung im fortgeschrittenen Stadium der Verwesung. Bei der Obduktion werden mehrere Stichwunden unterhalb der Ohren nachgewiesen, die wohl tödlich gewesen sein müssen. Die Frau war vermutlich bereits tot, als sie in den

Fluss geworfen wurde, um den Körper ein Seil mit einem schweren Stein als Gewicht. Breitenbach geht davon aus, dass es sich bei der Leiche um Katharina Timal handelt, womit er zwei der vermissten Frauen – wenn auch leider tot – aufgespürt hätte.

Umso dringender will Breitenbach nun den Verdächtigen Schenk schnappen, der sich mittlerweile nicht mehr in Wien, sondern in Linz aufhält. Dorthin ist er am 1. November 1883 in Begleitung einer jungen Frau, die er als seine Gattin vorstellte, gereist und hat eine Wohnung gemietet. Karl Breitenbach begibt sich daher ebenfalls nach Linz. Doch das Katz-und-Maus-Spiel ist noch nicht vorbei: Denn ohne etwas von seiner Verfolgung zu ahnen, hat Hugo Schenk sich zwischenzeitlich wieder auf den Weg nach Wien gemacht. Immerhin stößt die Polizei bei der Durchsuchung von Schenks Linzer Wohnung auf Kleidung und Schmuck, die nachweislich Josefine und Katharina Timal gehörten. Dies sind die ersten stichhaltigen Indizien. Die Schlinge um Hugo Schenk zieht sich langsam, aber stetig zu.

Sicherheitshalber beobachtet man auch die Wiener Wohnung von Hugos Bruder in der Hoffnung, dass der Verdächtige dort auftaucht. Und tatsächlich steht am Abend des 8. Januar 1884 Hugo Schenk auf der Matte. Als die Brüder gemeinsam zur Wohnung von Hugos Kumpan Karl Schlossarek weiterziehen, folgt die Polizei ihnen. Über diese Entwicklungen wird auch Karl Breitenfeld, noch immer in Linz weilend, informiert, woraufhin er per Telegramm den Haftbefehl erteilt. Ein weiteres Mal soll Hugo Schenk ihm nicht entwischen! Noch in der Nacht wird das Wohngebäude, in dem sich Schenk und Konsorten aufhalten, umstellt, und kurz vor der Morgendämmerung des 9. Januar 1884 erfolgt der Zugriff. Hugo soll noch im Bett gelegen haben, als man ihn verhaftet und abführt.

Mit dem Hauptverdächtigen in Haft bleibt uns nun ausreichend Zeit, innezuhalten und näher zu beleuchten, was den vermissten Frauen – und, wie wir sehen werden, weiteren Opfern –

vermutlich zugestoßen ist, jedenfalls soweit die Ermittlungen es später rekonstruierten.

Josefine Timal wird als verlässliche und ehrliche Frau beschrieben, der es durch Sparsamkeit und Fleiß als Stubenmädchen gelungen ist, eine gewisse Summe Geldes zurückzulegen. Im März oder April 1883 – also nur kurz nachdem Hugo Schenk das letzte Mal aus dem Gefängnis entlassen worden war – entscheidet die 33-Jährige, dass es nun an der Zeit ist, eine Familie zu gründen, und will zu diesem Zweck einen geeigneten Partner kennenlernen. Mit dieser Absicht schaltet Josefine eine Zeitungsannonce, in der sie auch erwähnt, dass sie über genügend Barmittel verfüge. Damals kein ungewöhnlicher Schritt, wollte man sich als »gute Partie« anpreisen. Es scheint zu funktionieren, denn nur 48 Stunden später erhält Josefine einen Brief von einem »Ingenieur« mit Nachnamen Schenk, und die beiden treffen sich bald. Josefine Timal hält den gut aussehenden, galanten Mann schnell für eine gute Wahl und ist überglücklich. Hugo behauptet Josefine gegenüber, dass er Hoffnung auf ein großes Erbe von einer alten Tante habe. Nach ein paar Treffen scheinen die beiden auf eine Verlobung zuzusteuern. Doch da er keine Dienstmagd heiraten könne, fordert Hugo von Josefine, ihre Anstellung zu verlassen und seinen Namen zunächst geheim zu halten, bis die Heirat vollzogen sei. Einer guten Freundin erzählt Josefine jedoch euphorisch von ihrem Verlobten und den gemeinsamen Plänen.

Im April 1883 sucht auch die 24-jährige Emilie Höchsmann – gleichfalls via Annonce – einen Ehemann. Mit einem einfühlsamen Schreiben meldet sich am 26. April »Hugo Schenk, Civil-Ingenieur« bei ihr, und recht bald lernen sich die beiden kennen und anscheinend auch lieben. Dennoch wehrt Emilie Hugo offenbar ab, als er sie zum Sex drängt. Unterdessen kündigt Josefine Timal, wie von Hugo gewünscht, am 10. Mai 1883 gegen den Widerstand ihrer Arbeitgeberin ihre Anstellung und verlässt deren Haus. Sie soll sich mit Hugo an der Wiener Votivkirche treffen. Es ist das letzte Mal, dass ihr Freundeskreis und ihre Familie etwas von Josefine hören. In der Folge reist sie offenbar mit Hugo nach Mährisch Weißkirchen, unter ihren Habseligkeiten Bargeld, Schmuck und ein Sparbuch. Doch das Paar bleibt nicht in trauter Zweisamkeit: Karl Schlossarek kommt hinzu. Es ist der 21. Mai, als die drei einen Spaziergang unternehmen und dabei auch in ein Gasthaus einkehren. Dort oder im Anschluss verabreichen die Männer Josefine vermutlich Alkohol, der mit Schlafmittel oder Ähnlichem versetzt ist. Offenbar führen die Männer die junge Frau im Anschluss in den Wald und bemächtigen sich ihrer Wertsachen. Danach sollen sie Josefine ein mit einem Stein beschwertes Seil um den Körper geschlungen und in das Gevatterloch gestoßen haben. Ob Josefine Timal zu diesem Zeitpunkt noch am Leben oder schon tot war oder ob sie – wie manchmal zu lesen – zuvor vergewaltigt wurde, lässt sich im Nachhinein nicht mehr eindeutig sagen.

Hugo und Karl reisen am nächsten Morgen in aller Seelenruhe zurück nach Wien, nachdem Schenk noch von Weißkirchen aus an Emilie Höchsmann geschrieben hat, um ein Treffen zu verabreden. Dabei enthüllt er Emilie dann sein großes Geheimnis.

Doch wer nun erwartet, dass damit Schenks jahrelange Karriere als Betrüger, Hochstapler und nun wohl auch Mörder gemeint ist, wird enttäuscht. Stattdessen offenbart er ihr, dass er eigentlich Graf Wilopolsky heiße, als Geheimagent für die russischen Nihilisten – eine philosophische, regimekritische Bewegung im Russischen Zarenreich – arbeite und dass auf ihn deshalb ein Kopfgeld ausgesetzt sei. Nun, da er sich ihr offenbart habe, müsse er zusätzlich um sein Leben fürchten. Er könne sie deswegen auch nicht heiraten, schließlich ginge das nicht unter seinem echten Namen. Glücklicherweise habe er aber in Amerika einen reichen Onkel, der dem Paar finanziell helfen und ihnen Geld transferieren könne. Um dieses Geld bei einer Bank in London abzuholen, müsse Emilie ihm allerdings erst einmal Geld für die Überfahrt leihen. Ob Emilie Zweifel an dieser Geschichte hegt oder nicht: Sie gibt Hugo 200 Gulden.

Während Emilie ihren Grafen Wilopolsky im Anschluss auf dem Weg nach Großbritannien wähnt, verlässt der Hochstapler tatsächlich am 8. Juni 1883 Wien – allerdings in Richtung Pöchlarn und in weiblicher Begleitung. Denn die Tante der ermordeten Josefine Timal, deren Leiche erst über einen Monat später am Gevatterloch entdeckt werden sollte, ist zwischenzeitlich ins Visier von Schenk und Schlossarek geraten. Anscheinend hatte Katharina Timal zu viel von der Beziehung zwischen ihrer Nichte und Hugo mitbekommen und hätte den Männern gefährlich werden können. Zudem verfügte sie ebenfalls über Erspartes. So tischt Hugo ihr offenbar die Geschichte auf, dass Josefine und er in der Nähe von Pöchlarn ein Gut erworben hätten. Unter dem Vorwand, Josefine dort zu treffen, reist Hugo nun Anfang Juni – nicht lange nach dem Mord an Josefine – mit ihrer Tante Katharina dorthin. Doch in Pöchlarn warten stattdessen Karl Schlossarek und Hugos Bruder Karl. Wie genau Katharina Timal, deren Leiche man am 24. Juli 1883 bei Pöchlarn aus der Donau zieht, am Ende ermordet wird, kann später nicht mehr nachvollzogen werden, da die Männer sich vor Gericht teils widersprechen sollten. Vermutlich fixierten zwei der Männer sie, während der dritte – Schenk oder Schlossarek – ihr die Kehle durchschnitt.

Da ihre Verwandten über einen längeren Zeitraum weder von Josefine noch Katharina Timal ein Lebenszeichen erhalten und ihre eigenen Nachforschungen ins Leere laufen, geben sie schließlich eine erste Vermisstenanzeige auf. Als sie diese im Dezember 1883 erneuern, rufen sie damit Karl Breitenfeld auf den Plan, wir erinnern uns. Doch es sollte noch einige Zeit dauern, bis Hugo Schenk dingfest gemacht werden kann: Mit seinem Anteil am erbeuteten Geld kehrt er nämlich zunächst zu Emilie Höchsmann zurück und begleicht seine Schulden für die geliehenen »Reisekosten« nach London. Doch wer nun vermutet, dass Emilie Hugos nächstes Opfer wird, der irrt.

Denn zwischenzeitlich hat Hugo Schenk in Wien die Bekanntschaft des Stubenmädchens Therese Ketterl gemacht. Wie Josefine und Emilie stellt er auch ihr eine baldige Hochzeit in Aussicht. Am 4. August 1883 reist Schenk mit der eher kleinen, schwarzhaarigen Therese in das niederösterreichische Lilienfeld. Da ihr Arbeitgeber ebenfalls verreist ist, hat Hugo sie überzeugt, ihre wertvollen Habseligkeiten zur Sicherheit mitzunehmen. Ebenfalls im Gepäck hat Therese zunächst auch den Hund ihres Dienstherrn, auf den sie während seiner Abwesenheit aufpassen soll.

Am 5. August begibt sich das Paar auf einen längeren Spaziergang – dabei unter anderem in Hugos Taschen: ein Revolver. In der Nähe einer Schlucht, der sogenannten Sternleiter, soll er die Waffe gezogen und Therese gedrängt haben, damit herumzuspielen, wohl in der Hoffnung, dass sie sich aus Versehen damit erschießt. Danach will er ihr – einer seiner späteren Aussagen nach – vorgegaukelt haben, dass die Waffe nicht geladen sei, und sie dazu animiert haben, sie sich gegen die Schläfe zu halten und abzudrücken. Da Schenk die Waffe tatsächlich jedoch zuvor geladen hat, soll Therese sich so unbeabsichtigt selbst erschossen haben. Danach raubt Hugo Schenk die Tote offenbar aus. Doch verifizieren kann die Polizei diese Geschichte nicht. Bis zur Gerichtsverhandlung sollte Therese Ketterls Leiche trotz intensiver Suche verschollen bleiben.

Hugo Schenk kehrt am 5. August 1883 mit Thereses Habseligkeiten – darunter eine Uhr, ein Ring, eine Kette und weiterer Schmuck – zur nichts ahnenden Emilie zurück. Die beiden verloben sich, auch wenn Hugo genau genommen noch mit Wanda verheiratet ist, wovon Emilie nichts zu wissen scheint. Da sie kein Opfer Schenks werden sollte, vermutet man später, dass

Hugo wohl echte Gefühle für sie hegte. Vereinzelt kursiert im Nachhinein auch das Gerücht, dass Emilie ein gemeinsames Kind zur Welt gebracht habe, dafür haben wir jedoch keine stichhaltigen Beweise.

Ob Hugo nun Liebe für Emilie Höchsmann empfindet oder nicht: Im Oktober 1883 lernt er – abermals via Annonce – das Stubenmädchen Josefa oder Josefine Eder kennen. Auch ihr verspricht er anscheinend die Ehe und erzählt ihr, dass nur Geldmangel ihn davon abhalte, eine eigene Fabrik zu betreiben und sie zu heiraten. Wohl um zu helfen, bestiehlt Josefa in der Folge für Hugo regelmäßig ihre Arbeitgeberin. Als sie dabei Mitte Januar 1884 ertappt und verhaftet wird, verurteilt man sie zu einer dreijährigen Gefängnisstrafe. Im Nachgang wird vermutet, dass Schenk sie nur am Leben ließ, weil ihre Diebstähle für ihn lukrativer waren, als sie umzubringen und auszurauben.

Doch damit nicht genug Opfer: Noch einer weiteren Frau verspricht Hugo Schenk die Ehe und auch diese bezahlt die Beziehung zu ihm anscheinend mit ihrem Leben: das Stubenmädchen Rosa Ferenczy. Auch sie lernt Schenk im Oktober 1883 durch eine Annonce kennen. Und wie so manch andere kündigt auch sie – wohl auf seinen Wunsch hin – ihre Anstellung. Da Rosa erst noch Unterlagen beschaffen muss, damit sie an ihr Erspartes kommen kann, wartet Hugo offenbar mit ihrer Ermordung. Als Rosa ihn dann Ende Dezember 1883 immer drängender an die versprochene Ehe erinnert, reisen sie, Hugo und sein Bruder Karl gemeinsam nach Preßburg, das heutige Bratislava. Nun, da sie endlich Zugang zu ihrem Ersparten hat, scheint Rosa lebend für Hugo nicht mehr von Nutzen. Auch Karl Schlossarek stößt zu dem Trio, und während eines abendlichen Spazierganges am Ufer der Donau soll er, auf Hugos Zeichen hin, Rosa mit einer mitgebrachten Hacke erschlagen haben. Ob beide Männer oder tatsächlich nur einer von beiden Rosa umbringt, kann aufgrund sich widersprechender späterer

Aussagen nicht klar geschlossen werden. Ziemlich sicher jedoch stoßen die beiden Männer Rosas Körper am Ende in die Donau. Rosa Ferenczys Leiche sollte jedoch nie gefunden werden, nur ihre Kleidung fischt man später aus dem Fluss.

Kehren wir mit all diesem beklemmenden Wissen zurück zu dem frisch verhafteten Verdächtigen Hugo Schenk. Auch die Ermittelnden ahnen zu diesem Zeitpunkt noch nicht, wie viele Opfer auf sein Konto gehen, haben sie Schenk doch vor allem wegen dreier verschwundenen Frauen – Therese Ketterl, Katharina und Josefine Timal – im Visier. In Schenks Besitz stellt die Polizei ein wenig Bargeld, zwei Eheringe mit unterschiedlichen Gravuren und zwei Fotografien von verschiedenen Damen sicher. Auch seine Komplizen Karl Schenk und Karl Schlossarek werden wenig später inhaftiert. Dennoch zeigt Hugo sich zunächst wenig gesprächsbereit, weicht Fragen aus und leugnet eine Beteiligung oder gar Schuld am Verschwinden sowie dem Tod der Frauen. Nur mit einem Bluff gelingt es schließlich Karl Breitenfeld, den Betrüger aus der Reserve zu locken und zum Reden zu bringen: Breitenfeld behauptet, dass Emilie Höchsmann von den Ermittelnden für Hugo Schenks Komplizin gehalten werde und ihr eine entsprechende Bestrafung drohe. So simpel die List, so wirksam: Da Schenk offenbar ehrliche Gefühle für Emilie hegt, gesteht er nun – wohl, um sie aus den Ermittlungen herauszuhalten.

Doch ausgerechnet Emilie ist es, die nun Beweise liefert, welche Schenks Geständnis im Grunde obsolet machen: Unter dem Eindruck der ausgedehnten Presseberichterstattung über die ermordeten beziehungsweise vermissten Frauen und deren Verhältnis zu Hugo Schenk wird ihr nicht nur klar, dass der Schmuck, den sie von Schenk erhielt, von ebendiesen Frauen stammt, sondern auch, dass sie sich damit an die Polizei wenden muss. So macht sie sich, obwohl sie möglicherweise durchaus Gefühle für Hugo Schenk hegt, mitsamt den Ketten, Ohrringen, einzelnen Diamanten und einem Armband auf den Weg zu Polizeirat Breitenfeld und übergibt ihm alles. Und Emilies Befürchtungen sind begründet, denn wie die Polizei bald herausfindet, gehörten all diese Schmuckstücke zu Lebzeiten der vermissten Therese Ketterl.

So werden Hugo Schenk und Karl Schlossarek am 13. März 1884 vor Gericht gestellt und am Ende der Verhandlung knapp einen Monat später zur Entschädigung der Hinterbliebenen sowie wegen vierfachen Mordes zum Tode verurteilt. Die beiden Angeklagten hatten sich während der Verhandlung immer wieder gegenseitig die Schuld am Tod der Frauen und auch an den Mordtaten selbst zugeschoben. Der jeweils andere sollte der Anstifter zu den Morden gewesen sein und sich aus Angst vor Verfolgung nicht mehr mit bloßem Raub begnügt haben. Wer von beiden schlussendlich die Frauen jeweils ermordete, ist daher bis heute nicht zweifelsfrei festzustellen.

Hugos Bruder Karl kommt wegen Mittäterschaft ins Gefängnis. Eine nicht näher ausgeführte geistige Beeinträchtigung und eine schwere Lungenkrankheit wirken sich strafmildernd aus. Er fungierte nachgewiesenermaßen immer wieder als Handlanger für seinen Bruder, hatte Hugo beispielsweise auch Fahrkarten für die Bahn besorgt, bei der er angestellt war, und scheint bei einigen der Morde zugegen gewesen zu sein.

Hugo Schenks Ehefrau Wanda Schenk, die in der Presse als eine sehr herzliche, liebenswürdige Frau beschrieben wird, hält trotz aller Erkenntnisse und Offenbarungen zu ihrem Mann und behauptet, in all den Jahren keinen Verdacht geschöpft zu haben. Bemerkenswert ist auch, dass in der Öffentlichkeit offenbar alle drei noch lebenden Frauen beziehungsweise Geliebten Hugos – Wanda Schenk, Emilie Höchsmann und Josefa Eder – mit Mitleid betrachtet werden. Aus Pietät verzichtet man sogar darauf, ein Bild von Wanda Schenk zu veröffentlichen, durchaus keine Selbstverständlichkeit in der Presse des 19. Jahrhunderts.

Am 22. April 1884 werden Karl Schlossarek und Hugo Schenk in der Anwesenheit vieler Schaulustiger am Würgegalgen hingerichtet und schließlich anonym auf dem Wiener Zentralfriedhof bestattet – bis auf Hugo Schenks Schädel: Diesen kann man bis heute im Wiener Kriminalmuseum betrachten. Nach der Hinrichtung war er neurologisch untersucht worden, versprach man sich doch Erkenntnisse über den Gehirn- und Schädelbau eines Mehrfachmörders. Doch Hugo Schenk hat vermutlich – allein oder in Komplizenschaft – noch weitere Morde über die uns bekannten hinaus auf dem Gewissen, begangen wohl vor dem Ende seiner letzten Gefängnisstrafe. Bei seiner Verhaftung durch Breitenfeld und die Ermittlungsbeamten steht er zudem offenbar in Briefkontakt mit acht weiteren Frauen. Und auch wenn Schenk nach seiner Inhaftierung mit einer Vielzahl von Verbrechen in Verbindung gebracht wird, an denen er sicher nicht allesamt beteiligt ist, so ist von einer Dunkelziffer an unbekannten Opfern auszugehen.

Enden soll dieses Kapitel jedoch nicht mit Hugo Schenk, sondern mit einer der Frauen, die er so rücksichtslos ermordete: Therese Ketterl, deren Leiche zunächst unentdeckt blieb. Ende April 1884, wenige Tage nach der Hinrichtung ihres mutmaßlichen Mörders, stößt der Holzknecht Carl Roth zwei bis drei Stunden Fußweg von Lilienfeld entfernt zufällig auf die teilweise von Laub bedeckte, bekleidete Leiche einer Frau, die im fortgeschrittenen Stadium verwest ist. Sie liegt deutlich von dem Gebiet entfernt, an dem man auf Basis von Hugo Schenks Schilderungen nach der Leiche von Therese Ketterl gesucht hatte. Nahe der rechten Hand der Toten findet sich ein Revolver, in dessen Trommel noch vier Schuss sind; eine Patrone war offenbar bereits abgeschossen worden. Doch die Haltung der flach an den Oberschenkel gepressten Hand erweckt bei der Bergungsmannschaft den Eindruck, dass die Waffe der Toten lediglich posthum in die Hand gedrückt worden war; vermutlich hielt die Frau die Waffe zum Zeitpunkt ihres Todes nicht in der Hand. Schließlich wird die Leiche fotografiert, geborgen und in einem Sarg nach Lilienfeld transportiert. Dort wird sie mitsamt der am Leichenfundort entdeckten Gegenstände von einer gerichtlichen Kommission untersucht, und nicht nur stellt man an der rechten Schläfe der Toten ein Einschussloch fest: Ein eher maskulin anmutendes Portemonnaie, das am Fundort entdeckt wurde, spricht man Hugo Schenk zu. Möglicherweise hat kein anderer als der Heiratsschwindler und Mörder es dort verloren. Eindeutige Beweise, dass es ihm gehörte, finden sich jedoch nicht. Dann wird der Sarg verschlossen, die Fundstücke ans Wiener Landesgericht übersandt und die mutmaßliche Leiche von Therese Ketterl auf dem Lilienfelder Friedhof beigesetzt.

Was den kleinen Hund ihres Dienstherrn betrifft, den Therese bei ihrem Verschwinden in ihrer Obhut hatte, so berichtet ein Bauer aus der Region um Lilienfeld später, dass er ihn mit Therese Ketterl und Hugo Schenk gesehen haben will. Später, in den Tagen nach Thereses Verschwinden, sei immer wieder ein Hund zum Tor seines Hofes gekommen. Das Tier schien unruhig und hungrig, doch alles Locken habe nichts geholfen. Irgendwann kam das Hündchen nicht mehr zum Hof, und seither fehlte von ihm jede Spur.

Die vielen Opfer Jack the Rippers – Teil 1

1888

Es wird auf der Welt kaum jemanden geben, der noch nicht von den grausamen Morden gehört hat, die sich im Londoner East End des Jahres 1888 ereigneten. Die sogenannten Whitechapel-Morde und erst recht Jack the Ripper, wie der unbekannte Täter schon bald von der zeitgenössischen Presse genannt wurde, galten schnell als der ikonische Serienmörderstoff schlechthin. Viel zu oft liegt bei der Beschäftigung mit den Fällen der Fokus auf der Person des Täters – wohl, weil er nie gefasst wurde. Kaum ein anderer Mörder wurde so verklärt und mystifiziert. Deshalb wollen wir die etablierte Perspektive unter Beachtung der Zeitgeschichte aufbrechen und nachjustieren. Hier wird den Opfern der Raum gegeben, den sie verdienen, und gleichzeitig mit Vorurteilen aufgeräumt, welche sie noch posthum diffamieren.

Der Schrecken im Londoner East End des Jahres 1888 beginnt, als die 45-jährige Emma Elizabeth Smith am 3. April 1888 gegen 19.00 Uhr eine Herberge in der Londoner George Street verlässt. Sie ahnt nicht, in welch erbarmungswürdigem Zustand sie Stunden später zurückkehren wird. Die verwitwete Mutter von zwei Kindern gilt als Trinkerin, die unter Alkohol zu aufbrausendem Verhalten neigt. Sie ist aber auch eine geheimnisvolle Frau, denn über ihre Herkunft ist so wenig bekannt, dass sogar ihr Nahestehende im Dunkeln tappen. Sicher ist nur: Sie ist nicht in London geboren. Ob sie tatsächlich, wie zu lesen ist, aus besserer Gesellschaft stammt und mit der Familie gebrochen hat, lässt sich nicht verifizieren. Emma jedenfalls hüllt sich zeitlebens in Schweigen über ihre Vergangenheit und auch über ihre Beweggründe.

Typischerweise verlässt Emma Elizabeth Smith die Herberge, die sie täglich vier Pennys kostet, zwischen 6.00 und 7.00 Uhr morgens und kehrt zu wechselnden Uhrzeiten, aber nahezu immer betrunken, zurück. Wie Emma später erzählt, kommt ihr in der fraglichen Nacht um etwa 1.30 Uhr auf der Whitechapel Road eine Gruppe Männer entgegen. Sie hat ein ungutes Gefühl und wechselt die Straßenseite. Doch die Männer folgen ihr, als sie in die Osborn Street abbiegt. Nur wenige Hundert Meter von ihrer Unterkunft entfernt greifen die Männer sie brutal an, rammen ihr offenbar einen Gegenstand in die Vagina und rauben sie aus.

Nachdem die Angreifer getürmt sind, schleppt Emma sich mit schweren inneren Verletzungen zur Herberge, die sie zwischen 4.00 und 5.00 Uhr morgens erreicht. Sie steht wohl unter Schock, der ihr hilft, letzte Kräfte zu mobilisieren. Doch die Zeit, die sie für die vergleichsweise kurze Strecke braucht, zeigt, was für eine Tortur es für sie gewesen sein muss. Warum Emma keinen der Polizisten auf sich aufmerksam macht, denen sie eigentlich begegnet sein muss, lässt sich nicht mehr nachvollziehen. Vielleicht ist es Scham, die sie abhält.

Die Aufseherin und andere Umstehende im Lodging House handeln sofort, als sie Emmas Gesicht sehen. Es ist blutverschmiert, und ein Ohr ist eingeschnitten. Sofort wollen sie Emma ins Krankenhaus bringen, doch sie weigert sich, und dies nicht vollkommen zu Unrecht. Denn die damaligen Krankenhäuser für Angehörige der ärmeren Gesellschaftsschichten, die Krankenstationen der Armenhäuser, sind Orte, an denen man eher stirbt denn Heilung findet. Erst nach einigem Zureden erklärt Emma sich bereit, ins London Hospital auf der Whitechapel Road gebracht zu werden.

Über Details des Überfalls will sie jedoch nicht reden. Auch als sie die Stelle des Angriffs passieren, weigert sie sich offenbar vehement, etwas zum Vorfall zu sagen. Nur dem behandelnden Arzt offenbart sie den Tathergang. Doch er kann nichts mehr für sie tun. Emma Elizabeth Smiths innere Verletzungen sind so weitreichend, dass es zu einer Bauchfellentzündung kommt und sie gegen 9.00 Uhr am Morgen des 4. April 1888 stirbt.

Erst als eine Untersuchung in Anwesenheit der Behörden durch das Büro des Gerichtsmediziners im London Hospital angeordnet wird, erfährt die Polizei zwei Tage später von dem Angriff. Als Ergebnis werden die Attacke und der daraus resultierende Tod von Emma Elizabeth Smith als vorsätzlicher Mord eingestuft.

Die daraufhin eröffnete Polizeiakte sollte es als sogenannte Whitechapel-Mordakte zu trauriger Berühmtheit bringen und bis 1891 geöffnet bleiben. Denn darin werden in der Folge auch jene Morde abgelegt, die Jack the Ripper zugeschrieben werden.

Nun weist der Mord an Emma Elizabeth Smith wenig Ähnlichkeit mit den Modi Operandi jener Verbrechen auf, die gewöhnlich als das Werk Jack the Rippers gelten. Doch es gibt Theorien, die einen Zusammenhang herstellen: Demnach könnte Emma von einem Einzeltäter angegriffen worden sein, den sie kannte und dessen Identität sie schützen wollte oder vor dem sie Angst hatte. Möglich ist auch, dass der spätere Jack the Ripper ein Mann aus der Gruppe war, die Emma angriff. Aber all dies bleibt bis heute reine Spekulation.

Der Mord an Emma Elizabeth Smith eröffnet nicht nur die Whitechapel-Mordakte, er markiert auch den Beginn eines ungewöhnlich kalten und verregneten Sommers in Großbritannien. London, damals die größte Stadt der Welt, leidet 1888 unter einer tiefen Spaltung. Als im Jahr zuvor Königin Viktoria ihr goldenes Thronjubiläum mit einer Vielzahl von Festen, Paraden und offiziellen Anlässen feiert, strömen hochrangige Besucher aus aller Welt in die Stadt und tragen Reichtum und Status zur Schau.

Doch gleichzeitig ist die Armut groß. Auf dem Trafalgar Square, im Herzen der Stadt, versammeln sich die ärmsten Bürger Londons. Seit dem Frühjahr leben und betteln dort Hunderte obdachloser Menschen. Die Ursache für dieses menschliche Elend ist, dass sich die Bevölkerungszahl Englands im Laufe des 19. Jahrhunderts, unter anderem wohl infolge von Einwanderung und medizinischem Fortschritt, verdreifacht. Auch sorgt die industrielle Revolution für große Veränderungen. Immer mehr Familien werden gegründet, immer mehr Kinder geboren, und so streben die Menschen in die Industriezentren der Städte, um Arbeit zu finden und ihre Familien zu ernähren. Überbevölkerung und große Wohnungsnot sind – gerade in London – die Folge. Im Laufe des 19. Jahrhunderts wächst die Zahl der Einwohner der Stadt von gut einer Million auf über sechs Millionen an. Das daraus resultierende Überangebot an Arbeitskräften führt zu unmenschlichen Arbeitsbedingungen, Dumpinglöhnen und hoher Arbeitslosigkeit. So geraten zahllose Menschen der Arbeiterschicht in eine Abwärtsspirale, und überall in der Stadt entstehen Armenviertel, zu denen auch die Bezirke Whitechapel und Spitalfields gehören, die zum Schauplatz der Mordserie werden sollten, die Jack the Ripper zugeschrieben wird.

Die Menschen leben hier oft in temporären Unterkünften wie Vieh zusammengedrängt. Eine Belegung von bis zu 30 Personen pro Zimmer ist keine Seltenheit. Etwa ein Viertel der Londoner vegetiert unterhalb der Armutsgrenze. Es gibt keinerlei Versorgung seitens des Staates und keine Absicherung gegen Krankheit oder den Verlust des Arbeitsplatzes. Unter den Armen ist die Kindersterblichkeit immens hoch. Obdachlosigkeit ist ein großes Problem, und überall, vor allem aber in den

Armenvierteln, schlafen unzählige Menschen am Rand der Straße, in Hauseingängen oder Hinterhöfen. Einziger Ausweg für sie ist das Armen- oder Arbeitshaus.

Dabei ist die Entscheidung, eine solche Einrichtung aufzusuchen, nicht leicht: Armenhäuser dienen nicht mehr wie noch in früheren Jahrhunderten der reinen Armenfürsorge, sondern haben gezielt einen abschreckenden, strafenden Charakter, denn Armut gilt als selbst gewählter Zustand. Man geht davon aus, dass ein Mensch, der sich moralisch korrekt verhält, nicht arm sein kann. Vielmehr macht man Faulheit, Trunksucht und generell einen schlechten Lebenswandel für die Armut verantwortlich. Eine Sichtweise, die den Ärmsten in der Bevölkerung, neben ihrer ohnehin kaum erträglichen Lebenssituation, die Verachtung der Wohlhabenden einbringt.

Diese moralisierende Sicht ist einer der zentralsten Punkte in der Geschichte der Whitechapel-Morde und vor allem der Berichterstattung, die bis heute unser Bild des Geschehens prägt. Obwohl Sozialreformer bereits seit einiger Zeit auf die tragischen Schicksale der Menschen hinweisen, und diese beginnen, sich zu solidarisieren, bedeutet der Alltag im Londoner East End für viele Menschen eine Spirale aus Armut, Verachtung, Ausweglosigkeit und oftmals Alkoholsucht.

Es brechen Proteste aus, die die Regierung veranlassen, die etablierte Ordnung mit allen Mitteln wiederherzustellen. Dazu ernennt man eigens Charles Warren zum neuen Police Commissioner. Der 47-Jährige ist berüchtigt für sein hartes Durchgreifen auf Linie mit den Wünschen der herrschenden Klasse. Warren sieht in den Protestierenden und der sogenannten Unterschicht allgemein eine Gefahr für den Frieden und den Reichtum im Land. Wie so viele ignoriert er den Umstand, dass es die Arbeit ebenjener Gesellschaftsschicht ist, die das Land reich und das Empire groß gemacht hat. Dem walisischstämmigen Warren ist es in seiner bisherigen Militärkarriere in den britischen Kolonien bereits gelungen, aufständische Einheimische niederzuschlagen, weshalb die Presse auf seine Berufung zum Commissioner mit großer Hoffnung reagiert. Er ist der oberste Chef der Polizeibehörde zur Zeit der Jack-the-Ripper-Fälle.

Relevant sind auch die Polizeiabteilungen, in deren jeweiligem Zuständigkeitsbereich die Tatorte liegen. Schon 1882 zählt die Metropolitan Police, über deren Entstehung und Bedeutung wir ja bereits geschrieben haben, über 11 000 Mann, die einzelnen Abteilungen, sogenannten Divisions, zugeordnet sind, deren Benennung den Buchstaben des Alphabets folgt. Die aufgrund der Jack-the-Ripper-Morde bis heute bekannteste ist die H-Division, zuständig für das Gebiet von Whitechapel und geleitet von Superintendent Thomas Arnold.

Ein weiteres Merkmal der damaligen Londoner Polizei ist die Taktung der Patrouillen von Polizeistreifen. Dabei folgen die Police Constables jeweils einer Route, auf der sie regelmäßig an festgelegten Schnittpunkten auf einen Kollegen treffen, der ebenfalls auf seiner Runde ist und gegebenenfalls wartet. Auf diese Weise erstreckt sich ein Überwachungs- und Kommunikationsnetz über die gesamte Stadt, in dem der nächste Polizist nie weit entfernt ist und mittels Pfeife oder Rassel verständigt werden kann – zu einer Zeit ohne moderne Telekommunikationsmöglichkeiten eine ausgesprochen nützliche und durchdachte Methode. Doch sie ist nicht perfekt, denn durch die Regelhaftigkeit der Routen und die zeitlichen Abstände ist es Kriminellen möglich, Zeitfenster abzupassen. Die Kriminaltechnik steckt zudem noch in den Kinderschuhen. Selbst das Mitte des 19. Jahrhunderts entwickelte Fingerabdruckverfahren sollte erst Jahre nach den Whitechapel-Morden in Großbritannien eingeführt werden.

Kehren wir mit diesem Vorwissen zurück in das Jahr 1888. Den Abend des 6. August verbringt die 39-jährige Martha Tabram, eine kleine, eher untersetzte Frau mit dunkelbraunem Haar, die sich gelegentlich auch Martha Turner zu nennen pflegt, mit ihrer Freundin Mary Ann Connelly, genannt Pearly Poll. Die beiden Frauen trinken das eine oder andere Glas in verschiedenen Pubs und scheinen sich gut zu amüsieren. Es ist ein Abend wie viele im Leben von Martha Tabram.

Martha wird am 10. Mai 1849 als jüngste Tochter des Lagerarbeiters Charles White und seiner Frau Elizabeth in Southwark, London, geboren. Als sie 16 Jahre alt ist, verlässt der Vater seine Frau und die fünf Kinder und verstirbt kurz darauf.

Im Jahr 1869 heiratet die 20-jährige Martha einen Möbelpacker, Henry Tabram. Die junge Familie ist dank der gut bezahlten Arbeit des Vorarbeiters recht gut situiert, und die beiden bekommen zwei Söhne. Nach einiger Zeit jedoch beginnt Martha zu trinken. Das daraus resultierende Alkoholproblem erweist sich als so belastend für die Beziehung, dass Henry seine Ehefrau nach sechs Jahren Ehe 1875 verlässt. Zu einer Scheidung sollte es jedoch nie kommen, was für die Zeit nicht ungewöhnlich ist. Für Familien aus der Arbeiterschicht ist allein der Scheidungsprozess zu teuer und damit so gut wie unmöglich. Deshalb gibt es eine rechtlich verankerte Alternative, die »Scheidung von Tisch und Bett«. Ein Status, den wir heute am ehesten mit »getrennt lebend« beschreiben würden. Henry Tabram zahlt seiner Frau in dieser Zeit Unterhalt, doch ihr Verhältnis ist allen Angaben nach zerrüttet.

Martha ist nun 26 Jahre alt und findet einen neuen Partner namens Henry Turner, mit dem sie zusammenlebt. Ihre Alkoholsucht scheint sich nicht zu bessern. Sie geht oft bis spät in die Nacht hinein aus und kehrt an manchen Tagen nicht in die gemeinsame Unterkunft zurück. Bekannte berichten, dass Martha öfter ausfallend wird, wenn sie getrunken hat. Nach einer Weile streicht Henry Tabram seiner getrennt lebenden Ehefrau den Unterhalt mit der Begründung, sie prostituiere sich – ein Vorwurf, der nicht bedeutet, was wir uns darunter vorstellen. Wahrscheinlich betreibt Martha zu diesem Zeitpunkt höchstens Gelegenheitsprostitution. Doch während der Ehemann eines getrennt lebenden Paares damals eine neue Beziehung eingehen kann und oft eine neue Familie gründet, wird von der Ehefrau erwartet, den ehelichen Treueeid zu respektieren. Die Tatsache, dass Martha mit einem anderen Mann zusammenlebt, rechtfertigt somit bereits die Bezeichnung als Prostituierte.

Martha und Henry Turner erarbeiten sich bis in das Jahr 1888 ihren Lebensunterhalt mit dem Verkauf von Krimskrams und Selbstgemachtem. Sie leben zur Untermiete in einer Unterkunft in Whitechapel, bis sie im Frühsommer die Miete nicht mehr aufbringen können. Sie flüchten und nehmen bei dieser Nacht-und-Nebel-Aktion den Schlüssel mit, den Martha später der Vermieterin heimlich zukommen lässt.

Kurz darauf, im Juli 1888, verlässt Henry Turner sie, und Martha lebt nun allein in einer Herberge in der Commercial Street in Whitechapel oder schläft auf der Straße, wenn das Geld nicht für eine Unterkunft reicht. Sie verkauft weiterhin Krimskrams auf der Straße und geht wohl auch der Gelegenheitsprostitution nach. Wie viele andere würde sie selbst sich jedoch nicht als Prostituierte bezeichnen. Häufig sind die sexuellen Begegnungen kurz und finden in einer dunklen Gasse oder einem Hauseingang statt, weshalb man sie auch »4-Penny-Kniezitterer« nennt. Denn die gängige Rate für ein solches Treffen beträgt in den Armenvierteln zwei bis vier Pennys, ein Verdienst, für den sich die Menschen eine Übernachtung in einer der günstigsten Herbergen oder ein Glas Whiskey leisten könnten.

Am Abend des 6. August 1888 ist Martha wie so oft mit ihrer Freundin Pearly Poll in den Kneipen Whitechapels unterwegs. Sie begegnen zwei Soldaten, mit denen sie den Abend verbringen und auf Kosten der Herren trinken. Es ist gut möglich, dass eine sexuelle Begegnung von vornherein impliziert ist oder dass sie sich im Verlaufe des Abends ergibt. Die vier verlassen jedenfalls gegen 23.45 Uhr die Kneipe. Martha verabschiedet sich von ihrer Freundin und zieht sich mit einem der Soldaten wohl für eine sexuelle Begegnung in den George Yard zurück.

Die heutige Gunthorpe Street ist eine schmale Gasse, die von der Whitechapel High Street abgeht und 1888 einen schlechten Ruf hat. Das dort abzweigende Gewirr aus Gassen, Ställen und Unterkünften diente lange Zeit den Ärmsten als Zuflucht, aber immer wieder auch Kriminellen als Tatort oder Versteck. Durch umfangreiche Abriss- und Neubaumaßnahmen war seit den 1870ern versucht worden, die Straße zu entkriminalisieren. Im Zuge dessen hatte man an ihrem nordöstlichen Ende auch das mehrstöckige George Yard Buildings, ein Lodging House, errichtet. Der bogenförmige Eingang zu der Herberge existiert heute nicht mehr. In der Nacht auf den 7. August 1888 ist der George Yard perfekt als Rückzugsort für ein Stelldichein geeignet.

Nachdem erledigt ist, wofür man sich zurückgezogen hat, lässt Pearly Poll »ihren« Corporal vermutlich gegen 0.15 Uhr an der Ecke zum George Yard zurück und geht in Richtung Whitechapel davon – ohne ihre Freundin Martha. Fast anderthalb Stunden später kommen Joseph Mahoney, ein Fuhrmann, und seine Frau müde von der Arbeit nach Hause. Sie bewohnen eines der Zimmer im George Yard Buildings, die über ein zentrales, offenes und um diese Uhrzeit unbeleuchtetes Treppenhaus zu erreichen sind. Um bei einem Laden um die Ecke noch etwas gegen den späten Hunger zu besorgen, verlässt Mrs Mahoney ihr Zimmer gegen 1.45 Uhr wieder, kehrt aber bereits nach etwa zehn Minuten mit dem Essen zurück. Bei jedem Gang benutzt sie die dunkle Treppe, ohne dass ihr etwas Verdächtiges auffällt. Wenig später, um 2.00 Uhr, wird Police Constable Thomas Barrett angesichts eines in der Nähe des George Yard herumlungernden Soldaten stutzig. Nach seinen Plänen gefragt, behauptet der Mann, er warte auf einen Freund, der sich mit einer Prostituierten zurückgezogen habe. Barrett lässt ihn ziehen. Ob es sich bei dem Verdächtigen um einen der Soldaten handelt, die mit Martha und Pearly unterwegs waren, lässt sich später nicht mehr feststellen, erscheint angesichts der zeitlichen Diskrepanz jedoch unwahrscheinlich.

Gegen 3.30 Uhr steigt der Kutscher Alfred George Crow dieselben Stufen im Treppenhaus des George Yard Buildings hoch wie zuvor Mrs Mahoney. Doch im Gegensatz zu ihr fällt Alfred auf dem Treppenabsatz des ersten Stocks ein Körper auf. Er vermutet einen übernachtenden Obdachlosen und begibt sich auf sein Zimmer.

Etwa um 4.50 Uhr verlässt John Saunders Reeves, ein Hilfsarbeiter, sein Zimmer im George Yard Buildings, um zur Arbeit zu gehen. Auch er bemerkt auf dem Boden des Absatzes im ersten Stock einen reglosen Körper. Sofort ist er alarmiert, denn der Körper liegt offensichtlich in einer Pfütze aus Blut. Ohne die Leiche genauer in Augenschein zu nehmen, hastet Reeves die Treppe hinunter und sucht den nächsten Polizisten. Er trifft auf den diensttuenden PC Barrett, der den aufgeregten Reeves zurück ins Treppenhaus begleitet. Nachdem er sich einen ersten Überblick verschafft hat, ruft PC Barrett einen Kollegen herbei und lässt einen Arzt herbeordern. Dieser trifft um 5.30 Uhr ein und untersucht die Leiche, die später als Martha Tabram identifiziert werden sollte. Er kommt zum Schluss, dass der Tod circa drei Stunden zuvor, also gegen 2.30 Uhr, eingetreten sein muss – mehr als zwei Stunden nachdem Pearly und Martha sich getrennt haben.

Die Beine der Toten sind gespreizt und der Zwischenraum voller Blut. Ganze 39-mal ist auf Martha mit einem Messer eingestochen worden, wobei sich die Stichwunden vor allem an Brust, Bauch und Unterleib finden. Der Arzt nimmt an, dass ihr alle Verletzungen von einem Rechtshänder mit einer Art Taschenmesser zugefügt wurden und nur bei einer Wunde am Brustbein eine andere Waffe benutzt wurde. Im Magen der Toten fin-

*8 Das Magazin
»Famous Crimes«
zeigt die Entdeckung
von Martha Tabrams
Leiche*

den sich unverdaute Essensreste. Spuren von Geschlechtsverkehr will der Mediziner jedoch keine gefunden haben.

Doch da er kein Gerichtsmediziner ist, werden die Erkenntnisse seiner Untersuchung und seine Schlussfolgerungen im Nachhinein oft als stümperhaft und wenig glaubwürdig abgetan. Inwiefern sie als Ermittlungsbasis dienen können und wie belastbar sie sind, bleibt tatsächlich fraglich. Die fehlenden Spuren des Geschlechtsverkehrs – obwohl Martha recht sicher genau zu diesem Zweck wenige Stunden zuvor mit dem Soldaten wegging – könnten hingegen durch Oralverkehr oder andere Sexualpraktiken erklärt werden.

Die Ermittlungen kommen in Gang, und da die Leiche zunächst nicht identifiziert werden kann, lässt der Leiter des Criminal Investigation Department der zuständigen H-Division, Detective Inspector Edmund Reid, am 8. August Fotografien der Toten an über hundert Krankenhäuser geben. Aufgrund des Berichts von PC Barrett über den verdächtigen Soldaten werden zur gleichen Zeit mehrere Gegenüberstellungen angesetzt. Doch der ominöse Mann bleibt verschwunden.

Am 9. August betritt Pearly Poll die Polizeistation auf der Commercial Street. Obwohl sie die Tote als Martha Tabram identifiziert, dauert es noch zwei weitere Wochen, bis die Leiche offiziell als Marthas anerkannt wird, da sie auch von anderen – fälschlicherweise – identifiziert wird. Pearly berichtet der Polizei nicht nur von der Nacht, in der sie Martha zuletzt lebend gesehen hat, sie ist sich sicher, dass sie die beiden Soldaten identifizieren kann. Doch Pearly ist keine gute Zeugin, erscheint oft verwirrt, verpasst vereinbarte Termine und muss von den Beamten sogar für die Gegenüberstellungen abgeholt werden. Dabei kann sie zwar niemanden wiedererkennen, erinnert sich aber, dass sich an den Kappen und Uniformen der beiden Soldaten weiße Bänder befunden hätten. Ein Hinweis, der auf eine Zugehörigkeit zu den Coldstream Guards, die damals in den Wellington Barracks stationiert sind, hindeutet. Dort gelingt es Pearly auch tatsächlich, zwei Soldaten zu identifizieren. Doch da beide unerschütterliche Alibis haben, müssen Reid und seine Männer sie sozusagen vom Ermittlungshaken lassen. Hat Pearly die richtigen Männer wiedererkannt? Waren die Alibis fingiert?

Fraglich bleibt auch, wie Martha überhaupt in das Treppenhaus des George Yard Buildings kommt. Hat sie einen ruhigen, sicheren Platz für die Nacht gesucht? Ist sie allein dort hingegangen oder in Begleitung des Täters?

Am 9. August beginnt in dem Fall die offizielle Voruntersuchung, und die Tat wird als vorsätzlicher Mord durch mehrere oder einen Unbekannten eingestuft. Nachdem die Leiche zwischenzeitlich identifiziert werden konnte, schließt sich am 23. August der zweite und letzte Tag der Voruntersuchung an.

Anders als vielleicht erwartet, sind solche Verbrechen im Londoner East End des Jahres 1888 keineswegs an der Tagesordnung. Viertel wie Whitechapel oder Spitalfields gelten vor allem wegen zahlreicher Fälle von Raub und Diebstahl als gefährlich, auch wenn die Kriminalstatistik keine Häufung gegenüber anderen Londoner Stadtvierteln ausweist. Die Bevölkerung ist von dem Mord schockiert – und wird mit jedem weiteren Leichenfund alarmierter.

Martha Tabrams Ermordung bleibt ungeklärt, und die zugehörigen polizeilichen Untersuchungsergebnisse werden in die Akte der Whitechapel-Morde aufgenommen. Lange Zeit jedoch wird Martha aufgrund der massiven Verletzungen am Unterleib als ein Opfer von Jack the Ripper gelten. Auch viele der ermittelnden Beamten rechnen sie dazu. Warum sie dennoch von der Liste der Opfer gestrichen wurde, wird später in diesem Kapitel beantwortet. Nichtsdestotrotz ist denkbar, dass der nächtliche Mord an Martha Tabram im Treppenhaus des George Yard Buildings das erste Verbrechen des berüchtigten Mörders war, den wir heute als Jack the Ripper kennen.

Will man den Umgang der Öffentlichkeit mit den Ereignissen damals verstehen, muss man sich die Aufarbeitung der Verbrechen in den Medien anschauen. Sie tragen nicht unwesentlich zur Entstehung des Mythos »Jack the Ripper« bei. Denn neben seriösen Zeitungen und Zeitschriften entwickelt sich seit etwa Mitte des 19. Jahrhunderts eine massentaugliche Klatschpresse, was zu einer fluiden und sehr heterogenen Presselandschaft führt. Die Morde werden mit unterschiedlichen Schwerpunkten thematisiert, sodass jede soziale Gruppe eine Zeitung finden kann, in der die Verbrechen in passender Weise aufgearbeitet sind – sei es mit Mitgefühl für die Opfer, mit moralisch erhobenem Zeigefinger oder überzeichneten Schreckensmomenten. In einem Punkt sind sich alle Blätter allerdings überraschend einig: bei der Frage der Mitschuld der getöteten Frauen an dem, was ihnen zustieß. Die damals herrschenden Moralvorstellungen ließen keinen anderen Schluss zu, schließlich gelten arme Menschen damals als amoralisch.

Die Brutalität der Taten und die entsprechend reißerische Berichterstattung sowie das Rätsel um den Täter, das Raum für Spekulationen bietet – die Verkaufszahlen der Londoner Zeitungen schnellen nach jedem Mord rasant nach oben. Der neu gegründete *Star* kann so seine Auflage von 20 000 auf mehr als 200 000 Exemplare steigern. Die Bebilderungen – teils ausgeschmückt und überzeichnet – der Tat- und Fundorte sprechen auch Menschen an, die nicht oder nicht gut lesen können. Die Alphabetisierung bei Männern liegt jedoch bereits bei siebzig Prozent, und immer mehr Frauen und Kinder lernen lesen und schreiben. Die Presse merkt sofort, welches Verkaufspotenzial in der Berichterstattung über die Mordserie liegt, und bleibt dran.

Am 31. August 1888, fünf Tage nach ihrem 43. Geburtstag, ist eine schmale, kleine Frau mit braunen, ergrauenden Haaren und braunen Augen betrunken und allein in den Straßen von Whitechapel unterwegs. Ihr Name ist Mary Ann Nichols, genannt Polly, und wie so oft hat sie kein Dach über dem Kopf. Dabei ging es ihr einmal gut.

Mary Ann Walker wird am 26. August 1845 in die offenbar liebevolle Familie des Schmieds Edward Walker und seiner Frau Caroline hineingeboren. Im Jahr 1864 heiratet Mary Ann den Druckergehilfen William Nichols, der recht gut verdient. Die Eheleute und ihre fünf Kinder führen ein geordnetes, wenn auch bescheidenes Leben. Nach 16 Jahren scheitert die Ehe im Jahre 1881, da Polly ein Alkoholproblem entwickelt und William eine Affäre mit einer jungen Nachbarin beginnt. Was davon zuerst geschah, ist unklar. Wie schon im Falle von Martha

Tabram kommt es zur Trennung ohne offizielle Scheidung, und auch William zahlt seiner getrennt lebenden Ehefrau Unterhalt, während vier der fünf Kinder beim Vater verbleiben und in seinem Haushalt von ihm und seiner Geliebten großgezogen werden. Nur der zur Zeit der Trennung 14-jährige älteste Sohn des Paares möchte nicht bei seinem Vater bleiben und zieht zum Großvater Edward Walker.

Polly lebt kurze Zeit nach der Trennung bereits mit einem neuen Partner zusammen. Ein Umstand, der sicher nicht nur dem menschlichen Bedürfnis nach Gemeinschaft geschuldet ist, sondern auch den Zeitläuften. Für eine alleinstehende Frau ist ein selbstständiges, ehrbares Leben äußerst schwierig. Auch Polly wird von ihrem Ehemann Prostitution vorgeworfen, wohl ebenfalls aufgrund des Zusammenlebens mit einem neuen Partner, und er streicht den Unterhalt. Für den Ehemann ist die Situation allerdings auch nicht einfach. Er hat nach wie vor eine Familie zu ernähren, zudem mit einer neuen Partnerin, die ein Kind erwartet, sodass es eine Belastung gewesen sein wird, seine Ehefrau zu unterstützen.

Polly jedoch bringt dieser Umstand 1882 ins Armen- und Arbeitshaus in Lambeth, wie sich den Aufzeichnungen entnehmen lässt.

Zwei Jahre später findet sie für kurze Zeit bei ihrem Vater und der Familie ihres Bruders Zuflucht, doch die Probleme häufen sich: Polly geht oft aus, trifft sich mit Freunden und trinkt wohl nach wie vor. Ihr Vater betont später jedoch, dass sie nie über Nacht fortgeblieben sei. Doch die Familie entscheidet, dass ein Zusammenleben auf Dauer nicht funktionieren kann.

So zieht Polly 1884 zu einem neuen Partner, dem Schmied Thomas Dew, mit dem sie wohl ein in den Augen der Zeitgenossen respektables Leben führt: Sie wirkt sauber, ist stets gut gekleidet und scheint auch ihre Alkoholsucht unter Kontrolle zu haben. Dann jedoch stirbt Pollys Bruder im Jahre 1887 infolge eines tragischen Unfalles, was bei Polly einen Rückfall auslöst, und schließlich kommt es zur Trennung vom Partner und damit zum Verlust ihrer Lebensgrundlage.

So lebt sie wieder in verschiedenen Armenhäusern, bis sie die Monate Mai bis Oktober 1887 wohl obdachlos auf dem Trafalgar Square verbringt, wo sie im Zuge von durch Commissioner Warren angeordneten Räumungen am 24. Oktober verhaftet wird. Wie alle anderen, die dabei aufgegriffen werden, wird Polly zurück ins Armenhaus geschickt. Unterbrochen von einem Aufenthalt im Krankenhaus, bleibt sie meist im Lambeth-Arbeitshaus. Dort wird sie als Hausmädchen an eine Familie vermittelt, die es sich zur Aufgabe gemacht hat, Frauen aus dem Armenhaus eine Chance auf Verbesserung ihrer Lebensumstände zu geben. Polly ist zuversichtlich. Die Mitglieder der Familie, bei der Polly lebt und arbeitet, sind sogenannte Teetotalers – Menschen, die jeglichen Alkoholkonsum ablehnen. So hofft sie, ihr Problem in den Griff zu bekommen. Wir wissen dies aus einem Brief, den Polly ihrem Vater schreibt. Ihr Ton ist optimistisch, und sie gibt an, sich in ihrer neuen Stellung sehr wohlzufühlen. Doch die Antwort ihres Vaters erreicht sie schon nicht mehr im Hause ihrer Arbeitgeber. Nach nur zwei Monaten Anstellung läuft Polly davon und nimmt die ihr zur Verfügung gestellte Kleidung in einem Wert von mehr als drei Pfund Sterling mit – damals für eine verarmte Frau eine durchaus beträchtliche Summe.

Bis Anfang August lebt Polly im Grays-Inn-Armenhaus, bis sie schließlich in das Willmott's Lodging House in Spitalfields zieht. Dort teilt sie sich ein Zimmer mit vier Frauen, von denen eine, Ellen Holland, ihr eine Freundin werden sollte. Sie beschreibt Polly später als bemerkenswert ordentlich, sauber und klug. Bei Mitbewohnern und Bekannten ist sie sehr beliebt.

Am 24. August ist Pollys Geld, das sie wahrscheinlich durch den Verkauf der gestohlenen Kleidung erlöst, so gut wie aufgebraucht. Sie verbringt die nächsten Nächte in einer günstigeren Herberge in der Flower and Dean Street, von der sie ihrer

Freundin berichtet, wie schrecklich es sei, dass sie sich dort mit Frauen *und* Männern das Zimmer teilen müsse.

Wohl auch, weil sie sich in ihrer neuen Unterkunft nicht wohlfühlt, kehrt Polly am Abend des 31. August gegen 0.30 Uhr zu ihrer ehemaligen Unterkunft ins Willmott's Lodging House zurück. Dort bittet sie um ein Bett für die Nacht, doch sie hat nicht genug Geld, und man schickt sie fort. Mit Verweis auf ihre neue Haube behauptet Polly, sie werde das Geld bald zusammenhaben, und geht hinaus in die Dunkelheit. Die Nacht ist kalt, und es regnet stark.

Gegen 2.30 Uhr trifft sie auf ihre Freundin Ellen Holland in den Straßen Whitechapels. Polly ist nach Ellens Aussage derart betrunken, dass sie sich kaum auf den Beinen halten kann. Ellen will, dass Polly sie zum Willmott's begleitet, doch diese winkt ab. Sie gibt an, das Geld für ein Bett an diesem Abend bereits dreimal wieder vertrunken zu haben. Möglicherweise will sie vor ihrer Freundin das Gesicht wahren und nicht gar so hilflos wirken. Ob auch Polly der Gelegenheitsprostitution nachgeht, wissen wir nicht. Außer den Zuschreibungen der Presse, der an einer realistischen Beschreibung vermutlich nicht gelegen ist, gibt es hierfür jedoch keine Indizien. Im Gegenteil geben ihre Familie und Bekannten später an, dies sei keineswegs der Fall gewesen. Doch wie dem auch sei, Polly begleitet Ellen nicht zurück zur Herberge, sagt ihr jedoch, sie werde ihr bald dorthin folgen. Dann verabschiedet sie sich und geht die Whitechapel Road entlang in östlicher Richtung davon.

Um 3.15 Uhr patrouilliert Police Constable John Thain an der Kreuzung zur Buck's Row, die Sergeant Kirby zur selben Zeit hinuntergeht. Den beiden Männern fällt nichts auf. Es könnte eine ruhige Nacht werden. Um 3.20 Uhr macht sich der Fuhrmann Charles Cross von seinem Zuhause in der Doveton Street aus auf zur Arbeit. Wenige Minuten später verlässt auch Robert Paul seine vier Wände in der Foster Street, um ebenfalls seinen Arbeitstag als Fuhrmann zu beginnen. Ihr Arbeitsweg führt beide Männer durch die Buck's Row, die eher zu den unauffälligeren im East End zählt. Neben Wohnhäusern säumen die Buck's Row Warenhäuser und Stallungen, und in der Frühe herrscht wenig Betrieb.

Gegen 3.40 Uhr biegt Fuhrmann Charles Cross in die Straße ein. An ihrem Ende bemerkt er auf der gegenüberliegenden Seite etwas auf dem Boden. Zuerst hält er es für ein großes Bündel Leinenstoff, doch als er neugierig die Straße überquert und sich der Stelle nähert, erkennt er den bekleideten, leblosen Körper einer Frau. Ihre Beine sind entblößt, der Rock ist über den Oberkörper gezogen.

Gerade als er sie genauer in Augenschein nehmen will, hört er sich nähernde Schritte. Als er aufblickt, sieht er einen Mann aus derselben Richtung kommen wie er selbst wenige Minuten zuvor: Es ist Robert Paul.

Als dieser zu Charles Cross aufgeschlossen hat, sehen sich die beiden Männer die Tote genauer an, doch sie können kein Lebenszeichen an den erkalteten Gliedern ertasten. Robert Paul wird allerdings später von schwachem Atem sprechen, den er wahrgenommen haben will. Sie richten hastig den Rock der Frau, und weil sie nicht zu spät zur Arbeit kommen wollen, vereinbaren sie, den nächsten Polizisten anzusprechen und ihn über die betrunkene, wenn nicht gar tote Frau in der Buck's Row zu informieren.

Charles und Robert setzen gemeinsam den Weg fort. Kaum haben sie die Buck's Row verlassen, biegt Police Constable John Neil auf seiner Route in die Straße ein. Ihm fällt am Boden vor den Toren der Stallungen etwas auf. Im Näherkommen erkennt er den auf dem Rücken liegenden Körper einer Frau. Er leuchtet ihr mit der Laterne in die glasigen Augen und begreift, dass sie tot sein muss. Aus einer Wunde am Hals sickert noch Blut, er tastet nach und spürt Wärme, doch es ist offensichtlich, dass kein Leben mehr in ihr ist.

Nun geht es im Minutentakt: Vermutlich schon um 3.45 Uhr passiert Police Constable Thain auf seiner Runde entlang der Brady Street erneut die Kreuzung zur Buck's Row, als er von PC Neil angerufen wird. Er soll schnellstmöglich einen Arzt holen. Zur gleichen Zeit treffen Charles Cross und Robert Paul auf PC Jonas Mizen und berichten ihm von ihrem grausigen Fund. Sofort macht auch er sich auf in die Buck's Row, wo er auf PC Neil trifft. Neil entsendet ihn sofort, einen Leichentransport zu organisieren.

Erst über eine halbe Stunde später trifft PC Thain mit dem Arzt wieder bei PC Neil ein, der die Wartezeit nutzt, um den Fundort unter die Lupe zu nehmen und potenzielle Zeuginnen und Zeugen zu befragen. Nach einer oberflächlichen Untersuchung entscheidet der Arzt, dass die Leiche schnellstmöglich ins Leichenschauhaus gebracht werden solle. Passenderweise ist nun auch der Krankenkarren zur Stelle, und die Leiche wird abtransportiert. Darunter kommt eine Pfütze aus geronnenem Blut zum Vorschein. Es ist in Richtung Rinnstein geflossen, und die Pfütze misst etwa fünfzehn Zentimeter im Durchmesser.

Da die Schlüssel zum Leichenschauhaus erst beschafft werden müssen, dauert es bis 6.30 Uhr, ehe die Tote für die Leichenschau vorbereitet ist, die den Akten nach um 10.00 Uhr beginnt. Im Gesicht und am Hals der Toten, die später als Polly Nichols identifiziert werden sollte, finden sich Blutergüsse, vermutlich die Folge davon, dass der Täter Pollys Kopf brutal festhielt, um ihr die Kehle durchzuschneiden, wovon zwei tiefe Schnitte zeugen. Weitere Stichverletzungen unterschiedlicher Größe finden sich am Unterleib. Sie wurden ihr laut dem untersuchenden Arzt von einem anatomisch versierten Linkshänder mit einem scharfen Messer zugefügt. Der Theorie des Arztes nach hat der Mörder Polly von vorne angegriffen, sie im Gesicht gepackt, um ihr die Kehle zu durchtrennen, und dann den Unterleib verstümmelt. Das alles habe vermutlich nicht mehr als vier bis fünf Minuten gedauert. Während die zeitgleiche Untersuchung des Fundortes – der leider bereits durch einen Mitarbeiter der Stallungen gesäubert worden ist – keine Erkenntnisse bringt, begutachten die Ermittler die Kleidung des Opfers. Sie finden einen Kamm, das Stück eines Spiegels und Etiketten des Lambeth Workhouse. Die befragte Aufseherin dort erkennt die Tote nicht wieder. Erst mithilfe weiterer Befragter wird sie um 19.30 Uhr als Mary Ann Nichols identifiziert.

Schnell sind die verschiedensten Theorien zum Tathergang und über die Identität des Mörders im Umlauf. Die Ermittler aber glauben, dass Polly an genau der Stelle umgebracht wurde, an der man sie fand. Da zwischen den Polizeipatrouillen und dem Eintreffen der Zeugen Charles Cross und Robert Paul nur ein Zeitfenster von maximal dreißig Minuten gelegen haben kann, vermuten manche bis heute, dass einer der beiden Männer der Täter sein könnte. Ein anderer Täter wäre wohl gesehen worden. Da er als Erstes am Tatort war, gerät Charles Cross in den Fokus. Doch laut obduzierendem Arzt lag die Tatdauer bei maximal fünf Minuten. So wäre das Zeitfenster auch für eine dritte Person vollkommen ausreichend gewesen. Und wie gut einsehbar der Tatort für die Patrouillierenden wirklich war, ist fraglich – sie gingen ja nicht direkt die Straße entlang, sondern sahen nur in sie hinein. Zudem gab es im East End damals nur wenige Straßenlaternen von begrenzter Helligkeit auf dem Niveau mehrerer flackernder Kerzen.

Während Tatort und Leichenschauhaus in den folgenden Tagen immer mehr Schaulustige anziehen, kommt es durch die Lage des Tatortes im Zuständigkeitsbereich der J-Division zu bürokratischen Reibungsverlusten. Zudem wechseln die Verantwortlichen gefühlt stündlich, infolge von Krankheit oder Urlaub. So scheint die Ergreifung eines Täters in den Sternen zu stehen. Doch in der Bevölkerung wachsen Unverständnis und

Unmut, und Commissioner Warren gerät in den Fokus der medialen Kritik.

Rund eine Woche später, am 7. September 1888, kann sich die 47-jährige, schwer an Tuberkulose erkrankte Annie Chapman nicht mal einen Platz in einer der günstigen Herbergen Whitechapels leisten, und die kleine Frau mit welligem, braunem Haar und blauen Augen überlegt, wo sie die kalte Nacht verbringen soll. Dabei hatte ihr Leben einst ganz anders ausgesehen.

Annie Eliza Smith wird 1841 als Tochter eines Mitgliedes der Royal Lifeguards – des ältesten britischen Kavallerieregiments – geboren und wächst in entsprechend guten Verhältnissen auf. Schon bald jedoch wird die Familie von traumatischen Verlusten heimgesucht. Als Annie zwölf Jahre alt ist, tötet eine Scharlachwelle vier Geschwister innerhalb weniger Wochen. Eine Tragödie, die vor allem ihren Vater psychisch sehr belastet und wohl dazu beiträgt, dass er sich das Leben nimmt. Im Jahre 1869 heiratet Annie einen jungen Mann namens John Chapman. Das Paar lebt mit ihrer Mutter und zwei ihrer Schwestern im respektablen Stadtteil Knightsbridge im Londoner West End. In dieser Zeit entsteht auch das heute berühmte Foto des jungen Paares, auf dem sie stolz ihren sozialen Status präsentieren. John tritt schließlich die Stellung als Kutscher der wohlhabenden Familie Barry in Windsor an, und Annie bewohnt mit ihm und den schließlich neun Kindern ein kleines, schönes Häuschen auf dem Gelände des Anwesens. Leider überleben nur drei Kinder das Säuglingsalter. Ein Sohn wird zudem mit einer Lähmung geboren und benötigt ständige Pflege. Der Verlust ihrer sechs Kinder ist, durchaus nachvollziehbar, ungemein traumatisch für die Eltern, und so verfällt auch Annie dem Alkohol. Wann genau sie zu trinken beginnt, ist unklar, doch schon damals ist der Zusammenhang zwischen der Kindesentwicklung und Alkoholkonsum in der Schwangerschaft bekannt, und es ist möglich, dass der Tod zumindest einiger der sechs Kinder hierauf zurückzuführen ist. Ein Umstand, der der klugen, gebildeten Annie vermutlich bewusst war, weshalb sie möglicherweise nur umso mehr mit sich haderte. Zudem sind Mutter und Schwestern strickte Teetotalers, die Annies häufigen Alkoholkonsum ablehnen. Interessanterweise ist gerade bei Familien an der Schwelle zur Mittelschicht wie Annies diese Form des Antialkoholismus weit verbreitet. Man möchte sich bewusst von der Arbeiterschicht distanzieren und damit von der ihr zugeschriebenen mangelnden Moral. Dennoch ist die Familie wohl bemüht, Annie dabei zu unterstützen, ihre Sucht in den Griff zu bekommen, was auch Annie verzweifelt versucht. Doch 1882 erleidet sie das nächste Trauma, als ihre älteste Tochter im Alter von zwölf Jahren an Meningitis stirbt. Nachdem sie nun bereits ihre Geschwister, ihren Vater und sieben ihrer Kinder verloren hat, gerät die Sucht außer Kontrolle, und Annie weist sich selbst in das Spelthorne Sanatorium in Feltham ein, eine Rehabilitationsklinik für Frauen aus der Mittelschicht.

Als sie nach über einem Jahr in der Klinik zu ihrer Familie zurückkehrt, hat sie allem Anschein nach die Sucht unter Kontrolle. Doch dann kommt es zum Rückfall, angeblich befeuert durch einen Kuss ihres Ehemannes, der zuvor Whiskey getrunken hatte. Annie gibt auf: Ihr Konsum und ihr Verhalten unter Alkoholeinfluss geraten derart außer Kontrolle, dass sie im Ort und auf dem Anwesen negativ auffällt. Da die Barrys um ihren Ruf fürchten, weist man John Chapman an, sich von seiner Frau zu trennen oder die Arbeitsstelle aufzugeben und mit der Familie das Anwesen zu verlassen. Diese schwierige Entscheidung bricht allem Anschein nach sowohl John als auch Annie das Herz, doch Ehemann John hat keine wirkliche Wahl. Um das Auskommen der Familie nicht zu gefährden, entscheidet John sich für seine Kinder und bittet Annie, zu gehen.

Annie zieht nicht zu Mutter und Schwestern zurück, obwohl dies wohl eine Option gewesen wäre – vielleicht weil sie dort ihre Alkoholsucht nicht hätte ausleben können, vielleicht infolge von Scham- und Schuldgefühlen. Auch sie geht stattdessen ins East End, wo sie in der Folge mit einem Siebmacher namens Jack Sivvey zusammenlebt. Die Existenzsicherung ist damals gerade für Frauen ohne Partner schwer. In der Gegend ist sie nun als Annie Sivvey oder auch Dark Annie bekannt und spricht wohl ungern über ihre Vergangenheit. Die Einzige, die sie ins Vertrauen zieht, ist ihre Freundin Amelia Palmer, die Annie später als sehr anständig beschreibt – Alkohol sei ihre einzige Sünde gewesen. Sie habe niemals Schimpfwörter benutzt und sei sehr sauber gewesen. Nüchtern soll Annie zudem äußerst arbeitsam gewesen sein. Insgesamt trinkt Annie allen Aussagen nach nur selten. Sie haust in dieser Zeit mit Jack Sivvey in einer Herberge, wo sie sich manchmal, finanziert durch sein Einkommen und den Unterhalt, den Annie von John Chapman erhält, ein privates Zimmer nehmen können.

Im Dezember 1886 erkrankt Annies Ehemann jedoch schwer, wohl an einer Leberzirrhose, die darauf hinweist, dass er nach der Trennung ein Alkoholproblem entwickelte. Als sie vom Zustand ihres Ehemannes erfährt, geht Annie zu Fuß die gesamte Strecke vom East End nach Windsor – heute würde der Marsch wohl rund acht Stunden dauern –, um John noch ein letztes Mal zu sehen, bevor er schließlich mit nur 45 Jahren seiner Krankheit erliegt. Zurück im East End, berichtet Annie ihrer Freundin Amelia unter Tränen von diesem Besuch. Danach sollte Annie nie mehr dieselbe sein. Nicht nur fehlt ihr von jetzt an die Existenzgrundlage, die Johns Unterhaltszahlungen ihr geboten hatten, sie verfällt zudem in eine tiefe Trauer, sodass Jack Sivvey sie im Jahre 1887 verlässt.

Gut ein Jahr später, im Sommer 1888, ist Annie eine bedauernswerte Gestalt, die von fortschreitender Tuberkulose und Hunger schwer gezeichnet ist. Sie häkelt kleine Deckchen und verkauft diese, Streichhölzer und weiteren Krimskrams auf der Straße und erbettelt sich ab und zu von Familie und Freunden Kleidung und etwas Geld. Mit ihrem neuen Partner, einem gewissen Mr Stanley, der einen guten Ruf genießt und wohl auch eine bessere soziale Stellung hat, lebt sie von Samstag bis Donnerstag in einem gemeinsamen Privatzimmer in einer Herberge. Den Aussagen nach soll Mr Stanley sehr eifersüchtig sein und den Besitzer der Herberge angewiesen haben, keinen anderen Mann mit Annie zu beherbergen. Das Paar kauft zwei, drei Fingerringe aus Messing, wohl als Symbol ihrer Beziehung. In den beiden Nächten, die sie nicht mit Mr Stanley verbringt, schläft Annie vermutlich unter freiem Himmel.

Anfang September wird Annie in einen Streit und eine körperliche Auseinandersetzung mit Eliza Cooper verwickelt, einer Mitbewohnerin in der Herberge. Annie wird an Gesicht und Brust verletzt und zeigt dies später ihrer Freundin Amelia. Überhaupt geht es Annie damals gesundheitlich sehr schlecht. Sie leidet an Tuberkulose im Endstadium und begibt sich schließlich in die Infirmary, die Krankenstation des Armenhauses, wo sie Tabletten gegen die Tuberkulosesymptome erhält.

Den Vormittag des 7. September 1888 verbringt Annie in der Küche des Crossingham's Lodging House, wo sie ein wenig Nahrung zu sich nimmt und sich am Feuer wärmt. Da sie sich kein Bett für die Nacht leisten kann, verlässt sie die Unterkunft und trifft draußen auf Amelia Palmer. Diese wird später vom erbarmungswürdigen Zustand ihrer Freundin berichten und davon, dass Annie ihr erzählt habe, ihr fehle die Kraft, Geld zu verdienen, aber sie habe keine Wahl.

Etwas später erscheint Annie erneut im Crossingham's Lodging House, wo sie den Verwalter sichtlich verzweifelt zu überzeugen versucht, ihr für die Nacht ein Bett auf Kredit zu geben. Er lässt sich jedoch nicht erweichen und wirft ihr vor, dass sie Geld für Alkohol finden könne, nicht aber für die Übernachtung. Resignierend bittet Annie ihn, ein Bett für sie frei zu halten, und kündigt an, bald zurückkehren zu wollen. Dann verlässt sie die Herberge ein weiteres Mal. Sie wird von Zeugen gesehen, als sie nachdenklich in der Tür steht, bevor sie hinaustritt auf die Straße und langsam in Richtung des Bezirks Spitalfields verschwindet.

Am Ende jener Nacht sollte Annie tot im Hinterhof des Hauses Hanbury Street 29, einer besonders ärmlichen Gegend Spitalfields, gefunden werden. Es ist lange her, dass die dreigeschossige Nummer 29 bessere Jahre gesehen hat. Die hölzerne Eingangstür öffnet sich zu einem zentralen Treppenhaus und führt durch den ebenerdigen Flur direkt zur schlosslosen Hintertür, die auf einen unregelmäßig gepflasterten Hinterhof öffnet. Über zwei steinerne Stufen geht es hinunter in den Hof, der von alten Bretterzäunen zu den Nachbargrundstücken hin abgetrennt ist und neben einer kleinen Baracke das gemeinsam genutzte Plumpsklo beheimatet. Die Hintertür ist der einzige Zugang zum Hof und steht – wie die Haustür zur Straße hin – oft für alle sichtbar offen. Zwischen den Stufen und dem Zaun zur Hanbury Street 27 befindet sich ein fast einen Meter breiter Spalt im Schatten der aufschwingenden Hoftür. Genau in diesem Winkel wird Annie Chapmans Leiche später aufgefunden.

In der Hanbury Street 29 wohnen neben der Vermieterin und ihrem Sohn viele Angehörige der Arbeiterschicht, und so herrscht im Hausflur zu den unterschiedlichsten Zeiten reges Treiben. Die Nacht auf den 8. September 1888 verläuft ereignislos, niemand will etwas Ungewöhnliches beobachtet haben. Erst um 4.00 Uhr morgens hört Mrs Richardson, die Vermieterin, wie sich ein Nachbar auf den Weg zur Arbeit macht. Sie wünschen sich einen guten Morgen. Vierzig Minuten später beginnt Mrs Richardsons Sohn John seinen Arbeitstag und begibt sich dafür um circa 4.40 Uhr nach unten in seine Werkstatt. Später wird er berichten, dass er Vorder- und Hintertür zugezogen, wenn auch nicht abgeschlossen vorfindet. In der frühen Morgendämmerung stellt er sich dann an die Hintertür und schaut in den Hof. Um einen seiner Lederstiefel bequemer zu machen, will John Richardson sich dann für drei Minuten auf die oberste Stufe gesetzt haben. Das scheint jedoch eine nachträgliche Ausschmückung im Zuge der Zeugenaussage – möglicherweise aufgrund des immensen öffentlichen Interesses –, denn der untersuchende Arzt ist sich später sicher, dass der Leichnam zu der Zeit bereits wenige Zentimeter von John entfernt dagelegen haben muss. Es ist schwer vorstellbar, dass er ihn nicht bemerkt haben will, wenn er sich wirklich hingesetzt hat.

Um 5.20 Uhr betritt ein Bewohner des Nachbarhauses gequält von Blasenproblemen den Hof zwischen beiden Häusern, um das Klo aufzusuchen. Auf dem Weg zurück ins Haus hört er wohl, wie sich Menschen im Hof von Nr. 29 unterhalten. Genaues kann er nicht verstehen, aber er hört, wie eine Frauenstimme Nein sagt. Als er wenige Minuten später ein weiteres Mal auf dem Weg zum Abort ist, vernimmt er etwas wie einen Stoß oder Sturz gegen den Zaun. Das alles wundert ihn nicht, denn im Nachbarhof werden verschiedene Dinge gelagert, ständig fällt etwas um oder gegen den Zaun. Als der Mann sich schließlich auf den Weg zur Arbeit macht, ist es 5.30 Uhr.

Doch erst der Fuhrmann John Davis, der mit seiner Familie in der Hanbury Street 29 lebt und gegen 5.45 Uhr aufsteht und sich auf den Weg zur Arbeit macht, entdeckt den leblosen Körper. John fällt auf, dass im Erdgeschoss zwar die Vordertür offen steht, die Hintertür aber geschlossen ist. Auch wenn das nicht unüblich ist, schaut er sicherheitshalber genauer nach. Beim Blick die Stufen hinunter findet er die Leiche.

Die Tote liegt rücklings da, die Beine zeigen vom Haus weg, die Kleider sind über die Knie nach oben gerafft, und ihr Gesicht ist voller Blut. Entsetzt macht er auf dem Absatz kehrt und rennt durch die Vordertür hinaus auf die Straße. Dort ruft er Passanten herbei, berichtet von dem grausigen Fund, und gemeinsam gehen sie zurück durchs Treppenhaus und zur Hintertür. Doch keiner traut sich, die Leiche genauer zu untersuchen. Während sich John Davis nun auf den Weg zur Polizeistation macht, hören immer mehr Menschen vom Leichenfund und strömen neugierig und aufgebracht zur Hanbury Street 29. In den Hof traut sich allerdings immer noch niemand. Als Mrs Richardson um kurz nach 6.00 Uhr auf den Aufruhr in ihrem Hausflur aufmerksam wird, staunt sie nicht schlecht. Zu dem Zeitpunkt treffen die ersten Polizisten ein, und Inspector Joseph Chandler lässt nicht nur nach dem Arzt der H-Division, Dr. George Bagster Philips, schicken und die Leiche abdecken, sondern auch den Hausflur räumen, als Verstärkung eintrifft.

Dr. Philips, der die Leiche noch vor Ort in Augenschein nimmt, stellt fest, dass der Kopf vom Zaun abgewandt und das Gesicht geschwollen ist und dass die Zunge gegen die Frontzähne drückt. Daraus folgert der Arzt, dass die Tote gewürgt worden ist. An Hals und Kiefer entdeckt Dr. Philips zudem Abschürfungen sowie Kratzer. Wie bei Polly Nichols zeugen Hämatome im Gesicht von einem recht brutalen Griff, um ausreichend Platz zu bekommen für den tödlichen Schnitt durch die Kehle. Dieser tiefe horizontale Einschnitt führt vermutlich dazu, dass das Opfer schnell verblutet ist. Laut Dr. Philips sei es dem Täter dadurch möglich gewesen, alle folgenden Verstümmelungen nahezu »blutfrei« durchzuführen – trotzdem bietet die Leiche einen Anblick, der die Hemmung der ersten Zeugen, sich ihr zu nähern, durchaus erklärt.

Der Bauch der Toten ist mit scharfen, präzisen Schnitten aufgeschlitzt worden, einzelne innere Organe und Gewebe liegen – teils noch mit dem restlichen Körper verbunden – außerhalb des Bauchraums und oberhalb der Schultern, darunter sammeln sich Pfützen aus Blut. Am Unterleib sind die Fortpflanzungsorgane stark verstümmelt und entfernt worden, sodass sie nicht mehr bei der Leiche auffindbar sind: Der Täter muss sie mitgenommen haben wie vermutlich einen oder mehrere Ringe, von denen Markierungen und Abschürfungen an einer Hand der Toten zeugen. Sie wurden ihr offenbar brutal von den Fingern gezogen.

Die spätere Untersuchung in der Gerichtsmedizin fördert zutage, dass die Tote unter- und mangelernährt war. Eine langjährige Lungenkrankheit ist weit fortgeschritten.

Für Dr. George Bagster Philips ist schnell klar, dass Fund- und Tatort identisch sein müssen. Er vermutet, dass das Opfer zuerst gewürgt und ihm dann die Kehle durchtrennt wurde, worauf der Tod eintrat. Schließlich verstümmelte der Mörder die Leiche, entfernte Körperteile und nahm vermutlich einzelne mit. Aufgrund der zugeführten Wunden und des Vorgehens geht Dr. Philips davon aus, dass der Mörder über anatomisches Vorwissen verfügt und sowohl für den Schnitt durch die Kehle als auch die Verstümmelungen dasselbe dünne scharfe Messer – möglicherweise ein Schlachtermesser – benutzt. Dr. Philips Einschätzung nach bräuchte man für diese Tat zwischen fünfzehn Minuten und einer Stunde, je nachdem wie viel Zeit ein Täter tatsächlich zur Verfügung hätte. Der Tod trat vermutlich vor 4.30 Uhr ein, doch könnte der Todeszeitpunkt aufgrund der niedrigen Außentemperaturen und des großen Blutverlustes auch später liegen. Wie valide die Zeugenaussagen über den Verlauf des Morgens sind, ist eher unklar und bleibt am Ende eine Glaubensfrage.

Nach der Untersuchung vor Ort soll der Körper der Toten ins Leichenschauhaus überführt werden. Doch die Nachricht über einen weiteren Mord spricht sich rasch herum. Als die Leiche durch die Haustür von Hanbury Street 29 hinausgetragen wird, haben sich bereits Hunderte Menschen auf der Straße vor dem Haus versammelt. Bei der anschließenden Begutachtung des Fundortes findet Inspektor Chandler verschiedene Gegenstände, die vermutlich der Toten gehörten, darunter ein Stück groben Musselins, ein kleiner Taschenkamm und das Stück eines

Umschlags, dessen eine Seite der Buchstabe »M« und das Siegel des sechsten Regiments zieren. Als die Ermittler in diese Richtung forschen, finden sie heraus, dass man sowohl Siegel als auch Briefpapier kaufen kann und dass Annie beides aus dem Crossingham's Lodging House mitgenommen haben könnte. Ein direkter Hinweis auf den Mörder ergibt sich daraus zunächst nicht. Schnell sind sich die Ermittler allerdings einig, dass Annie Chapman von demselben Mörder getötet wurde, der auch Mary Ann »Polly« Nichols' Leben auslöschte. Noch ist der Unbekannte in der Presse vor allem als »Whitechapel-Mörder« bekannt.

Die vielen Opfer Jack the Rippers – Teil 2

1888

Nachdem im Londoner East End 1888 schon mindestens zwei, möglicherweise sogar vier Morde auf das Konto eines Einzeltäters gehen, wachsen in der Bevölkerung Besorgnis und Unzufriedenheit mit den Ermittlungsbehörden. Angetrieben durch die teils reißerische Berichterstattung, verdächtigt jeder jeden, und ganze Bevölkerungsgruppen geraten in Generalverdacht. Bei den Frauen in Spitalfields und Whitechapel, vor allem bei denen, die nächtens viel Zeit auf den Straßen verbringen, greifen Angst und Panik um sich. Als der *Star* dann dazu aufruft, dass man die Jagd nach dem Täter selbst in die Hand nehmen solle, gründen sich die ersten »vigilance committees«, Bürgerwehren, darunter das »Whitechapel vigilance committee« mit seinem ersten Vorsitzenden George Lusk, der im weiteren Verlauf der Ereignisse noch eine Rolle spielen sollte.

Die Mitglieder der Bürgerwehren patrouillieren nicht nur durch die Straßen des East End, sondern schreiben auch eine Belohnung für Hinweise zur Ergreifung des Mörders aus. Das alles bleibt nicht ohne Resonanz: Bei Polizei, Presse und Bürgerwehren gehen Tausende Briefe ein. Meist enthalten sie Hinweise, manchmal unerbetene Meinungsäußerungen über die vermeintliche moralische Verkommenheit der Opfer, vereinzelt sind es aber auch Bekennerschreiben.

Am 27. September 1888 erreicht ein solches Schreiben die

Londoner Central News Agency. Der in roter Tinte oder mit Buntstift geschriebene Brief, der auf den 25.9. datiert und an »The Boss, Central News Office, London City« adressiert ist, wurde regulär von der Post abgestempelt und erscheint auf den ersten Blick vor allem kurios. Aufgrund der Eingangsanrede im Brief ist er mittlerweile als »Dear-Boss-Brief« in die Jack-the-Ripper-Forschung eingegangen. Der Absender beschreibt, mit wie viel Freude er die Prostituierten ermordet habe und dass er wieder töten werde. Selbstverständlich hätte er den Brief lieber mit dem Blut der Opfer verfasst, aber dieses sei mittlerweile verklumpt. Der Schreiber kündigt an, seinem nächsten Opfer ein Ohr abzutrennen und es der Polizei zu schicken. Doch das, wofür der Brief bis heute bekannt ist, findet sich in der Unterschrift: Er ist signiert mit »yours truly Jack the Ripper«.
Ob beabsichtigt oder nicht, damit ist der Mörder geboren, den wir als Jack the Ripper kennen – zumindest für den kleinen Kreis derer, die den Brief zu diesem Zeitpunkt zu Gesicht bekommen. Es sollte nämlich noch dauern, bis er an die Öffentlichkeit gerät, auch wenn die Nachrichtenagentur ihn wenige Tage nach Eintreffen der Polizei übergibt. Heute nehmen viele an, dass vermutlich nicht der Mörder der Verfasser des Briefes ist, sondern ein Journalist der Central News Agency, der möglicherweise die Zeitungsverkäufe steigern will. In jedem Fall gerät der Brief bald in den Fokus der öffentlichen Aufmerksamkeit.

Kurze Zeit nach Eintreffen des »Dear-Boss-Briefes« fällt am 30. September 1888 eine attraktive, schlanke Frau mit hellgrauen Augen und dunklem, welligem Haar einigen Besuchern eines Pubs in Whitechapel auf, weil sie mit einem Mann in der Tür des Etablissements steht, den sie recht leidenschaftlich umarmt und küsst. Diese Frau, die 45-jährige Elizabeth Stride, scheint das Tête-à-Tête mit ihrem Begleiter durchaus zu genießen und dazu nicht mehr ganz nüchtern zu sein.

Diesem Tag ist ein turbulentes Leben vorausgegangen. Geboren wird Elisabeth Gustavsdotter in Torslanda, in der Nähe von Göteborg in Schweden. Mit 16 Jahren zieht sie vom Bauernhof ihrer Familie nach Göteborg, wo sie eine Anstellung als Hausmädchen antritt. Junge Leute vom Land galten als noch nicht von den Verlockungen des städtischen Lebens verdorben und daher als moralischer. Tatsächlich aber kommt es häufig zwischen jungen Hausangestellten und Angehörigen des Haushaltes zu nicht immer gegenseitig gewollten sexuellen Affären. So wird es auch Elisabeth ergangen sein, denn im Jahre 1865 ist sie schwanger und der Vater ihres Kindes unbekannt. Wegen der außerehelichen Schwangerschaft wird die junge Frau auf die Prostituiertenliste aufgenommen, die 1864 in Schweden eingeführt wird. Die darauf verzeichneten Frauen sind zu regelmäßigen medizinischen Untersuchungen verpflichtet, denn die Liste soll helfen, die Ausbreitung sexuell übertragbarer Krankheiten einzudämmen. Das Verzeichnis ist in zwei Bereiche gegliedert: Die erste Liste führt Frauen auf, die sich selbst als Prostituierte bezeichnen und in der Prostitution ihre Lebensgrundlange sehen. Die zweite Liste umfasst all jene Frauen, die vorehelich sexuellen Kontakt hatten oder gar unverheiratet ein Kind erwarten.

Durch den Eintrag auf der zweiten Liste stigmatisiert, verdient sich Elisabeth wohl tatsächlich mit Prostitution ihren Lebensunterhalt, wobei sie sich wahrscheinlich mit Syphilis ansteckt. Vielleicht aufgrund der Erkrankung verliert sie ihr Kind im siebten Monat der Schwangerschaft.

Dank des Engagements einer Familie, die bewusst einer Prostituierten die Möglichkeit geben möchte, ihre Situation zu verbessern, wird Elisabeth bei ihnen Hausangestellte, und ihr Name wird von der Liste gestrichen. Über ihre Arbeitgeber lernt sie eine britische Familie kennen, die nach einiger Zeit in Schweden nach Hause zurückkehren möchte.

Elisabeth reist Anfang 1866 mit ihnen nach London, wo sie

zunächst bei der Familie im besseren Teil der Stadt lebt und arbeitet. Sie heiratet 1869 den Tischler John Stride. Das Paar betreibt in Poplar in der Upper North Street und später in der Poplar High Street erfolgreich eine Kaffeestube. Im Jahr 1875 jedoch rechnet sich das Geschäft nicht mehr, und sie müssen es verkaufen. Die Ehe von Elizabeth, die ihren Namen jetzt in der anglisierten Form schreibt, und John ist durch Geldsorgen, möglicherweise aber auch dadurch belastet, dass sie keine Kinder bekommen. Alkohol scheint ebenfalls eine Rolle zu spielen. So kommt es 1877 zur Trennung, und Elizabeth vagabundiert wohl zunächst auf der Straße, wo sie wegen ungebührlichen Verhaltens verhaftet und zum Ehemann zurückgebracht wird.

Ab 1880 lebt Elizabeth für einige Zeit im Armenhaus. Dort beginnt sie, soweit dies nachvollziehbar ist, sich durch Lügengeschichten Mitleid und Unterstützung zu erschleichen. So erzählt sie, ihr Mann und ihre Kinder seien beim Untergang der Princess Alice ums Leben gekommen – einer Tragödie, die den Menschen zu jener Zeit ein Begriff ist: Das Ausflugsboot Princess Alice war am 3. September 1878 auf der Themse von einem Kohlefrachter gerammt worden und innerhalb von nur vier Minuten im kalten, verschmutzten Wasser des Flusses gesunken. Bei dem Unglück verloren 640 der ungefähr 700 Menschen an Bord ihr Leben. Es ist bis heute das verlustreichste Schiffsunglück in Friedenszeiten in Großbritannien. Viele Menschen im East End waren aufgrund der Nähe zu den Docks und zum Unfallort an der Bergung der Opfer beteiligt. Und so trifft die Geschichte einer angeblichen Überlebenden, die bei dem Unglück ihre Familie verlor, auf großes Mitgefühl.

Im Jahre 1881 trennen sich Elizabeth und John Stride endgültig. John aber zahlt Elizabeth wahrscheinlich weiterhin Unterhalt. Sie zieht 1882 in eine Herberge in der Flower and Dean Street 32 in Whitechapel und verdient ihren Lebensunterhalt als Putzhilfe dort sowie bei jüdischen Familien im East End, die am Sabbat die Hausarbeiten nicht selbst erledigen können. Sie erzählt weiterhin Unwahrheiten, unter anderem, dass sie verwitwet sei.

Ein Opfer ihrer Lügen wird 1883 eine Mary Malcom, die Elizabeth zufällig bei einem Kneipenbesuch kennenlernt. Es kommt zu einer Verwechslung, bei der Mary meint, in Elizabeth ihre verlorene Schwester gleichen Namens zu erkennen. Elizabeth stellt das nicht richtig und erhält fortan immer wieder finanzielle und materielle Unterstützung von der »Schwester«.

Als John Stride 1884 verstirbt, fällt der Unterhalt weg, und so wird sie kurz nach seinem Tod zum ersten Mal in der Commercial Road wegen Prostitution, genauer: der »Aufforderung zur Unzucht«, verhaftet. Elizabeths Alkoholsucht wird gravierender, und sie fällt immer wieder wegen ungebührlichen Verhaltens auf. Zu dieser Zeit lernt Elizabeth den Dockarbeiter Michael Kidney kennen, mit dem sie eine feste Beziehung eingeht.

Auch Michael hat ein Alkoholproblem, und ihre Beziehung ist von gegenseitiger Gewalt geprägt. Mehrfach verlässt sie ihn und kehrt in die Herberge in der Flower and Dean Street zurück, wo sie von Misshandlungen berichtet. Häufige Verhaftungen und ihr sich verschlechternder Gesundheitszustand machen Elizabeth zudem zu schaffen. Ob der Alkohol für ihre gesundheitlichen Probleme verantwortlich ist oder es sich um Symptome der dritten Phase ihrer Syphiliserkrankung handelt, ist nicht geklärt.

Am 25. September 1888 sieht Michael nach eigenen Angaben Elizabeth zum letzten Mal. Er sperrt sie mithilfe eines Vorhängeschlosses in die gemeinsame Unterkunft und verlässt das Haus. Sie aber kann sich befreien und taucht am nächsten Tag in der Herberge in der Flower and Dean Street 32 auf, wo sie der Verwalterin vom Streit mit Michael berichtet. Sie bleibt diesmal in der Herberge, wo sie sich mit Putzen etwas Geld verdient.

Ein befreundetes Paar, dem sie auch einige Gegenstände anvertraut, sieht Elizabeth, als sie am 30. September gegen Abend die Herberge verlässt. Zwei weitere Zeugen sehen sie später gegen 23.00 Uhr, wie sie in Begleitung eines Mannes das Bricklayer's Pub verlässt, das sich in Höhe der Mündung der Berner Street befindet. Ihr Begleiter, den sie noch in der Tür der Kneipe stehend küsst und umarmt – was einige Kommentare von Umstehenden zur Folge hat –, wird als relativ klein, mit dunklem Schnurrbart und blonden Wimpern beschrieben. Das Paar geht in den Regen hinaus und davon. Etwa 45 Minuten später gegen 23.45 Uhr beobachtet ein Arbeiter, wie Elizabeth sich auf der Berner Street mit einem Mann unterhält, der eine schwarze Jacke und eine Matrosenmütze trägt. Ob es sich um denselben Begleiter wie zuvor handelt, ist unklar. Gegen Mitternacht will ein weiterer Zeuge, Matthew Packer, Elizabeth und einem Mann Weintrauben verkauft haben. Die Aussage ist jedoch umstritten und wohl eher unwahr. Police Constable Smith, der gegen 0.35 Uhr auf seiner Runde durch die Berner Street kommt, erinnert sich an Elizabeth und einen Mann, der eine dunkle Jacke und eine Jagdkappe getragen haben soll. Sie standen gegenüber vom Working Men's Educational Club. Der Mann habe ein Paket bei sich gehabt, in Zeitungspapier eingewickelt und etwa 45 mal 15 Zentimeter groß.

Zehn Minuten später biegt Israel Schwarz um 0.45 Uhr von der Commercial Road in die Berner Street ein. Er sieht, wie ein Mann eine Frau anspricht, die an einer Hofeinfahrt zwischen Berner Street 40 und 42 steht. Der Mann versucht, die Frau auf die Straße zu zerren, reißt sie herum und schubst sie zu Boden. Die Frau stößt daraufhin drei kurze, leise Rufe aus. Insgesamt habe die Situation laut Israel Schwarz wie ein Vorfall häuslicher Gewalt gewirkt, er habe den Eindruck gewonnen, dass es sich um Menschen handelte, die sich kannten. Dann bemerkt er einen zweiten Mann, der in einiger Entfernung steht und sich eine Pfeife anzündet. Der erste Mann habe dann »Lipski« gerufen, woraufhin Israel verängstigt davonrennt. Denn »Lipski« ist zu jener Zeit ein verbreitetes Schimpfwort für jüdische Menschen und bezieht sich auf einen jüdischen Mann, der im

Jahr zuvor die eigene Frau ermordet hat. So ist es nicht verwunderlich, dass der Zeuge Israel Schwarz darauf in dieser Weise reagiert.

In der Berner Street 40 finden regelmäßig Zusammenkünfte, Theateraufführungen und Lesungen des Working Men's Educational Club statt. Anarchisten und Sozialdemokraten gehen hier ein und aus. Von einer Seitentür aus gelangt man in den Hof, dessen Straßeneinfahrt meist durch zwei große Holztore verschlossen ist. Im Hof befindet sich neben ungenutzten Stallungen und einer Werkstatt auch der Abort.

Am Abend des 30. September herrscht reges Treiben im Haus, rund dreißig Menschen sind da. Immer wieder geht oder kommt jemand. Doch an etwas Verdächtiges kann sich später niemand erinnern. Bis Louis Diemschutz, der im Working Men's Educational Club arbeitet, um kurz nach 1.00 Uhr nachts sein Pony mitsamt Wagen in die Zufahrt zum Hof lenkt. Während der Wagen durch die dunkle Durchfahrt rumpelt, ist Louis irritiert, denn die Hoftore hätten eigentlich geschlossen sein sollen. Plötzlich scheut das Pony vor etwas an der Wand zurück und bleibt stehen. Als er nachsieht, bemerkt Louis einen Haufen Decken auf dem Boden. Er tritt näher und erkennt im schwachen Licht eines brennenden Streichholzes den Körper einer Frau. Er hält sie für eine Betrunkene und holt zwei Männer aus dem Club, die ihm helfen sollen, die Frau zu entfernen. Doch als die drei Männer an Ort und Stelle ein weiteres Streichholz entzünden, erkennen sie, dass die Frau tot sein muss, denn Blut fließt ihr aus dem Hals und in den Rinnstein.

Sofort eilen zwei der Männer fort, um die Polizei zu alarmieren. Rasch spricht sich in der Berner Street 40 der grausige Fund herum. Rund fünfzehn Personen versammeln sich mit etwas Abstand um die Frau. Als sich jemand durchringt und ihr Gesicht befühlt, stellt er fest, dass es noch leicht warm ist. Ihr Tod kann also noch nicht lange her sein.

Zwei eintreffende Polizisten machen sich sofort an die Arbeit. Während der eine zu einem Arzt eilt, untersucht der andere, PC Henry Lamb, die leblose Frau und bemerkt ebenfalls, dass ihr Gesicht noch warm ist. Die Schaulustigen rücken immer näher, sodass Lamb den Durchgang räumen und die Tore schließen lässt. Er postiert Männer an den Zugängen zur Berner Street 40. Keiner soll mehr unbemerkt herein oder hinaus.

Um 1.16 Uhr erreicht der Arzt Dr. Frederick Blackwell den Tatort. Auch er registriert Wärme an der Leiche; lediglich die Hände sind mittlerweile merklich erkaltet. Weitere Polizisten treffen ein und nehmen den Fundort unter die Lupe.

Die Leiche liegt mit angewinkelten Beinen auf ihrer linken Seite mit dem Gesicht zur Wand und den Füßen in Richtung Straße im aufgeweichten Schlamm der Durchfahrt. Erst gegen etwa 23.00 Uhr hat sich der Regen verzogen. Da ihre Kleider trocken sind, muss die Frau den Schauer geschützt überdauert haben. In ihrem bleichen Gesicht sticht der leicht geöffnete Mund hervor. Während ihre rechte Hand auf der Brust ruht, liegt die linke am Boden und hält ein kleines Päckchen Erfrischungsbonbons umklammert. Mit einem sauberen tiefen Schnitt ist der Toten knapp unterhalb des Kinns die Kehle durchtrennt worden. Auch wenn der Arzt davon ausgeht, dass es rund anderthalb Minuten dauerte, ehe die Frau verblutet war, wird sie wegen des Schnitts nicht mehr um Hilfe habe rufen können. Nichts deutet auf einen Kampf hin, außer dem Blut, das sich unter der Leiche gesammelt hat und in den Rinnstein gelaufen ist. Der Tatort wird nach Abtransport der Leiche noch vor Sonnenaufgang gereinigt, niemand nimmt ihn im Originalzustand bei Tageslicht in Augenschein.

Erst bei der späteren Obduktion finden sich blaue Flecken auf Brust und Schultern der Frau, die Israel Schwarz' Aussage über Streit und Schubsen stützen. Dr. Blackwell rekonstruiert die Tat wie folgt: Der Täter steht hinter der Frau, greift nach ihrem Halstuch und reißt so dem Opfer den Kopf nach hinten, um den

Kehlschnitt auszuführen. Alles geht so schnell, dass die Frau zuvor gezückte Atempastillen noch in Händen hält, als sie zu Boden sinkt und verblutet. In Anbetracht des noch nicht koagulierten Blutes bei Auffinden der Leiche vermutet der Arzt einen Todeszeitpunkt von kurz vor 1.00 Uhr und geht daher später davon aus, dass Israel Schwarz sich zumindest bei der Zeitangabe etwas getäuscht haben muss. Da die Leiche, anders als die anderen Opfer des Whitechapel-Mörders, keinerlei Verstümmelungen aufweist, vermuten die Ermittler, dass der Mörder bei der Tat von Louis Diemschutz gestört wurde und sich bei dessen Eintreffen möglicherweise noch in der Nähe befand.

Die weiteren Untersuchungen des Hofes und Befragungen der anwesenden Personen in der Berner Street 40 bleiben jedoch ergebnislos ebenso wie erste Versuche einer Identifizierung der Toten, die um 4.30 Uhr ins Leichenschauhaus gebracht wird.

Schon am nächsten Tag versammeln sich wütende Menschen vor der Berner Street 40. Sie fordern das Ende der Mordserie und prangern die in ihren Augen schlampige Polizeiarbeit an. Die aufgeheizte Stimmung ist nachvollziehbar: Elizabeth Stride – deren Leiche im Zuge der anschließenden Untersuchung identifiziert werden sollte – wird in jener Nacht nicht das einzige Opfer des Whitechapel-Mörders bleiben.

Denn etwa zu der Zeit, als Elizabeth Stride mit dem Tode ringt, ist die 46-jährige Catherine Eddowes, eine schlanke, gut aussehende Frau mit welligem, rotbraunem Haar und braunen Augen, allein in den Straßen am Rande von Spitalfields unterwegs. Sie ist noch betrunken nach einem langen Tag in den Kneipen des East End und wohl auf dem Weg zurück zu ihrem Lebenspartner. Dieser geht derweil davon aus, dass sie sicher in einer Ausnüchterungszelle der Bishopsgate Police Station sitzt.

Catherine aber, die von Familie und Freunden auch liebevoll Kate genannt wird, war schon immer ein Freigeist. Geboren wird sie am 14. April 1842 in Wolverhampton, wo zahlreiche ihrer Verwandten in der Zinnverarbeitung tätig sind. Catherines Vater und Onkel sind 1848 Mitinitiatoren eines großen Arbeiterstreiks in der Zinnindustrie und müssen in der Folge Wolverhampton verlassen. In London finden sie, möglicherweise mithilfe der Gewerkschaft, recht schnell Arbeit und eine schöne, kleine Unterkunft. Während Kates Onkel mit seiner Familie bald nach Wolverhampton zurückkehrt, bleibt Kate mit ihren Eltern in London und führt dort ein recht gutes Leben. Sie besucht die St. John's Charity School , eine Schule für Mädchen aus nicht wohlhabenden Verhältnissen, und erhält somit eine grundständige Bildung. Sie liest und schreibt gern und wird auch später als intelligent und gebildet beschrieben. Mit ihrer Schule sollte sie 1851 sogar die Weltausstellung besuchen, eine für die meisten ihrer Zeitgenossen unerreichbare Erfahrung, von der sie ihr Leben lang immer wieder gerne berichtete.

Im Jahr 1855 ändert sich jedoch für das aufgeweckte Mädchen alles. Ihre Mutter verstirbt und kurze Zeit später auch ihr Vater, ein Umstand, der die Familie regelrecht auseinanderreißt. Kates jüngere Geschwister werden ins Armenhaus gebracht, während Kate zur Familie des Onkels nach Wolverhampton geschickt wird. Dort nimmt auch sie eine Arbeit im Zinngewerbe an, um die Familie finanziell zu unterstützen.

Kate ist diese Arbeit wohl zuwider, und so nimmt das Schicksal seinen Lauf, als sie mit 21 Jahren einen jungen Mann namens Thomas Convey trifft. Dieser erhält eine Pension vom 18. Royal Irish Regiment, was ihm ein zuverlässiges Einkommen bietet. Er lebt als fahrender Händler, der Geschichten und Balladen verfasst und verkauft. Kate gefallen Thomas und sein unkonventioneller Lebensstil, und so verlässt sie Familie und Arbeitsplatz, um mit ihm durch die Lande zu ziehen. Da Thomas wohl Analphabet ist, bringt Kate vermutlich seine Balladen und Geschichten für ihn zu Papier.

Im Laufe der Zeit bekommt das Paar eine Tochter und zwei

Söhne, doch 1881 scheitert die Beziehung, und die beiden trennen sich. Kate verlässt Thomas mit ihrer Tochter, Annie, während die Jungen bei ihm bleiben. Beide Parteien leben in London, doch es besteht kein Kontakt mehr. Mutter und Tochter schlüpfen im Cooney's Lodging House in der Flower and Dean Street 55 unter, wo Kate einen neuen Partner, den Gemüsehändler John Kelly, kennenlernt. Tochter Annie heiratet bald darauf und gründet eine eigene Familie. Mit ihrer Mutter möchte sie nichts mehr zu tun haben, denn Kate versucht ständig, Geld von ihr zu bekommen. Sie möchte der Tochter sogar nur dann bei der Geburt des ersten Kindes beistehen, wenn sie dafür bezahlt wird. So bricht der Kontakt ab.

Auf der anderen Seite scheint Kate recht beliebt zu sein. Der Vorsteher der Herberge, in der sie lebt, sagt später, sie habe selten getrunken, sei immer fröhlich gewesen und habe oft gesungen. Zudem sei sie spätestens zwischen neun und zehn Uhr abends zu Hause gewesen und – so die ausdrückliche Aussage der Zeugen – nie mit anderen außer Kelly intim gewesen. Nur gelegentlich sei sie ausgegangen und habe sich betrunken. Außer zur Schwester Eliza hat Kate keinen Kontakt mehr zu ihrer Familie.

Im Sommer 1888 machen sich Kate und John Kelly wie viele andere zu Fuß auf, um bei der Hopfenernte in Kent zu arbeiten. In diesem kältesten und verregnetesten Sommer seit Beginn der Wetteraufzeichnungen fällt die Ernte jedoch schlecht aus. So müssen Kate und John wie viele andere ohne Verdienst zurück auf den Marsch nach London, wo sie am 28. September eintreffen. Ihr erster Weg führt das Paar dort in ein Pfandhaus, wo sie Johns Stiefel versetzen. Von dem Geld erwerben sie Nahrungsmittel, Tee und Zucker und kehren dann in Cooney's Lodging House zurück. Am Nachmittag erzählt Kate John, seiner Aussage nach, dass sie versuchen wolle, Geld von ihrer Tochter zu erbetteln, und sie verlässt die Herberge. Dass sie die Wahrheit sagt, ist äußerst unwahrscheinlich, schließlich besteht zur Tochter lange kein Kontakt mehr. Wie auch immer ihr Plan ausgesehen haben mag: PC Robinson findet sie gegen 20.00 Uhr schwer betrunken auf der Straße vor einem Pub liegend vor. Sie ist von einer Menschenmenge umringt, darunter niemand, der sie kennen will. PC Robinson bringt Kate zur Bishopsgate Police Station, wo er sie in die Ausnüchterungszelle sperrt. Kurz nach Mitternacht soll Kate dann in ihrer Zelle leise vor sich hin gesungen haben. Um 0.30 Uhr am 30. September erkundigt sie sich, wann sie entlassen werde, und erfährt, dass sie gehen könne, sobald sie wieder in der Lage sei, für sich selbst zu sorgen. Dies ist nach Einschätzung des zuständigen Beamten wohl um 1.00 Uhr der Fall. Kate wünscht dem Wachhabenden noch eine gute Nacht und entfernt sich nach links in Richtung des Pubs, vor dem sie aufgefunden wurde.

Dies ist jedenfalls nicht der Weg nach Hause. Drei Zeugen werden später aussagen, sie hätten Kate gegen 1.35 Uhr an der Ecke Duke Street und Church Passage mit einem Mann gesehen. Eine ihrer Hände habe in einer liebevoll anmutenden Geste auf der Brust des Mannes gelegen, der um die 30 Jahre alt und 1,70 Meter groß gewesen sei und helle Haut und Haare gehabt habe. Er habe eine bräunliche Jacke, eine graue Mütze und ein rotes Tuch um den Hals getragen wie ein Seemann.

Wenige Minuten später kommt PC James Harvey von der City Police um circa 1.40 Uhr auf seiner Runde von der Duke Street über die Church Passage auch an den Mitre Square und bemerkt nichts Ungewöhnliches. Den weitgehend offenen, rund fünfhundert Quadratmeter großen Platz betritt man über zwei kleinere Zuwege, wozu auch die Church Passage im Norden zählt, oder über den Hauptzugang von der Mitre Street wie PC Edward Watkins knapp fünf Minuten nach seinem Kollegen. Einige der Straßenlaternen sind defekt, der Platz ist schwach beleuchtet. Watkins lässt den Blick über die gesamte Umgebung schweifen, ehe er den Mitre Square abgeht und mit seiner Lampe die Ecken ausleuchtet. Als er in die Ecke zur

Church Passage kommt, bleibt sein Blick plötzlich hängen: Auf dem Boden liegt eine Frau. Ihr Körper ist unübersehbar verstümmelt. Watkins erkennt sofort, dass sie tot ist.

Der Constable handelt schnell, er eilt zu einem Lagerhaus auf der anderen Seite des Platzes und bittet den dort arbeitenden Nachtwächter, ihn mit einer Lampe zu der Leiche zu begleiten. Dann trägt Watkins ihm auf, Verstärkung zu holen, und so treffen bald PC James Harvey, dazu ein Arzt aus der Nachbarschaft und andere Polizisten ein. Unter dem öffentlichen Druck hatte Commissioner Warren nicht nur Männer aus anderen Bezirken ins East End beordert, sondern auch Männer in Zivil auf Patrouille geschickt. Als sie von dem Mord hören, wimmelt der Platz schnell von Polizisten und Freiwilligen, die jedoch zu unterschiedlichen Abteilungen gehören.

Der Arzt der für den Mitre Square zuständigen City of London Police, Dr. Frederick Gordon Brown, ist rasch vor Ort. Während er die schrecklich zugerichtete Leiche zutiefst schockiert in Augenschein nimmt, machen sich die Polizisten daran, die Umgebung abzusuchen. Aussagekräftige Spuren finden sie jedoch keine.

Catherine Eddowes, so wird die tote Frau später identifiziert, scheint Opfer eines zielgerichteten, äußerst brutalen Angriffs geworden zu sein. Sie liegt auf dem Rücken in einer Lache ihres eigenen Blutes, das rechte Bein leicht angewinkelt, das Gesicht nach links gewandt. Auch ihr wurde die Kehle durchgeschnitten, der Unterleib stark verstümmelt. Und ein Stück ihrer Schürze wurde abgerissen und ist verschwunden.

Während am Mitre Square die Ermittlungen anlaufen, patrouilliert etwa fünf Minuten Fußweg entfernt PC Alfred Long durch die Goulston Street. Als er auf seiner Runde um 2.55 Uhr erneut dort vorbeikommt, bemerkt er auf dem Boden an der Eingangstreppe zu einigen Unterkünften ein abgerissenes Stück Schürze. Long ist sich sicher, dass es auf der vorhergehenden Runde knapp eine halbe Stunde zuvor noch nicht dalag. Bei näherer Betrachtung fällt dem Polizisten Blut auf dem verdächtigen Stück Stoff auf. Er hat zwar bereits von dem Leichenfund am Mitre Square gehört, stellt aber noch keinen Zusammenhang her. Vielmehr fühlt er sich an den Mord an Martha Tabram erinnert, deren Leiche in einem Treppenhaus wie dem, vor dem er steht, gefunden wurde. Mit einem eigens herbeigerufenen Kollegen sucht er das Treppenhaus ab, jedoch ohne Ergebnis. Dann fällt sein Blick auf die Hausfassade. Genau oberhalb der Stelle, an der er den Stofffetzen gefunden hat, prangt ein Graffito. PC Long notiert die Worte, die mit weißer Kreide in drei Zeilen auf die schwarzen Klinkersteine geschrieben stehen: »The Juwes are the men that will not be blamed for nothing« – also »Die Juden sind die, die nicht für nichts beschuldigt werden«.

Später sollte es Diskussionen über die Schreibweise geben, doch bei aller Fehlerhaftigkeit wird der antisemitische Inhalt deutlich. Long stellt seinen Kollegen ab, um zu verhindern, dass jemand das Gebäude betritt oder verlässt, und meldet seine Entdeckung dem Superintendenten der H-Division Thomas Arnold.

Arnold hatte im Jahr zuvor mit dem »Lipski«-Fall zu tun und ist, als er nun vor dem Graffito steht, besorgt, ein Zusammenhang von Mord und Graffito könne antisemitische Ausschreitungen auslösen. Doch nun entbrennt erst einmal ein Zuständigkeitsdisput über das weitere Vorgehen. Während die City Police dafür ist, mit der Entfernung des Graffitos bis zum Morgen zu warten und es zuvor zu fotografieren, will die Metropolitan Police es schnellstmöglich abwaschen. Am Ende entscheidet Commissioner Warren, das Graffito noch vor Sonnenaufgang um 5.30 Uhr entfernen zu lassen – es existiert folglich keine Fotografie.

Das verdächtige Stück Stoff wird im Leichenschauhaus als das fehlende Teil von Catherine Eddowes Schürze identifiziert.

Folglich riss der Mörder den Fetzen ab, vielleicht um seine Hände oder die Tatwaffe damit zu säubern, nahm ihn auf seinem Fluchtweg mit und kam – beabsichtigt oder aus Zufall – durch die Goulston Street, wo er ihn wegwarf.

Ob die Wandschmiererei überhaupt in einem Zusammenhang mit dem Schürzenfetzen steht, kann nicht mit Sicherheit gesagt werden. Wenn ja, hätte der Täter eigens Kreide mitführen müssen. Zudem hätte PC Long es leicht übersehen können, hätte es zuvor schon dort gelegen. Denkbar ist aber, dass der Mörder die Schrift auf seiner Flucht bemerkte und das Stück der Schürze bewusst dort wegwarf. In jedem Fall, so schließt die Polizei später, wäre die Schrift längst abgewaschen worden, wenn sie vor dem Abend dort bereits gewesen wäre.

Mittlerweile befindet sich Catherine Eddowes Leiche im Leichenschauhaus, und der Tathergang ist rekonstruiert. Der Schnitt an ihrer Kehle ist wie bei den anderen Opfern ungewöhnlich tief, vermutlich sofort tödlich, und die Leiche blutet schnell aus. Anschließend verstümmelt der Täter Gesicht und Bauch seines Opfers. Auch Kates Darm ist – wie bei Annie Chapman – größtenteils aus dem Körper gezogen und oberhalb der Schulter abgelegt, während ein abgeschnittenes Stück zwischen dem Körper und dem linken Arm deponiert ist. Wieder fehlen Eingeweide, hier die linke Niere und ein Großteil des Uterus. Der Mörder scheint die fehlenden Teile mitgenommen zu haben. Neu am Modus Operandi sind jedoch die Verstümmelungen im Gesicht des Opfers: Mit einem Messer sind die Haut sowie die Augenlider eingeritzt und die Nasenspitze abgetrennt worden. Zudem hat der Täter ein Stück von Kates rechtem Ohr abgeschnitten, das man beim Entkleiden der Leiche zwischen den Kleidungsstücken findet. Vermutlich wurde das Ohr beim Durchtrennen der Kehle verstümmelt, obwohl manche die Verletzung gerne mit der Ankündigung vom abgetrennten Ohr im »Dear-Boss-Brief« in Verbindung bringen.

Dr. Frederick Gordon Brown schlussfolgert, dass Catherine

Eddowes nur wenige Minuten vor dem Fund ihrer Leiche starb, maximal vierzig Minuten vor seinem eigenen Eintreffen am Tatort gegen 2.00 Uhr. Somit läge der Todeszeitpunkt möglicherweise genau in jenem knappen Zeitraum zwischen den Patrouillen der beiden Polizisten am Mitre Square. Ein kleines Zeitfenster, aber es passt zu den fünf Minuten, die Dr. Brown für die Tatdauer ansetzt. Vermutlich ist der Mörder schon oder noch ganz in der Nähe, als die beiden Polizisten ihre Runden drehen.

Da auf der Vorderseite ihres Körpers kaum Blutspuren zu finden sind, scheint ihr der tödliche Schnitt durch die Kehle im Liegen zugefügt worden zu sein. Möglicherweise hat der Mörder Kate niedergestoßen, oder sie hatte sich in der Ecke des Platzes hingelegt, um ihren Rausch auszuschlafen. Wie Kollegen vor ihm, nimmt Dr. Brown an, dass der Täter ein gewisses Maß an anatomischer Vorkenntnis besitzt. Denn trotz schwieriger Beleuchtungsverhältnisse ging er recht präzise vor.

Die Ermittler schreiben schnell die beiden Morde dieser Nacht demselben Täter zu. Der zeitliche Ablauf würde passen, da zwischen Berner Street und Mitre Square nur rund 20 Minuten Fußweg liegen. Wenn der Täter Elizabeth Stride kurz vor 1.00 Uhr ermordete und vor Vollendung der Tat vom Tatort flieht, bleibt ihm genug Zeit, sein nächstes Opfer zu finden und Catherine Eddowes vor 1.45 Uhr zu töten.

Anders als bei den vorherigen Morden hält die Polizei sich der Presse gegenüber mit Informationen über diese Nacht des später so genannten Double Events bedeckt, des Doppelmordes also. Weder zu den Tatorten noch in die Leichenhäuser erhalten Journalisten Zutritt. Am 1. Oktober lassen die Behörden den »Dear-Boss-Brief« in einer Umschreibung veröffentlichen, und noch am selben Tag geht bei der Central News Agency eine Postkarte ein, die wir heute als »Saucy Jacky Postcard« kennen – wieder ist sie unterzeichnet mit »Jack the Ripper«. Der

Schreiber spielt auf die Nacht des Zweifachmordes und den »Dear-Boss-Brief« an. Er habe es ernst gemeint, als er ankündigte, dass man wieder von seiner – »Saucy Jacky's« – Arbeit hören würde. Leider sei ihm beim Mord an den zwei Frauen zu wenig Zeit geblieben, um Ohren für die Polizei abzutrennen.

Bis heute wird spekuliert, ob die Karte wirklich vom Mörder oder doch von einem Reporter stammt. Am 2. Oktober geben die Behörden schließlich erste Informationen zu den Morden an Elizabeth Stride und Catherine Eddowes an die Öffentlichkeit. Ein nicht unwesentlicher Grund für diese Zurückhaltung ist, dass sie erst sondieren wollen, wie mit dem Graffito und der Aussage von Israel Schwarz umzugehen sei, um antisemitischen Ausschreitungen keinen Vorschub zu leisten.

Am 4. Oktober erfährt die Öffentlichkeit mit dem Abdruck des »Dear-Boss-Briefes« in der *Evening News* von der darin verwendeten Bezeichnung »Jack the Ripper«. Ob vom Täter stammend oder nicht – ab diesem Zeitpunkt setzt sich dieser Name für den Mörder durch, einen Mörder, der immer noch auf freiem Fuß ist.

In den Wochen nach dem brutalen Zweifachmord an Elizabeth Stride und Catherine Eddowes tritt Jack the Ripper zunächst nicht mehr in Erscheinung, die Stimmung im Londoner East End entspannt sich, und die Hoffnung auf eine baldige Ergreifung des Täters wächst. Doch die Ruhe währt nicht lang. Mitte Oktober erhält George Lusk, der Vorsitzende der Bürgerwehr von Whitechapel, Post.

Es ist ein Paket, das George am 16. Oktober in seinen Händen hält, darin ein Brief – und ein Stück Niere. Das ist sicher kein Zufall, fehlte Catherine Eddowes doch ebendieses Organ. Noch plakativer wird das beigelegte Schreiben. Unter der Ortsangabe »From hell« wird darin ausgeführt, dass der Absender die Niere der getöteten Frau entnommen und für George Lusk konserviert habe. Die andere Hälfte habe er gebraten und selbst mit Vergnügen gegessen. Möglicherweise werde George Lusk auch noch das Messer erhalten, mit dem die Niere entnommen worden sei. Der Brief schließt mit den Worten: »Fangen Sie mich, wenn Sie können, Mishter Lusk.«

George hält den Brief und die vorgeblich menschliche Niere zunächst für einen geschmacklosen Scherz, schließlich kursieren damals Hunderte von Briefen und vermeintlichen Bekennerschreiben. Doch er konsultiert einige Tage später zur Sicherheit zwei Mediziner. Beide und auch die meisten, die in den folgenden Tagen die Sendung zu Gesicht bekommen, sind zu seinem Entsetzen der Meinung, dass es sich tatsächlich um das Stück einer menschlichen Niere handelt.

Auch wenn diese Einschätzung im Jahr 1888 auf Basis rein visueller und morphologischer Untersuchungen keine hundertprozentige Sicherheit bieten kann, scheint der menschliche Ursprung der Niere glaubhaft. Eine Zuweisung zu Catherine Eddowes ist jedoch mehr als hypothetisch. Was genau mit dem Stück Niere in den Jahrzehnten nach der Mordserie geschah, ist unklar, vermutlich wurde es entsorgt und steht uns für moderne Untersuchungen nicht zur Verfügung. Zumeist wird die Postsendung heute als makabrer Scherz abgetan, der nichts mit den Morden zu tun hat und vielleicht aus der Hand eines Medizinstudenten stammt. Jegliche Annahmen bewegen sich jedoch bis heute im Bereich des Spekulativen.

Fast einen Monat später verbringt die 25-jährige Mary Jane Kelly den Abend des 8. November 1888 mit ihrem Ex-Partner Joseph Barnett und einer Freundin in ihrem Zimmer im Miller's Court in Spitalfields. Sicher sind auch die Morde Thema an diesem Abend, denn Mary Jane soll die Berichterstattung mit großer Sorge verfolgt haben. Aber der letzte Mord ist über einen Monat her, und die Stimmung im East End beginnt, sich zu normalisieren.

Mary ist von all den Frauen, die dem Ripper zum Opfer gefallen sein könnten, am wenigsten greifbar. Über Herkunft,

Kindheit und Jugend ist bis auf einige unpräzise Angaben, die sie selbst gemacht haben soll, nichts bekannt. Mary erzählt manchen Bekannten, dass sie in Irland geboren wurde, anderen sagt sie, sie komme aus Wales. Sie habe sechs bis sieben Brüder und eine Schwester. Zudem vermuten ihre Bekannten, sie stamme aus einer wohlhabenden Familie, da Mary vergleichsweise sehr gebildet ist und über gut ausgebildete künstlerische Fähigkeiten verfügt. Ihr Benehmen ist stets freundlich und höflich. Mary selbst berichtet, sie sei einmal verheiratet gewesen und ihr Mann kurz nach der Hochzeit bei einer Minenexplosion ums Leben gekommen. Sie sei dann nach Cardiff gegangen, wo sie Familie habe. Eine Cousine habe sie dort in die Prostitution eingeführt.

Während all dies nicht gesichert ist, befindet sich Mary ab 1884 definitiv in London. Sie arbeitet als Edelprostituierte im Bezirk Knightsbridge. Mary Jane Kelly ist die Einzige unter den Opfern des Whitechapel-Mörders, die sich selbst als Prostituierte bezeichnete.

Sexarbeit ist im späten 19. Jahrhundert in Großbritannien und vor allem in London weit verbreitet. Während die meisten Menschen in diesem Gewerbe Frauen sind, gibt es Prostituierte jeden Geschlechtes, und viel zu oft werden auch Kinder ausgebeutet. Offizielle Quellen sprechen von etwa achteinhalbtausend Prostituierten in den 1880er-Jahren, während die Zahl laut inoffiziellen Belegen bis zu zehn Mal höher gewesen sein dürfte. Dies liegt vermutlich vor allem an der schwierigen Situation auf dem Arbeitsmarkt, die es gerade Frauen schwer macht, ihren Lebensunterhalt durch »ehrliche« Arbeit zu bestreiten. Die Prostitution bietet ihnen oftmals eine lukrative Alternative, besonders wenn sie wie Mary Jane Kelly in einem Edelbordell tätig sind.

Die meisten gehen jedoch der Prostitution auf der Straße nach. Freier werden nicht nur in den Armenvierteln angesprochen, sondern auch ganz offen in Theatern und Lokalen im noblen West End. Dies ist für die viktorianische Gesellschaft ein großes moralisches Problem. Denn Keuschheit und sexuelle Enthaltsamkeit sowie (vor allem für Frauen) die Unberührtheit vor der Ehe gelten als die höchsten Tugenden. Einer Frau, die der Sexarbeit nachgeht, unterstellt man generell einen schlechten Charakter und mangelnde Moral – wie auch jeder Armen, weshalb damals jede arme Frau automatisch als potenzielle Prostituierte wahrgenommen wird. Die Grenzen zwischen einer Beziehung ohne Trauschein und Sexarbeit sind zudem fließend.

Die zeitgenössische Diskussion um Prostitution und die sich daraus ergebenden Vorurteile sind aus heutiger Sicht nicht nur problematisch – sie sind auch relevant für die Betrachtung der sogenannten Jack-the-Ripper-Morde bis in die heutige Zeit. Schließlich ist die Wahrnehmung der Opfer maßgeblich durch diese Vorurteile und Zirkelschlüsse beeinflusst.

Doch zurück zu Mary Jane Kelly. Laut ihrer eigenen Aussage besitzt sie während ihrer Zeit im Edelbordell schöne Kleider, Schmuck und Geld, was durchaus wahrscheinlich ist. Menschen, die der Sexarbeit in dieser Form nachgehen, können sich schon damals großen Reichtum erwirtschaften und sogar eine gewisse gesellschaftliche Akzeptanz erlangen. Doch Mary Jane Kelly hat nicht dieses Glück. Etwas geschieht, das sie von Knightsbridge ins East End bringen sollte.

Sie selbst sagt später, sie sei in Frankreich gewesen, wo es ihr »nicht gefallen« habe.[*] Möglicherweise ist dies ein Hinweis darauf, dass Mary ein Opfer von Menschenhändlern ist. Schon zu jener Zeit werden viele, oft sehr junge Mädchen durch Versprechungen einer regulären Anstellung ins Ausland gelockt. Im Zielland angelangt, werden sie zur Prostitution in Bordellen gezwungen. Ein Verbrechen, das leider bis heute traurige Realität ist.

[*] Hallie Rubenhold, *The Five. The Untold Lives of the Women Killed by Jack the Ripper*, Sydney 2019.

Gegebenenfalls gelingt es Mary, aus dieser Situation zu entkommen, und sie gelangt auf unbekanntem Weg zurück nach England. Klar ist, dass ihr Verlassen des Bordells in Knightsbridge nicht ganz freiwillig war und dass sie danach kein Interesse daran zeigt, ihren ehemaligen Bekannten aus jener Zeit wieder unter die Augen zu kommen.

Als sie schließlich im East End lebt, hat sie keinerlei nennenswerten Besitz und vermeidet, etwas über sich preiszugeben. Trotz ihrer Verschlossenheit wird Mary aber als sehr zugewandt, freundlich und fürsorglich beschrieben.

Im Jahr 1886 trifft Mary einen jungen Mann namens Joseph Barnett, der als Träger auf dem Fischmarkt arbeitet. Bereits nach dem zweiten Treffen beschließt das Paar, zusammenzuleben, und haust daraufhin in wechselnden Unterkünften im East End, bis sie Anfang 1888 in den Miller's Court 13 ziehen, der von der Dorset Street aus zu erreichen ist. Sie bewohnen dort ein einfaches Zimmer mit einem schmalen Doppelbett, einem Tisch mit zwei Stühlen und einer offenen Feuerstelle. Ein bescheidenes Heim, in dem das Paar aber eine Privatsphäre genießen kann, die im East End der damaligen Zeit selten ist.

Anfang September verliert Joseph seine Arbeit, und Mary beginnt erneut, sich zu prostituieren, um ihren Lebensunterhalt zu sichern. Dies ist für ihren Partner ein Problem, zumal sie anderen Frauen, die laut Joseph einen schlechten Einfluss auf seine Lebensgefährtin haben, Unterschlupf gewährt, was mit Beginn der Mordserie häufiger geschieht. So kommt es zur Trennung des Paares, das sich jedoch offenbar freundschaftlich verbunden bleibt, denn Joseph Barnett besucht Mary weiterhin fast täglich im Miller's Court.

So auch am 8. November 1888. Eine Freundin Marys ist anwesend, verlässt die Unterkunft jedoch gegen 20.00 Uhr. Gegen 23.00 Uhr wird die mittlerweile sturzbetrunkene Mary in Begleitung eines Mannes im Britannia Pub gesehen. Eine Dreiviertelstunde später erkennt um 23.45 Uhr die Zeugin Mary

Ann Cox sie wiederum mit einem Mann, wie sie in Richtung ihrer Unterkunft gehen. Den Beschreibungen nach handelt es sich nicht um denselben Mann, mit dem Mary wohl zuvor getrunken hatte. Kurz darauf hört Mary Ann Cox, wie Mary das Lied »A Violet from Mother's Grave« singt, was von Nachbarn bestätigt wird. Gegen 1.00 Uhr singt Mary immer noch, und Mary Ann Cox, die erneut an Marys Fenster vorbeikommt, bemerkt, dass in der Wohnung Licht brennt. Gegen 2.00 Uhr will ein Zeuge namens George Hutchinson Mary in der Flower and Dean Street begegnet sein. Sie habe ihn nach Geld gefragt, und als er ihr nichts gibt, sei sie schließlich weitergegangen. An der Straßenecke sei sie auf einen Mann gestoßen, der ihr die Hand auf die Schulter gelegt habe. Nach einem kurzen Wortwechsel seien die beiden gemeinsam in Richtung Miller's Court gegangen. Der Mann habe ein Paket unter dem Arm getragen, sei blass gewesen und habe einen leichten Schnurrbart, dunkle Haare und Augen sowie buschige Augenbrauen gehabt. Getragen habe er einen tief ins Gesicht gezogenen weichen Filzhut, einen weißen Kragen, einen schwarzen Schlips und daran eine Hufeisennadel, dazu dunkle Hosen und Stiefel. Eine große Goldkette sei an seiner Weste befestigt gewesen, an der ein großes Siegel mit einem roten Stein gehangen habe. In der Hand habe er zudem Lederhandschuhe getragen. Er sei um die 35 Jahre alt und ungefähr 1,73 Meter groß gewesen. George Hutchinson kann den Mann also derart gut beschreiben, dass die Frage erlaubt sein muss, ob es sich hier um eine valide Aussage handelt. Zudem ist es unwahrscheinlich, dass ein derart betuchter Mann in der Gegend unterwegs ist. Die Umgebung der Dorset Street hat den schlechtesten Ruf im ganzen East End, und die Gefahr eines Raubüberfalles ist entsprechend groß.

George Hutchinson sagt weiter aus, er sei dem Paar bis zur Unterkunft im Miller's Court gefolgt, wo Mary vor dem Eingang ein paar Minuten mit dem Mann gesprochen und ein rotes Taschentuch von ihm erhalten habe. Dann seien beide in die

Unterkunft gegangen, und George habe bis um 3.00 Uhr gewartet, angeblich aus Sorge um Mary Jane, doch das Paar sei nicht wieder herausgekommen.

Mary Ann Cox, die gegen 3.00 Uhr bei strömendem Regen in den Miller's Court zurückkehrt, bemerkt weder verdächtige Geräusche noch Licht in Mary Janes Zimmer. In der restlichen Nacht hört sie immer wieder Männerstimmen im Hof, denkt sich aber nichts dabei. Genauso wie zwei Frauen, die unabhängig voneinander kurz vor vier Uhr morgens einen leisen Schrei, möglicherweise sogar etwas wie »Mord«, hören. Doch da das anscheinend immer wieder in der Gegend vorkommt, ist dies den beiden Frauen kein Grund zur Sorge.

Als sich dann gegen 8.00 Uhr morgens eine Freundin bei Mary wegen des kalten und regnerischen Wetters einen Schal leihen will, reagiert niemand auf ihr Klopfen. Um dieselbe Uhrzeit will ein Schneider gesehen haben, wie Mary Jane ihr Zimmer verließ und später dorthin zurückkehrte. Das nächste Mal wird Kelly von einer Bekannten um 8.30 Uhr am Eingang zum Miller's Court gesehen, die dort auch mit ihr gesprochen und sie um 9.00 Uhr vor einem Pub gesehen haben will. Ein weiterer Zeuge gibt an, Kelly um 10.00 Uhr in einem Pub gesehen zu haben. Und so verweben sich später die verschiedenen Aussagen zu einem undurchsichtigen Teppich aus valideren und unwahrscheinlicheren Angaben über Mary Jane Kellys letzte Stunden.

Im Auftrag ihres Vermieters klopft um 10.30 Uhr Thomas Bowyer an Mary Kellys Tür und will die Miete eintreiben. Als niemand auf sein Klopfen reagiert und er auch durch das Schlüsselloch nichts erkennen kann, geht er zu einem zerbrochenen kleinen Zimmerfenster – so schnell lässt der Mann nicht von seinem Auftrag ab. Er greift durch ein Loch im Fenster, schiebt einen zu einem Vorhang umfunktionierten Mantel beiseite und erhält so Einblick ins Zimmer. Was er sieht, erschüttert ihn bis ins Mark: Auf einem Nachttisch liegt eine blutige Masse, dann erblickt er auf dem Bett daneben eine schrecklich verstümmelte Leiche. Thomas Bowyer hastet los zum Vermieter, der ebenfalls in das Zimmer hineinsieht, was er sofort bereut. Den Anblick sollte er zeitlebens nicht vergessen.

Thomas Bowyer läuft nun zur Commercial Street Police Station und kehrt in Begleitung des diensthabenden Inspektors und eines weiteren Polizisten zurück zum Miller's Court. Auch die Ermittler wagen den Blick durch das Loch im Fenster. Sofort werden alle Instanzen bei Scotland Yard benachrichtigt. Den Tatort betreten wollen sie jedoch noch nicht. Sie warten auf Bluthunde, die die Spur des Mörders aufnehmen sollen. Diesmal wollen sie alle Möglichkeiten nutzen, die sie haben, um den Täter zu fassen.

Doch sie warten nicht untätig. Miller's Court wird durchsucht und abgesperrt, während immer mehr Personen aus dem Ermittlerteam eintreffen. Neben Dr. George Bagster Philips, der bereits Annie Chapmans Leiche untersucht hat, ist darunter auch Inspektor Frederick G. Abberline von der Zentralabteilung. Da Dr. Philips eine Verunreinigung der Hundefährte verhindern will, warten die Männer weiterhin vor der verschlossenen Tür.

Kurz nachdem es 12.00 Uhr schlägt, entscheidet Scotland Yard, den Mord an verschiedene Polizeistationen zu melden, und wie ein Lauffeuer verbreitet sich die Nachricht in Whitechapel. Bald darauf versammelt sich eine wütende Menschenmenge auf der Straße vor Miller's Court, die sich nur schwer von den Polizisten beruhigen lässt. Als um 13.30 Uhr Superintendent Arnold eintrifft, hat das Warten ein Ende – nicht weil er die Bluthunde dabeihat, sondern weil er den Männern erlaubt, die Tür aufzubrechen, denn der Hundeeinsatz ist nicht bewilligt worden. Ein behutsames, spurenschonendes Öffnen der Eingangstür ist keine Option, da sie mit einem Federschloss versehen ist, das sich automatisch beim Zuziehen der Tür verriegelt. Mary und Joseph haben den Schlüssel verloren und daher das Fenster selbst eingeschlagen, um hindurchgreifen und die Tür öffnen zu können, doch davon wissen die Polizisten zu dem Zeitpunkt nichts.

Im Laufe des Nachmittags treffen nicht nur Ärzte aus verschiedenen Abteilungen ein, sondern auch Assistant Commissioner Robert Anderson. Dieses Aufgebot über alle Instanzen hinweg verdeutlicht, wie verzweifelt die Ermittlungsbehörden an diesem Punkt sind.

Das Grauen, das sie in dem Raum erwartet, ist kaum in Worte zu fassen. Selbst die blassen Schwarz-Weiß-Fotografien, die vor Beginn der Durchsuchung gemacht werden, brennen sich über 130 Jahre später noch ins Gedächtnis. Als sie den Raum in Augenschein nehmen, stellen die Polizisten im Kamin Spuren eines größeren Feuers fest. Sie vermuten später, dass Frauenkleider verbrannt wurden – sie waren das einzig brennbare Material im Zimmer. Abberline glaubt, dass der Täter mehr Licht bei seiner Tat brauchte. Auf dem Bett liegt, fast mittig zwischen einem Paravent und der Tür, die Leiche.

Gegen 14.00 Uhr beginnen Dr. Bagster Philips und der Arzt der A-Division mit der Untersuchung. Spart man die schrecklichsten Details aus, lässt sich festhalten, dass Mary Jane Kelly nahezu nackt rücklings auf dem Bett liegt. Wäre da nicht das blutige Trümmerfeld, das einst ihr Körper war, könnte man den Eindruck gewinnen, dass sie schläft. Ihre Gesichtszüge sind nicht mehr zu erkennen, ihre Kehle ist durchtrennt. Auch auf ihren Armen finden sich mehrere Schnittwunden, während ihre gespreizten Beine den zerstörten Unterleib entblößen. Es ist, als habe der Täter Mary auslöschen wollen. Nahezu kein Organ findet sich noch an Ort und Stelle, mitgenommen hat der Täter diesmal aber offenbar nichts.

Die Ärzte rekonstruieren aufgrund der Spurenlage, dass das Opfer zu Beginn des tödlichen Angriffs schlafend in der Nähe des Paravents gelegen hat, das Gesicht teilweise vom Laken bedeckt. Die Todesursache ist eine schwere Verletzung am Hals, die auch die Halsschlagader durchtrennt. Da sich um den Kopf, aber auch auf derselben Höhe unter dem Bett das meiste Blut findet, hat Mary vermutlich gelegen, als der tödliche Hieb geführt wurde. Ob sie seelenruhig schlief, betrunken war oder den Täter gar kannte, wird immer wieder diskutiert, kann jedoch nicht mit Sicherheit geklärt werden. Da wir durch Aussagen nachweislich wissen, dass Mary große Angst vor dem Whitechapel-Mörder hatte, ist es jedoch unwahrscheinlich, dass sie unvorsichtig war.

Die Körpertemperatur ist bei der ersten Untersuchung so niedrig, dass die Ärzte den Eintritt des Todes zwischen 2.00 Uhr nachts und 8.00 Uhr morgens angeben. Der Verdauungszustand des Mageninhaltes führt zu der Vermutung, dass Mary zwischen drei und vier Stunden nach ihrer letzten Mahlzeit starb, was auf einen Zeitraum zwischen 1.00 oder 2.00 Uhr nachts hinweist. Die bereits geschilderten Aussagen von Menschen, die Mary an dem Abend gesehen oder sie später in der Nachbarschaft gehört haben wollen, bieten nur wenig konkrete und glaubwürdige Anhaltspunkte. Zumindest kann man alle Aussagen derer, die Mary nach 8.00 Uhr in der Früh gesehen haben wollen, mit großer Sicherheit ausschließen, sofern man sich auf die Schlussfolgerungen der Ärzte verlässt. Die Variablen in diesem Mordfall sind so groß, die Leiche so weitreichend verstümmelt, dass es sogar Menschen gibt, die daran zweifeln, dass es sich bei der Toten überhaupt um Mary Jane Kelly handelt.

Die Leiche wird kurz nach 16.00 Uhr ins Leichenschauhaus von Shoreditch abtransportiert, wo sie am 10. November obduziert werden sollte. Den Transport der Leiche begleitet eine riesige Menschenmenge auf der Dorset Street, die sich auch in der folgenden Nacht nicht merklich auflöst, teils aus morbider Sensationslust, teils aus Sorge. Schnell finden sich Händler ein, die den Auflauf nutzen, um allerlei Waren und Lebensmittel zu verkaufen. Die Stimmung ist zum Zerreißen gespannt, so kommt es immer wieder zu tumultartigen Vorfällen, weil vermeintlich Verdächtige ausgemacht und verfolgt werden.

Die Ermittlungsbehörden sehen sich nicht nur unter Druck, sie scheinen auch mit ihrem Latein am Ende. So stellt der Innenminister am 10. November 1888 eine Begnadigung für mögliche Komplizen des Mordes an Mary Jane Kelly in Aussicht, sofern deren Hinweise zur Ergreifung des oder der Täter beitragen. Es wird vermutet, dass ein solch umtriebiger Mörder Mitwisser haben muss.

Die am 12. November im Rathaus von Shoreditch eröffnete gerichtliche Voruntersuchung stuft die Tat schneller als üblich, wenn auch wenig überraschend als »vorsätzlichen Mord« ein. Doch die Übertragung der Zuständigkeit nach Shoreditch sorgt in der Öffentlichkeit für Irritationen, ist der Mord doch in Spitalfields geschehen, und man befürchtet, dass administrative Reibungsverluste die Wahrheitsfindung behindern könnten. Warum Shoreditch den anderen Bezirken vorgezogen wurde, kann nur gemutmaßt werden. Möglicherweise waren die Behörden mit den Ermittlungserfolgen der anderen Bezirke unzufrieden und erhofften sich dort schnellere Fortschritte.

Wie nach den vorherigen Morden kommt es in den Tagen nach Mary Kellys Tod in der Presse zu Spekulationen. Falschmeldungen werden verbreitet, und anhaltende Kritik an der Arbeit der Polizei und des Innenministeriums wird laut, auch wenn die anfängliche Erregung über die schleppenden Ermittlungsergebnisse einer gewissen Resignation gewichen scheint. Daneben gibt es gehäuft Zwischenfälle, etwa weil vermeintliche Täter von aufgebrachten Mobs verfolgt werden. Doch stichhaltige Hinweise auf den Mörder gibt es nicht, und nach Mary Jane Kellys Beisetzung zehn Tage nach ihrem Tod ebbt das Interesse an den Taten ab, möglicherweise auch hier aus Resignation.

Der in den Augen vieler für die Misserfolge Verantwortliche, Commissioner Warren, tritt bereits an dem Tag zurück, an dem Mary Janes Leiche aufgefunden wird. Tatsächlich handelt es sich um eine reine Koinzidenz, denn Warren hat seinen Rücktritt früher eingereicht, und lediglich dessen Bewilligung hat so lange gebraucht. Warren hatte zuvor wiederholt seinen Rücktritt angeboten – vermutlich vor allem aus Frustration über die andauernde öffentliche Kritik, doch sein Ersuchen wurde immer wieder abgelehnt.

So wird im Jahre 1891 der letzte Mordfall der Whitechapel-Mordakte hinzugefügt, ohne dass die Ermittler einen Durchbruch erzielen oder gar einen Täter oder eine Täterin präsentieren, womit die Akte insgesamt elf Fälle umfasst. Landläufig werden aber im Nachhinein keine der letzten vier Verbrechen mehr dem Mörder, den wir Jack the Ripper nennen, zugeschrieben.

Obwohl er nie gefasst werden sollte, werden im Laufe der über 130 Jahre, die seit den Taten vergangen sind, Dutzende verdächtigt. Tatsächlich aber werden kurz nach den Morden viele Männer von ihren Verwandten oder Bekannten der Täterschaft verdächtigt. Schon ein Anzeichen merkwürdigen Verhaltens reicht in der nervösen Stimmung des Herbstes 1888 dazu aus. Und jedes folgende Jahrzehnt scheint seitdem eigene Verdächtige hervorzubringen, manchmal mehr, manchmal weniger gut nachvollziehbar.

Besonderen Einfluss darauf hat bis heute das sogenannte Macnaghten-Memorandum. Es wird 1894, Jahre nach der Mordserie, von Melville Macnaghten, dem damaligen Polizeipräsidenten der Metropolitan Police, verfasst und rückt drei Tatverdächtige in den Fokus. Zwar hat Macnaghten diese Funktion bei der MET erst seit 1890 inne und ist selbst nie direkt in die Ermittlungen zu den Whitechapel-Morden involviert, allerdings ist es ihm als Chief Constable möglich, die Akten einzusehen.

Als Reaktion auf eine fehlerhafte Berichterstattung in der *Sun* über einen vermeintlichen Tatverdächtigen der Whitechapel-Morde, legt Macnaghten am 23. Februar 1894 auf sieben handgeschriebenen Seiten einen vertraulichen Bericht vor, in dem er seine persönlichen Einschätzungen zusammenfasst. Doch es sollte bis 1959 dauern, bis die Stellungnahme mit nachhaltiger Wirkung in der Öffentlichkeit bekannt wird. Heute fußen auf diesem Memorandum viele der als gesetzt geltenden Annahmen über die Taten, die Opfer und den vermeintlichen Täter. Macnaghtens im Bericht vertretene Ansichten gelten für viele heute als Wahrheiten, auch wenn sie von den damaligen Ermittlern nicht zwangsläufig geteilt wurden.

So geht Macnaghten von fünf Opfern ein und desselben männlichen Täters aus, die heute als die »kanonischen Fünf« bezeichnet werden: Mary Ann Nichols (31.8.1888), Annie Chapman (8.9.1888), Elizabeth Stride und Catherine Eddowes (30.9.1888) sowie Mary Jane Kelly (9.11.1888). Der Täter sei mit jedem Mord in seinem Tun weiter eskaliert. Andere Morde – etwa jenen an Martha Tabram – habe nicht derselbe Täter begangen. Der Mörder sei nach dem Mord an Mary Jane Kelly vermutlich verrückt geworden, habe sich selbst getötet oder sei von Angehörigen in eine Irrenanstalt gebracht worden. Die drei wichtigsten Verdächtigen sind für Macnaghten die Männer Montague John Druitt, Aaron Kosminski und Michael Ostrog. Allerdings deuten keine stichhaltigen Hin- oder Beweise eindeutig auf einen von ihnen als Täter. Ostrog ist nachweislich zu den jeweiligen Tatzeiten sogar in Frankreich in Haft.

Ohnehin sind Macnaghtens Ausführungen zu hinterfragen. So erscheint der Ausschluss von Martha Tabram als Opfer Jack the Rippers wenig nachvollziehbar, nicht nur, weil die meisten zeitgenössischen Ermittler sie als Opfer des Whitechapel-Mörders betrachteten: Sie ist zum Zeitpunkt ihres Todes nicht nur in einem vergleichbaren Alter wie die meisten anderen Opfer, sondern auch der Tatort passt. Der Modus Operandi im Fall von Martha Tabram, Polly Nichols, Annie Chapman und Catherine Eddowes scheint ebenfalls vergleichbar. Bei Elizabeth Stride und Mary Jane Kelly verhält es sich hingegen etwas anders. Es ist überlegenswert, ob Elizabeth Stride Opfer ihres gewalttätigen Ex-Freundes wurde. Auch der Mord an Mary Jane Kelly sticht nicht nur durch die Eskalation der Gewalt hervor. Der Tatort befindet sich zudem erstmals in einem geschlossenen Raum, der nicht offen zugänglich ist. Mary ist deutlich jünger als die anderen Frauen und arbeitet als einziges der Opfer nachweislich hauptberuflich als Prostituierte. Über die Gründe können nur Vermutungen angestellt werden.

Neben Macnaghtens Ausführungen gibt es mögliche weitere Täter, etwa die als Verdächtige in der Ripper-Forschung bekannten James Maybrick, Walter Sickert, William Gull und Prinz Albert Viktor. Sie alle, sowie auch der schon erwähnte Montague John Druitt, passen zu der bereits im 19. Jahrhundert aufkommenden Theorie des »Gentleman-Killers«. Die Idee, dass ein Mitglied der höheren Gesellschaftsschichten für die Morde verantwortlich sein könnte, spiegelt die angesprochenen gesellschaftlichen Probleme der Zeit wider, insbesondere die Kluft zwischen Arm und Reich. Wie die Reichen die Würde und das Leben der Armen mit Füßen treten, so verfuhr der Mörder mit den getöteten Frauen. Die Whitechapel-Morde werden in dieser Theorie gleichsam als Mikrokosmos der realen Situation einer schutzlosen Bevölkerungsschicht betrachtet. Doch es ist eher unwahrscheinlich, dass tatsächlich ein Mitglied der Oberschicht der Mörder war. Ein Mann, der dem oft zitierten Bild mit langem Mantel, Zylinder und Gehstock entsprochen hätte, wäre in den Straßen des East End sicher nicht unbemerkt geblieben und hätte wahrscheinlich auch nicht über eine ausreichend gute Ortskenntnis verfügt, die man dem Mörder unterstellen muss.

Über diese Ortskenntnis verfügte zweifellos Joseph Barnett, der als letzter Lebensgefährte Mary Jane Kellys in den Fokus gerät – zwar kann die Polizei ihn 1888 rasch als Mörder der Frauen ausschließen, doch bleibt heute ein letzter Zweifel.

Vollkommen ausschließen lässt sich nicht, dass eine Mörderin die Frauen auf dem Gewissen hat. Über jeden Verdacht erhaben, hätte diese sich unbemerkt im Umfeld der Opfer bewegen können. Die Statistik zeigt allerdings, dass Serienmörderinnen selten sind und nicht oft auf solch brutale Weise morden.

Forscht man nach dem Täter, stößt man unweigerlich auf ein Problem. Naturgemäß können nur Menschen in den Fokus damaliger wie heutiger Untersuchungen geraten, die Spuren in den historischen Aufzeichnungen hinterlassen. Doch dies war bei vielen Menschen im East End nicht der Fall, abgesehen von Geburts-, Ehe- und Sterberegistern gibt es kaum Daten. Diese historische Unsichtbarkeit ist nach Auffassung der Autorinnen der Grund dafür, dass wir die Whitechapel-Morde nie werden aufklären können. Doch liegt gerade hierin auch ein Grund für die anhaltende Faszination, die die Morde des Jahres 1888 bis heute ausüben.

Ob nun aber eine namenlose, unauffällige Person, die in keinem Verhältnis zu den Opfern stand, die Frauen ermordete, ein »schillernder« Serienmörder aus dem britischen Hochadel oder eine (möglicherweise sogar eine Verschwörung vertuschende) Gruppe von Männern: Den größten Schaden haben in jedem Fall die Opfer davongetragen. Sie sind nicht nur abrupt aus dem Leben gerissen und brutal verstümmelt, sondern im Nachhinein diffamiert, auf ein Klischee reduziert und viel zu oft vergessen worden.

Die Tragödie von Gatton

1898

Die Geschichte der sogenannten Gatton Tragedy, also der Tragödie von Gatton, ist einer der ältesten, ungelösten Mordfälle Australiens und beschäftigt die Menschen dort nicht zuletzt wegen der Grausamkeit der Verbrechen bis heute. Schauplatz der mysteriösen Ereignisse ist der kleine Ort Gatton, der im australischen Queensland, ungefähr neunzig Kilometer westlich von Brisbane, liegt. Am Ende des 19. Jahrhunderts ist Gatton ein Einwandererdorf, von denen es im Australien jener Zeit viele gibt. Kleine hölzerne Häuser entlang unbefestigter Straßen erinnern an die Orte des amerikanischen Wilden Westens, und vor allem englische, irische und deutsche Einwanderer nennen Gatton im Winter 1898 ihr Zuhause.

Unter ihnen ist auch die Familie Murphy. Sowohl Daniel Murphy als auch Mary Holland sind auf der Suche nach einem besseren Leben in den 1860er-Jahren aus Irland nach Australien ausgewandert und haben sich in dem neuen Land kennen- und lieben gelernt. Gemeinsam haben sie sich nach ihrer Heirat auf dem Tenthill, der etwa neun Kilometer von der zugehörigen Gemeinde Gatton entfernt liegt, eine Farm aufgebaut, auf der sie Feld- und Milchwirtschaft betreiben. Im Laufe der Zeit ergänzen zehn gesunde Kinder die Familie, die von ihren Eltern streng im Sinne ihres katholischen Glaubens erzogen wurden. Diese strengen Vorsätze sind es auch, die im Jahre 1896 zu ernsthaften Spannungen und einem Zerwürfnis der Familie führen.

Die älteste Tochter, Polly Murphy, verliebt sich in einen jungen Mann namens William McNeil. Dieser ist Protestant und somit, trotz seiner irischen Herkunft, für die Eltern als Partner ihrer Tochter inakzeptabel. So kommt es zum Eklat. Dem Verbot ihrer Eltern zum Trotz heiratet Polly William, woraufhin sie von den Eltern aus der Familie ausgeschlossen wird. Ein Entschluss, der erst im Juni 1898 revidiert wird: Bei der Geburt des zweiten Kindes von Polly und William erleidet die werdende Mutter einen Unfall – wahrscheinlich stürzt sie während der Geburt aus dem Bett –, der sie halbseitig gelähmt zurücklässt. Dieser Unfall und die Hilfsbedürftigkeit der jungen Mutter, die sich nun mit ihren Einschränkungen um zwei kleine Kinder kümmern muss, bringt die Familie schließlich wieder zusammen. Die Eltern nehmen sich ihrer Tochter und der beiden Enkel an, und Polly zieht mit den Kindern zurück auf die elterliche Farm, wo William McNeil sie regelmäßig besucht.

So verbringen 1898 alle Murphys, mitsamt dem ungeliebten Schwiegersohn William McNeil, das Weihnachtsfest auf der Farm der Familie. Nur einer der Brüder, der 21-jährige Daniel, kann nicht mit der Familie feiern, da er Polizist in Brisbane und über die Weihnachtstage im Dienst ist. Unter den anwesenden Familienmitgliedern ist auch der 29-jährige Michael Murphy, der zu Weihnachten von seinem Wohnort im nahe gelegenen Toowoomba zu Besuch ist, wo er auf einem Versuchsbauernhof arbeitet. Zudem ist er freiwillig als Reservist in der berittenen Infanterie aktiv und auch dank seines vorbildlichen Lebenswandels, der ohne Alkohol und Schlägereien auskommt, in den Augen der damaligen Gesellschaft ein äußerst attraktiver junger Mann.

So sind zum Weihnachtsfest 1898 14 Menschen in dem kleinen, hölzernen Farmhaus versammelt, eine durchaus beengte Situation, die im Verlaufe der Weihnachtstage immer wieder zu Spannungen führt. Besonders für William McNeil sind die Tage

9 Die Familie Murphy; Ellen ist die zweite von rechts, links daneben Norah. Michael fehlt auf dem Foto.

im Kreise der Murphys wegen der ihm entgegengebrachten Vorbehalte keineswegs angenehm, wobei die gemeinsame Zeit wohl insgesamt jedoch recht friedlich verläuft.

Am zweiten Weihnachtsfeiertag findet im nahe gelegenen Mount Sylvia ein Pferderennen statt, an welchem Michael Murphy teilnimmt. Der Rest der Familie nutzt dies als Gelegenheit für einen Ausflug. Nur die 27-jährige Tochter Norah bleibt mit den beiden Kindern ihrer Schwester zu Hause zurück. Ein Umstand, der der fürsorglichen Norah ganz recht ist. Sie ist eine eher ruhige, introvertierte, wenn auch sehr willensstarke Person, die ihre Zeit lieber zu Hause im Kreise der Familie verbringt, als auszugehen.

Während des Rennens genießt der Rest der Familie die Volksfestatmosphäre, wobei das Vergnügen durch einen etwas zu aufdringlichen Verehrer der 18-jährigen Ellen Murphy leicht getrübt wird. Das ist zwar ein unangenehmes, jedoch kein ungewöhnliches Vorkommnis. Die hübsche, lebenslustige Ellen zieht in Gatton und Umgebung viele Blicke auf sich und hat zahlreiche Verehrer.

Insgesamt ist der Tag also durchaus vergnüglich, und so möchte Ellen unbedingt noch zu einem Tanz, der am Abend in Gatton stattfinden soll. Das aber wollen ihre Eltern nur erlauben, wenn ihr Bruder Michael sie begleitet, um auf die Wahrung des nötigen Anstandes zu achten. Wieder zu Hause angekommen, überredet Ellen zudem Norah, sie ebenfalls zu begleiten. So machen sich die drei Geschwister, attraktiv zurechtgemacht, mit etwas Verspätung gegen acht Uhr auf in das gut eine Stunde Kutschfahrt entfernt gelegene Gatton. Eigentlich hätte auch William McNeil sie gerne zum Tanz begleitet, er hatte sich sogar eigens neue Tanzschuhe besorgt, jedoch lehnen die drei Murphys dies ab, wohl weil sie sich nun einmal nicht gut miteinander verstehen. So bleibt er enttäuscht zurück. Allerdings leihen sie sich Williams zweirädrigen Wagen für die Fahrt.

In Gatton angekommen, erleben sie jedoch eine unschöne Überraschung. Der Tanz, auf den sich gerade Ellen so sehr gefreut hat, ist abgesagt worden. Das Lokal ist dunkel, und keinerlei Gäste sind zu sehen. Was die Geschwister nicht wissen können: Der Tanz hat zwar stattgefunden, jedoch sind wegen eines gleichzeitig in einem Nachbarort stattfindenden Festes nur wenig Gäste erschienen. Daher haben die Veranstalter die Feier vorzeitig beendet.

Während die Murphys also niemanden mehr am Ort des Geschehens vermuten, sehen die Veranstalter den Wagen der drei kurz nach 21 Uhr umdrehen und sich auf den Rückweg gen Tenthill Farm machen.

Am nächsten Morgen, dem 27. Dezember, erwacht der Vater, Daniel Murphy, gegen fünf Uhr und beginnt sein Tagewerk. Doch schnell fällt ihm auf, dass die drei Geschwister in der Nacht zuvor nicht zurückgekehrt sind. Ihre Aufgaben sind nicht erledigt, und auch im Haus sind sie nirgends zu finden. Sonderlich besorgt ist angeblich aber weder Daniel noch der Rest der nun langsam in den Tag startenden Familie, denn ein

Tanz kann schon mal bis in die frühen Morgenstunden dauern. Einzig William McNeil macht sich Gedanken. Ein Rad seines Wagens, mit dem die drei am Vorabend aufgebrochen waren, läuft schon seit Wochen nicht rund. Könnten sie auf dem Weg einen Unfall gehabt haben? Ist die Radaufhängung gebrochen?

Nachdem sie gegen acht Uhr noch immer nichts von Michael, Norah und Ellen gehört haben, macht William McNeil sich daher auf die Suche. Er reitet den Weg in Richtung Gatton ab und fragt Anwohner und Passanten, ob sie die Geschwister oder den Wagen irgendwo gesehen haben. Ohne Erfolg: Niemand weiß, wo die drei abgeblieben sein könnten.

So reitet William weiter in Richtung Gatton, stetig nach einem Zeichen der Geschwister Ausschau haltend, bis er schließlich auf etwa drei Viertel des Weges Wagenspuren auf der unbefestigten Fahrbahn entdeckt, die zu seinem eiernden Wagenrad passen. Die Seite, auf der sich die schlingernde Spur befindet, verrät ihm bei näherer Untersuchung, dass sich der Wagen bereits auf dem Rückweg befunden haben muss. Aufgeregt folgt er den Radspuren ein Stück zurück in Richtung Tenthill, bis diese ohne ersichtlichen Grund plötzlich von der Straße weg in Richtung eines dort gelegenen kleinen Waldgebietes namens Moran's Paddock abbiegen. William verfolgt die Spuren weiter in den umgebenden Busch, bis unter die recht weit auseinanderstehenden Bäume der als Moran's Paddock bezeichneten Koppel, wo er schließlich seinen Wagen auffindet.

Als er sich nähert, bemerkt er, was er seiner Aussage nach zunächst für drei Kleiderhaufen hält. Doch schon bald erkennt er, dass hier keine Kleidung, sondern die Körper dreier Menschen auf dem staubigen Boden liegen.

Die erste Reaktion Williams ist Erleichterung. Er hat die drei Vermissten gefunden. Wahrscheinlich war das Rad des Wagens tatsächlich auf dem Heimweg gebrochen, und man hatte sich entschieden, die angenehm warme Nacht unter freiem Himmel zu verbringen. Als er jedoch näher herankommt, sieht er, wie unnatürlich ruhig Michael, Norah und Ellen dort liegen und dass die Kleider der Damen in Unordnung sind. Ihn beschleicht sicher ein zunehmend schlechtes Gefühl, gerade als er die auf den Körpern herumkrabbelnden Ameisen bemerkt. Keine Regung, nicht einmal ein Zucken. Allmählich wird ihm klar: Die drei schlafen nicht.

Augenblicklich stolpert er zurück, besteigt sein Pferd und reitet, so schnell er kann, nach Gatton, um Hilfe zu organisieren. Dort stürmt der völlig verstört wirkende William McNeil durch die Tür des örtlichen Hotels, wo sich bereits so früh am Tage eine kleine Gruppe lokaler Männer eingefunden hat. Atemlos berichtet William von seinem Fund, und vier der Männer machen sich sofort auf den Weg zu Moran's Paddock, während William zum Polizeibüro weitereilt, wo der örtliche Beamte, Sergeant William Arrell, seinen Dienst versieht. Arrell selbst wird von den Neuigkeiten nicht weniger verstört gewesen sein als die restlichen Männer der kleinen Gruppe. Gewaltverbrechen dieses Ausmaßes gehören, obwohl Gatton und Umgebung nicht gerade eine sichere Gegend ist, nicht zu seinem Erfahrungsschatz. Tatsächlich erfüllt er, späteren Berichten zufolge, eher die Rolle eines Verwaltungsbeamten als die eines aktiven Polizisten. Doch er hat keine Wahl. Zusammen mit McNeil macht sich Arrell auf den Weg zum Fundort der toten Murphy-Geschwister, wo die beiden auf die vier Männer aus dem Hotel treffen.

Die erste Tote, die sich die Männer genauer ansehen, ist Norah Murphy. Sie liegt leicht auf der Seite, das Gesicht etwas zum Boden gedreht, in unmittelbarer Nähe eines Baumes. Ihr Körper ist auf einen Teppich gebettet, der ursprünglich auf dem Boden des Wagens gelegen hat. Norahs Kleidung ist sichtlich zerwühlt und zerrissen. Der Unterleib der jungen Frau und ihre Brüste sind entblößt. Die blau angelaufenen Hände sind auf dem Rücken mit ihrem eigenen Taschentuch gefesselt, und um ihren Hals liegt ein Lederband, das fest zugezogen ist. Die vermutete Todesursache: Eine tiefe Verletzung an der linken Seite des Kopfes der Toten, die Teile des Gehirns bloßlegt.

Etwas entfernt von ihrer Schwester liegen die Leichen von Ellen und Michael Murphy beinahe Rücken an Rücken mit leicht angewinkelten Beinen. Auch Ellen ist offenbar der Schädel eingeschlagen worden, allerdings augenscheinlich nicht mit der gleichen Gewalt wie bei ihrer Schwester. Ihre Hände sind ebenfalls mit dem eigenen Taschentuch auf den Rücken gefesselt, während ihre Kleidung, wenn auch in Unordnung, so doch nicht zerrissen oder in dramatischer Weise verschoben ist.

Auch Michael Murphys Schädel weist eine schwere Verletzung auf, und hinter seinem Ohr stellen die Männer eine kleine Wunde fest, die wie ein Einschlussloch aussieht. Eine Austrittswunde entdecken sie jedoch nicht. Seine Handgelenke weisen Verfärbungen auf, die ebenfalls auf eine Fesselung hinweisen. Am Wagen finden die sechs Männer schließlich auch das Pferd, noch in sein Geschirr eingespannt, tot auf dem Boden liegend. Auch das Tier ist durch einen Schuss in die Stirn verendet.

William McNeil hat nun genug gesehen. Er möchte nicht länger am Ort des Geschehens bleiben und macht sich daher auf den Weg zurück zur Tenthill Farm, um die Familie zu verständigen. Deren Reaktion fällt jedoch anders aus als erwartet. Laut McNeils Angaben sind die Eltern zwar zutiefst schockiert und traurig, doch haben sie keine weiteren Fragen zum Tod ihrer Kinder. Daniel Murphy soll sich lediglich erkundigt haben, ob sie durch Schüsse getötet worden seien. Allerdings ist es schwierig, die »korrekte« Reaktion auf eine solch erschütternde Nachricht zu definieren. Die Murphys führen ein recht hartes Leben und dürften wahrscheinlich nicht sehr offen im Ausdruck ihrer Emotionen gewesen sein.

Nach der ersten oberflächlichen Begehung des Tatortes macht sich auch Sergeant Arrell auf den Weg zurück nach Gatton. Er hat sein Notizbuch vergessen und will zudem dringend Verstärkung anfordern. Denn eines ist ihm schon jetzt klar: Diese Situation übersteigt seine Fähigkeiten als Ermittler. Und bereits zu diesem Zeitpunkt sind alle Weichen gestellt, die dazu führen werden, dass die Ermittlungen zum Scheitern verurteilt sind.

In Gatton angekommen, begibt sich der Sergeant, nach einem Abstecher zu seinem Büro, zügig zur Poststation, um per Telegramm Hilfe vom Polizeihauptquartier in Brisbane anzufordern. Leider ist nicht einmal dieser auf den ersten Blick simple Vorgang eine Routinetätigkeit für Sergeant Arrell. Weil sich niemand sicher ist, wie die Regeln bezüglich der Finanzierung im Falle des Versendens dringender Polizeitelegramme aussehen, wird die Nachricht vom Dreifachmord schließlich als normales, nicht dringendes Telegramm verschickt – und somit von den Kollegen in Brisbane zunächst nicht ernst genommen.

Nachdem er nun mehr oder weniger erfolgreich Verstärkung angefordert hat, kehrt Arrell – diesmal mit seinem Notizbuch – zurück nach Moran's Paddock.

Leider sind seit seinem Aufbruch zwei Stunden vergangen, und die Nachricht vom Tod der drei Murphy-Geschwister hat sich indes in der ganzen Umgebung herumgesprochen. Wenig überraschend hat sich daher in der Zwischenzeit eine große, neugierige Menschenmenge am Tatort versammelt, gegen die die vier von Arrell zur Sicherung des Tatortes abgestellten Männer nichts ausrichten konnten: Von Neugierde getrieben, haben sich die Schaulustigen alles ganz genau angesehen und sowohl die Toten als auch sämtliche möglichen Beweise betrachtet und bewegt. Nichts ist mehr so, wie es ursprünglich vorgefunden wurde, und alle möglichen Spuren, die noch hätten dokumentiert werden können, sind nicht mehr eindeutig mit der Tat in Verbindung zu bringen, sondern könnten ebenso gut von den Schaulustigen verursacht worden sein.

Trotz allem gelingt es Arrell jedoch, in der Nähe der Toten noch einen großen Ast, an dem Blut und Haare haften, sowie eine 9-Millimeter-Patronenhülse sicherzustellen, die wohl aus einem Revolver stammt.

Zu allem Überfluss haben sich mittlerweile auch die Eltern der Getöteten am Tatort eingefunden, wo die Situation, besonders für die Angehörigen, von Minute zu Minute unerträglicher wird. Nicht nur wird den Verstorbenen nicht der gebotene Respekt zuteil, auch das heiße Wetter von um die 40 Grad Celsius ist der Lage nicht zuträglich. Mrs Murphy selbst ist es schließlich, die die Leichen ihrer Kinder mit Tüchern abdeckt, die sie von der Farm mitgebracht hat.

Nach einer Weile werden die Toten endlich auf einen Pferdewagen, tatsächlich ist es der große Wagen der Murphys, geladen und in das bereits erwähnte Hotel in Gatton gefahren, wo die Obduktion stattfinden soll. Der hierfür Verantwortliche ist der örtliche Arzt Dr. von Lossberg. Der Mediziner, der die Untersuchung recht hemdsärmlig angeht, widmet sich zunächst der Leiche Ellen Murphys.

Nachdem von Lossberg die schwere Schädelverletzung als Todesursache dokumentiert hat, kann er anhand der Untersuchung des Intimbereiches der jungen Frau feststellen, dass sie Opfer sexualisierter Gewalt geworden sein muss. An ihren Schenkeln, dem Intimbereich und ihrem Rock dokumentiert er Anhaftungen von Samenflüssigkeit. Gleiches findet er auch an der Leiche Norah Murphys vor. Hier kann er anhand deutlicher Abwehrverletzungen an Armen, Beinen und Gesicht sowie eindeutiger Abschürfungen unter den Fesseln an ihren Handgelenken feststellen, dass sich die junge Frau vehement gegen ihre(n) Angreifer verteidigt haben muss. Zudem kann nachgewiesen werden, dass auch sie Opfer sexualisierter Gewalt geworden ist, die in ihrem Falle zu heftigen Verletzungen des Intimbereiches geführt hat. Auch Norah ist infolge stumpfer

Gewalteinwirkung gegen den Schädel gestorben, jedoch stellt der Arzt zudem tiefe Würgespuren unter dem Lederband an ihrem Hals fest.

Auch an Michaels Unterwäsche findet Dr. von Lossberg Spuren von Samenflüssigkeit, wobei allerdings nicht festgestellt werden kann, ob es sich um die Körperflüssigkeit des oder der Angreifer(s) handelt oder ob sie möglicherweise von Michael selbst stammt. Bei der Untersuchung der möglichen Einschusswunde an Michaels Schädel, während der Dr. von Lossberg mit dem ungeschützten Zeigefinger in der Wunde nach einer Kugel sucht, verletzt sich der Mediziner an einem Knochensplitter derart stark am Finger, dass die Obduktion abgebrochen werden muss und er sich in der Folge eine Blutvergiftung zuzieht.

Unterdessen erreicht das ohne den Vermerk »eilig« versandte Telegramm mit der Nachricht vom Mord und der Bitte um Unterstützung nach einigem Hin und Her Inspektor Frederic Urquhart von der CIB, der Criminal Investigation Branch, in Brisbane. Mittlerweile ist es früher Nachmittag, und inzwischen hat auch Daniel Murphy, der wie erwähnt in Brisbane im Polizeidienst tätig ist, von den Morden erfahren und sich bei einem Bekannten aus Gatton über den Wahrheitsgehalt des Telegrammes rückversichert. Er ist selbstverständlich erschüttert über den Tod seiner Geschwister und möchte unbedingt sofort aufbrechen, um seiner Familie beizustehen und bei den Ermittlungen zu helfen. Es ist jedoch später Nachmittag, als man seinem Gesuch endlich stattgibt, denn auch Inspektor Urquhart scheint keinerlei Anlass zur Eile zu sehen. Nachdem er die Nachricht vom Dreifachmord erhalten hat, begibt er sich zunächst nach Hause, speist ungerührt im Kreis seiner Familie und kümmert sich erst am späteren Abend erneut um den Fall. Tatsächlich sollte er erst Tage später mit einer Gruppe von Ermittlern in Gatton eintreffen, und so nimmt die CIB erst am 5. Januar, zehn Tage nach Auffinden der Leichen, die Ermittlungen auf.

Dieses Verhalten sorgt nun endgültig dafür, dass eine Aufklärung der Tat vollkommen unmöglich wird: Die ermittelnden Beamten sehen niemals den Tatort im Originalzustand, und auch die Opfer sind bei Beginn der offiziellen Untersuchung bereits beerdigt. Zwar wird eine Exhumierung der Leiche Michael Murphys angeordnet, um sie einer zweiten Obduktion auf der Suche nach der fehlenden Revolverkugel zu unterziehen. Tatsächlich sind diese Bemühungen von Erfolg gekrönt, und man findet die Kugel. Die dadurch gewonnenen Erkenntnisse sollten die Ermittlungen allerdings nicht wesentlich voranbringen.

Natürlich greift die Presse die Meldung von den Todesfällen sofort auf, und während sich die Nachricht von dem Mord in rasanter Geschwindigkeit in ganz Queensland und darüber hinaus verbreitet, erhält die Polizei zahlreiche Hinweise aus der Bevölkerung, und auch die Presse erreichen Briefe mit teilweise recht abenteuerlichen Theorien und Hinweisen auf mögliche Täter. Schnell gerät dabei die eigentlich so beliebte, respektable Familie Murphy in den Fokus. Gerüchte über Inzest unter den Geschwistern und Misshandlungen seitens des Vaters machen die Runde, obwohl es darauf keinerlei objektive Hinweise gibt. Trotzdem werden diese Theorien in der Presse eifrig diskutiert, was naturgemäß zu noch mehr Gerede führt.

Doch damit nicht genug. Auch Michael Murphys Verhalten wird zum Gegenstand zahlreicher Spekulationen. Eine angebliche Affäre mit einem Mädchen namens Katie Ryan wird diskutiert. Im Zuge dieser Beziehung habe Michael die junge Frau geschwängert, sich aber geweigert, sie zu heiraten. Später sei Katie, möglicherweise bei der Geburt des Kindes, im Alter von nur 19 Jahren verstorben. Hatten ihre Brüder an Michael und seinen Schwestern Rache geübt? Wirkliche Beweise gibt es auch für diese Theorie nicht. Zwar ist es unbestritten, dass die Murphys mit den Ryans, die in der Nachbarschaft leben, bekannt sind und dass Michael sich auch mit Katie gut verstand. Doch ist eine sexuelle Beziehung zwischen den beiden und gar eine daraus resultierende Schwangerschaft nicht belegt.

Auch Norah Murphy könnte für manche im Zentrum der Ereignisse stehen. So wissen die Menschen in Gatton zu berichten, dass es zwischen Norah und einer örtlichen Lehrerin, Julia Gleeson, seit Langem eine Fehde gegeben hat. Beide Frauen hätten einander verabscheut und sich gegenseitig immer wieder das Leben schwer gemacht. Infolgedessen habe Julia angeblich »den Verstand verloren«. So vermutet man nun, dass Julias Schwester hinter der Tat stecken und die Rache Norah gelten könnte. Hatte sie Mörder gedungen, die außer Norah auch ihre Geschwister ermordet und Norah auf Anweisung derart schrecklich misshandelt haben?

Leider belasten in dieser für die Familie ohnehin schrecklichen Zeit solche Gerüchte und Verdächtigungen die Murphys zusätzlich, was leider dazu führt, dass sie sich bei den Ermittlungen nicht nur wenig hilfreich, sondern eher unkooperativ verhalten. Die Familie macht zwar durchaus Aussagen gegenüber Freunden und Bekannten – allerdings sind diese wenig förderlich.

In einem dieser Gespräche soll Vater Daniel Murphy behauptet haben, dass die Familie durchaus wisse, wer ihre Kinder getötet habe. Doch wolle man keine Aussage zu der Person machen, um weiteres Blutvergießen zu vermeiden. Eine interessante Aussage, wenn sie denn so getätigt wurde. Tatsächlich gibt es in Gatton und Umgebung – so wie auch in anderen Orten der noch relativ jungen Kolonie Australien – immer wieder Probleme mit lokalen Banden. Diese Zusammenschlüsse junger Männer terrorisierten damals die Menschen, überfielen sie und führten eine Schreckensherrschaft, die auch krumme Geschäfte und Schutzgeldforderungen umfassen konnte. Im Zuge dieser mehr oder weniger organisierten Bandenkriminalität kam es auch immer wieder zu Racheaktionen in Form von Angriffen auf Mensch und Tier. Waren die Geschwister einem solchen Racheakt zum Opfer gefallen? Zielte der Mord direkt auf die Murphy-Familie?

Doch es sollten auch Menschen, die nicht aus Gatton und Umgebung stammen, in den Fokus der Ermittlungen geraten. So berichten mehrere Zeugen, am Abend der Tat einen Fremden, gekleidet in einen dunklen Mantel und mit einem tief ins Gesicht gezogenen Hut auf der Straße von Tenthill nach Gatton gesehen zu haben. Der mittelgroße, kräftig wirkende Mann habe sich seltsam verhalten und vor sich hin gemurmelt, wie eine Zeugin berichtet. Stand dieser Mann mit dem Mord in Verbindung? War er vielleicht ein Komplize der Täter, der den Geschwistern aufgelauert und sie von der Straße abgebracht hatte?

Dann wird Anfang Januar ein weiteres Verbrechen entdeckt, das die Polizei vor die Frage stellt, ob sie es hier mit einem Widerholungs- oder gar Serientäter zu tun haben: Nahe dem Ort Oxley wird im Busch in der Nähe der Straße die Leiche des seit dem 10. Dezember vermissten, 15-jährigen Alfred Hill gefunden. Auch Alfred ist durch einen Schuss hinters Ohr getötet worden, sein Pony starb durch einen gezielten Schuss in die Stirn, und eine Patronenhülse aus einem Revolver findet sich in der Umgebung – genau wie im Murphy-Fall. Aufgrund eines augenscheinlichen Fehlers in der Mechanik des Revolvers, der offenbar vor einem zweiten Schuss stets erst eine Patrone auswirft, können die Ermittler tatsächlich davon ausgehen, dass es sich um ein und dieselbe Waffe gehandelt haben muss, die kurz darauf im Zuge der Morde an den Murphy-Geschwistern benutzt worden ist. Zudem fällt auf, dass der Körper des Jungen so sorgfältig mit Zweigen abgedeckt wurde, dass er den Suchmannschaften zunächst entging.

Schnell wird ein ehemaliger Schulleiter aus Ipswich namens Edward Wilson, der mit seinem 11-jährigen Sohn Claude in der

Gegend lebt, des Verbrechens verdächtigt. Wilson war zuvor wegen sexualisierter Gewalt gegenüber männlichen Kindern und Jugendlichen aufgefallen und wurde für diese Vergehen polizeilich gesucht. Nach längerer Suche wird er schließlich in Albany, Western Australia, verhaftet, und eine Untersuchung gegen ihn wird eingeleitet.

Interessanterweise kann die Tatwaffe, die wahrscheinlich sowohl in Oxley als auch in Gatton verwendet wurde, aufgrund der Aussagen des Sohnes des Verdächtigen, Claude Wilson, eindeutig diesem Edward Wilson zugeordnet werden. Er gibt daraufhin bei der Befragung an, so einen Revolver zwar besessen zu haben, doch sei er ihm von einem unbekannten Dritten abgenommen worden. Hierzu sagen Edward Wilson und sein Sohn Claude übereinstimmend aus, dass sie Alfred Hill am 10. Dezember auf dem Weg nach Oxley getroffen hätten. Kurz darauf habe man Rast gemacht, und Edward Wilson habe Claude angewiesen, am Rastplatz zu warten, während er selbst in den Busch gegangen sei. Dort sei es zu einer Begegnung zwischen ihm, Alfred und einem Wanderarbeiter gekommen, dessen Anwesenheit in der Gegend tatsächlich auch von anderen Zeugen bestätigt wird. Im Zuge dieser Begegnung habe der Wanderarbeiter Wilson die Waffe abgenommen und Alfred und das Pony getötet.

Obwohl die Geschichte alles andere als glaubhaft klingt, könnte sie sich tatsächlich so zugetragen haben. Denn zum einen hätte Edward Wilson nicht die Zeit gehabt, um Alfred Hills Körper sorgfältig zu verstecken. Zudem berichtet Claude, dass sein Vater aufgebracht und verstört zu ihm zurückgekehrt sei, kurz nachdem er zwei Schüsse gehört habe. Dann hätten sie den Lagerplatz hastig verlassen und sich wieder auf den Weg nach Oxley, diesmal allerdings über Umwege, gemacht.

Auch kann Edward Wilson nicht der Mörder der Murphy-Geschwister gewesen sein, da er sich am 27. Dezember nachweislich im weit entfernten Adelaide aufgehalten hat. Weil seine Waffe jedoch in beiden Fällen als Mordwaffe identifiziert wurde, muss sie vor den Gatton-Morden tatsächlich den Besitzer gewechselt haben. Wenn man dann noch die Ähnlichkeit des Modus Operandi der Morde von Alfred Hill und Michael Murphy bedenkt, liegt es mehr als nahe, dass es sich um denselben – bislang unbekannten – Täter gehandelt haben könnte.

Und auch wenn dieser Täter mit an Sicherheit grenzender Wahrscheinlichkeit nicht Edward Wilson war, so wird er doch in der Folge der Ermittlungen zu einer Gefängnisstrafe verurteilt – für seine sexualisierten Übergriffe auf Kinder und Jugendliche.

Tatsächlich ist es nicht unmöglich, dass es sich bei dem Mörder Alfred Hills und zumindest einem der Täter von Gatton um den im Umkreis von Oxley beobachteten Wanderarbeiter gehandelt haben könnte. Hills Leiche war derart gut verborgen, dass sich der Verdacht aufdrängt, hier müsse jemand mit Erfahrung am Werk gewesen sein. Das träfe durchaus auf einen Wanderarbeiter zu. Diese Männer waren in Australien vor allem im 19. und bis zur Mitte des 20. Jahrhunderts vielerorts anzutreffen. Es handelte sich dabei in der Regel um Männer ohne festen Wohnsitz, die auf der Suche nach Arbeit auf einer der zahlreichen Farmen durch das Land zogen. Dabei übernachteten sie oft im Busch und verstanden sich dementsprechend ausgezeichnet auf das Überleben in der Wildnis. Zumeist war ein solcher Wanderarbeiter allein unterwegs, häufig jedoch in Begleitung eines Hundes. Daher verwundert es auch nicht, dass zahlreiche Menschen im Zusammenhang mit den Morden in Gatton und Oxley von der Sichtung eines Wanderarbeiters in Begleitung eines Hundes berichteten. Man stand Fremden ohnehin skeptisch gegenüber, und besonders diese Männer, die ohne eine feste Arbeit mal hier, mal dort ihr Glück suchten, waren den Menschen in den Dörfern und Städten entlang ihrer Routen zutiefst suspekt.

Inspektor Urquhart jedenfalls ist von der Theorie, dass ein Wanderarbeiter für die Morde verantwortlich ist, fest überzeugt. Für eine derart schreckliche Tat muss ein Fremder verantwortlich sein, und ein Mann, dessen Beschreibung durchaus auf einen Wanderarbeiter passen könnte, war ja auch von den Zeugen am Tatabend auf der Straße nach Gatton gesehen worden.

Bald darauf findet er in Richard Burgess, einem Wanderarbeiter zweifelhaften Rufes, seinen Verdächtigen. Obwohl man keinerlei Beweise für Burgess' Schuld finden kann und er sich nachweislich zum Tatzeitpunkt gar nicht in Gatton oder der näheren Umgebung befand, wird er inhaftiert. Die Begründung? Burgess ist ohne festen Wohnsitz und somit nicht in der Lage, sich selbst zu versorgen. Die Morde von Gatton kann man ihm jedoch nicht anhängen, da es absolut keine Beweise für seine Schuld gibt.

Während Urquhart also seinen favorisierten Verdächtigen hinter Schloss und Riegel weiß, kommt das Gerücht auf, dass ein Schlachtergehilfe namens Thomas Day, alias Thomas Turner, alias Teo Farmer, etwas mit der Tat zu tun haben könnte.

Day, der erst seit Anfang Dezember in Gatton weilt, wird am Tag nach der Tat mit einem blutigen Pullover gesehen, von dem er jedoch behauptet, er sei im Zuge seiner Arbeit im Schlachthaus schmutzig geworden – was sein Arbeitgeber, der keine gute Meinung von Day hat, bestreitet. Days Unterkunft aber liegt in der Nähe von Moran's Paddock, der Mann hat kein Alibi für die Tatzeit und verlässt kurz nach Bekanntwerden der Morde plötzlich die Gegend.

Urquhart ist jedoch sicher, Day kann unmöglich der Mörder sein. Seine Begründung: Der Mann liest. Nach Überzeugung des Inspektors kann ein gebildeter Mensch kein Mörder sein. Er ist derart von der Schuld des Wanderarbeiters Burgess überzeugt, dass er andere Verdächtige nicht mehr in Betracht zieht.

Dennoch wollen wir noch einen Blick auf einen Verdächtigen werfen, an den wir beim Verfolgen der Ereignisse sicher alle zumindest kurzzeitig gedacht haben: William McNeil. Immerhin ist bekannt, dass seine Beziehung zur Familie seiner Frau mehr als kühl ist und dass er am Abend der Morde von den Geschwistern zum wiederholten Male zurückgewiesen worden ist. Er wusste, wo er die drei allein antreffen würde, könnte sich auf diese Weise an der ungeliebten Schwiegerfamilie gerächt und sich der drei ungeliebten Verwandten entledigt haben.

Doch scheint diese Möglichkeit tatsächlich so gut wie ausgeschlossen: Zum einen ist McNeil der Erste, der ernsthaft um das Wohlergehen der Geschwister besorgt zu sein scheint. Zum anderen ist er im Laufe der Nacht im Hause der Murphys gesehen oder zumindest gehört worden. Nun könnte man natürlich spekulieren, dass die Familie ihn, um ihrer Tochter und der kleinen Kinder willen, letztlich doch schützen will und deshalb keine wahrheitsgemäßen Aussagen über seinen Aufenthalt in der Tatnacht macht. Allerdings scheint dies nicht sehr wahrscheinlich. Schließlich versuchen die Murphys seit Langem, Schwiegersohn William loszuwerden, und hätten diese Möglichkeit wahrscheinlich nicht verstreichen lassen. Oder sind die Murphys nur einem Irrtum aufgesessen, und William McNeil hat sich doch am späten Abend unbemerkt aus dem Hause geschlichen?

Bis heute, über 120 Jahre nach den tragischen Ereignissen des 26. Dezember 1898, ist ungeklärt, wer die Leben der drei Murphy-Geschwister und das des jungen Alfred Hill auf solch grausame Weise beendete. Tatsächlich war die Untersuchung der Morde vom ersten Moment an zum Scheitern verurteilt. Die Polizei war überfordert und desinteressiert, die lokale Bevölkerung und die Presse verdächtigten alles und jeden, und die Verschlossenheit der Familie machte zudem eine Aufklärung des Verbrechens mehr als unwahrscheinlich.

Und so wird bis heute spekuliert, was in dieser australischen Sommernacht geschah.

Schaut man sich alle Indizien an, so ist es unwahrscheinlich, dass ein Einzeltäter für die Morde in Gatton verantwortlich ist. Es wäre so gut wie unmöglich gewesen, drei Menschen auf einmal in Schach zu halten, selbst wenn der Angreifer eine Schusswaffe nutzte, um sie zu bedrohen. Gerade Michael Murphy war ein körperlich starker, junger Mann und verfügte über eine militärische Ausbildung. Er hätte sich sicher gegen einen einzelnen Angreifer verteidigen können. Auch sprechen die schrecklichen Verletzungen vor allem Norah Murphys dafür, dass sie von mehr als einem Täter misshandelt wurde. Insgesamt scheint es zudem eher unwahrscheinlich, dass es sich bei den Geschwistern um Zufallsopfer handelte. Ein Raubmord kann ausgeschlossen werden, da wohl nichts entwendet wurde. Auch wäre die Brutalität, mit der die Morde und die vorhergehenden Übergriffe ausgeführt wurden, hierfür völlig unnötig. So liegt das Motiv für die grausame Tat letztlich im Dunkeln.

Wie schon den Zeitgenossen bleibt auch uns also nur das Gefühl, dass dieser Fall hätte aufgeklärt werden können, wenn die Umstände der Zeit, in der die Morde geschahen, andere gewesen wären. So aber bestand wohl von Beginn an nie eine Aussicht auf Gerechtigkeit für Ellen, Norah und Michael Murphy – warum auch immer sie in dieser Dezembernacht sterben mussten.

Der Fall Grete Beier

1907

Die Geschichte über die Verbrechen der Grete Beier scheint auf den ersten Blick schnell erzählt. Doch je weiter man sich in die Geschehnisse vertieft, umso mehr ist aufzudecken. Blickt man als unbeteiligte Person und von heute aus zurück, hofft man unwillkürlich auf einen anderen Ausgang der Geschehnisse im Sinne aller Beteiligten – schließlich ist niemand davor gefeit, sich gesellschaftlichem Druck zu beugen oder falsche Entscheidungen zu treffen. Auch wenn solche Überlegungen in keiner Weise die schlussendliche Verantwortung oder gar die Schuld Grete Beiers mindern, geht uns ihr Schicksal auch heute noch nahe. Gerade da ihr Fall eine so große Wirkung hat, sei an dieser Stelle darauf hingewiesen, dass neben dem Mordfall an sich auch Themen wie Suizid und Schwangerschaftsabbruch angesprochen werden.

Es ist der 14. Mai 1907, als in Chemnitz vermutlich die Haushälterin von Oberingenieur Kurt Preßler ebendiesen in seiner Wohnung tot auf einer Chaiselongue auffindet, seine Augen mit einer Stoffserviette verbunden. Es sieht so aus, als habe er sich selbst in den Mund geschossen, denn abgesehen von der deutlich erkennbaren Wunde, liegt neben der Leiche auf dem Boden die noch geladene Schusswaffe. Auf einem Tisch im Raum sind die folgenden Gegenstände angerichtet: Kaffeegeschirr, eine Flasche mit Eierlikör und zwei entsprechende Gläschen. Zumindest eines davon scheint benutzt. Daneben liegen zwei Briefe, einer in einem Umschlag, der andere offen. Geben sie möglicherweise Aufschluss darüber, was hier geschehen ist? Unter dem offen einsehbaren Schreiben findet sich die Unterschrift einer gewissen Leonore Preßler geb. Ferroni, wohl Kurt Preßlers Ehefrau. Aus dem Geschriebenen geht hervor, dass sie aus Italien nun wieder nach Chemnitz gekommen sei und sich mit Preßlers »Braut« in Verbindung gesetzt habe. Anscheinend weiß die junge »Zukünftige« nichts von der Ehe Kurt Preßlers mit Leonore, die dem laufenden Betrug an der jungen Frau ein Ende machen will. Leonore Preßler fordert ihren Ehemann dazu auf, entweder selbst die Wahrheit zu offenbaren – oder sie werde dies übernehmen.

Der andere, noch kuvertierte Brief ist adressiert an »Fräulein Gretel Beier Brand/Sachsen«. Enthalten ist das vermeintliche Testament des Toten, datiert auf den 9. Mai 1907. Darin wird eine gewisse Marie Margarete Beier – offenbar Kurt Preßlers junge Verlobte – zur Universalerbin bestimmt, während Preßlers Familie gebeten wird, auf das Pflichtteil zu verzichten. Es wird angedeutet, dass etwas herausgekommen sei, was Kurt Preßler lieber verheimlicht hätte. Die Behauptungen seiner ersten Frau seien zwar wahrheitsgemäß, jedoch erhebe sie keinen Anspruch auf einen Teil des Erbes.

Insgesamt scheint das »Testament« den Eindruck eines entschiedenen, aber keineswegs traurigen oder reuevollen Verfassers wecken zu wollen. Hingegen wird mehrfach betont, wie sehr er das Leben genossen habe. Ebenfalls auffällig ist, wie oft auf die finanzielle Versorgung der Verlobten hingewiesen wird: Sie solle all sein Geld erhalten und uneingeschränkt darüber verfügen. Die Sachlage scheint somit klar: Ein verheirateter Mann, dessen Frau im Ausland weilt – wohl weil es bereits Unstimmigkeiten zwischen den Eheleuten gibt –, verlobt sich mit einer anderen, jüngeren Frau. Diese weiß jedoch nichts von der bereits bestehenden Ehe. Konfrontiert mit der bevorstehenden Enthüllung seines trügerischen Verhaltens der Verlobten und der Öffentlichkeit gegenüber, entscheidet sich der Mann zur Selbsttötung und ernennt seine Verlobte – als vermeintlich letzte noble Tat – zur alleinigen Erbin.

Weil zunächst alles so gut zu passen und so plausibel scheint, nehmen die Dinge ihren geregelten bürokratischen Gang, ohne dass die Polizei hinzugezogen wird. Das hat jedoch zur Folge, dass detaillierte kriminologische Untersuchungen an Fundort und Leiche ausbleiben. Der Bezirksarzt bescheinigt nach einer Leichenschau schlicht einen Suizid. Und entsprechend dem Wunsch des Verstorbenen wird seine Leiche am 16. Mai 1907 in Gegenwart von Familie und Verlobter eingeäschert. Noch am selben Tag reicht die designierte Alleinerbin gemeinsam mit dem Bruder des Verstorbenen das aufgefundene Testament beim Amtsgericht ein. Somit geht das Erbe Kurt Preßlers an Grete Beier.

An diesem Punkt könnte die Geschichte zu Ende, dieses Kapitel beendet sein. Doch wenig später laufen Ermittlungen an. Allerdings nicht wegen des Todes von Kurt Preßler, vielmehr ist es die Anzeige eines Diebstahls im Hause Beier, die die Behörden auf den Plan ruft. Nur wenige Wochen zuvor ist ein Verwandter von Grete Beiers Mutter verstorben, der seinen Besitz – darunter auch eine Schatulle mit Sparbüchern und Bargeld – seiner Schwester und einen Geldbetrag Grete vermacht hatte. Auch wenn somit nur peripher vom Erbe betroffen, kommt die Schatulle mit den Sparbüchern in die Hände der Familie von Grete Beier – »zur Verwahrung«.

Am 24. Mai 1907 schließlich, also knapp eine Woche nach der Einäscherung von Kurt Preßler, fällt auf, dass 300 Mark und eines der Sparbücher mit einem Guthaben von 4200 Mark aus der Kassette fehlen. Doch der Schatulle ist nicht nur etwas entnommen, sondern verdächtigerweise auch etwas hinzugefügt worden: ein mutmaßliches Testament der längst verblichenen Ehefrau des Verstorbenen. Demnach solle ihr Besitz nach dem Tod ihres Ehemanns größtenteils an Grete Beiers Mutter gehen, Grete darüber hinaus eine Hypothek erhalten. Ist dieser Letzte Wille authentisch, sind zu diesem Zeitpunkt Grete Beier und ihre Mutter die Nutznießerinnen. Doch anstatt die Echtheit des Testaments zu prüfen, macht sich der Rest der Großfamilie Beier zuerst auf die Suche nach dem verschwundenen Sparbuch.

Von der Bank erfahren sie, dass dort am 2. Mai 1907 – also fast einen Monat bevor der Diebstahl bemerkt wird – eine Frau das Geld des Sparbuchs abgehoben habe; sie habe den Namen Erna Voigt angegeben und behauptet, die Nichte des Toten zu sein. Da eine Frau dieses Namens der Familie jedoch nicht bekannt ist, zeigen die Beiers den Sparbuchdiebstahl an, und schnell führen die nun aufgenommenen Polizeiermittlungen zu der Erkenntnis, dass die ominöse Erna Voigt niemand anders ist als Grete Beier. Ein Bankangestellter kann sie zweifelsfrei identifizieren, woraufhin die junge Frau am 10. Juni den Diebstahl von Sparbuch und Bargeld gesteht. So sind es ein Diebstahl und das unrechtmäßige Auflösen eines Sparbuches, die Grete Beier in den Fokus der Ermittlungen bringen.

Sie begründet ihre Tat zunächst damit, dass sie nicht habe leer ausgehen wollen, denn die echte Erna Voigt habe vorgehabt, das Testament des toten Verwandten anzufechten. Als Beweis legt Grete Beier einige Briefe vor. Doch nicht zuletzt weil Erna Voigt nicht wirklich existiert, stellen sich diese allesamt als von Grete angefertigte Fälschungen heraus. Vermutlich mithilfe einer Hebamme, die im Haushalt der Beiers lebt, hat Grete den Schlüssel zur Schatulle gestohlen und Nachschlüssel anfertigen lassen. Immerhin 150 Mark vom erbeuteten Geld verwendete Grete Beier denn auch, um ihre Schuld bei der Hebamme zu begleichen. So verhaftet die Polizei die 21-jährige Grete Beier und klagt sie am 16. August 1907 in der Sache an.

Hiermit hätten alle Verfehlungen Gretes aufgedeckt sein und dieses Kapitel abermals abgeschlossen sein können. Allein: Wir sind erst am Anfang des Falles. Um das ganze Ausmaß der Ge-

10 Marie Margarethe Beier

schehnisse zu verstehen, lohnt sich an diesem Punkt ein Blick zurück auf das Leben der Grete Beier bis zu ihrer Verhaftung.

Marie Margarete Beier, genannt Grete, kommt am 15. September 1885 als Tochter des Bürgermeisters von Brand – einem Ort zwischen Chemnitz und Dresden – und seiner Frau zur Welt. Sie erhält eine ihrem Stande entsprechende Erziehung. Wie sie später selbst erzählt, hat sie zeitlebens eine enge Bindung zum Vater und eine im gleichen Maße angespannte Beziehung zu ihrer vermeintlich gefühlskalten Mutter. Zwei Jahre vor den eingangs geschilderten Ereignissen, am 25. Februar 1905, lernt die junge Frau auf einem Maskenball den Kaufmannsangestellten Hans Merker aus Freiberg kennen. Ein Aufeinandertreffen, das Grete später als Liebe auf den ersten Blick beschreiben sollte. Sehr rasch verloben sich die beiden, allerdings zunächst heimlich, da sie mit der Verkündung noch bis zu Gretes 20. Geburtstag warten wollen.

Ihre Vorfreude trübt sich jedoch, als im Juli 1905 herauskommt, dass Hans Merker Geld unterschlagen hat. Um ihrem Verlobten zu helfen und eine Anzeige zu vermeiden, überzeugt Grete ihren Vater davon, die Hälfte der fehlenden Summe zu zahlen, während die andere Hälfte durch Merker in Raten abgestottert werden soll. Doch Gretes Vater tut noch mehr. Er besorgt Hans Merker eine neue Stellung, allerdings unter einer Bedingung: Die beiden Verliebten sollen einstweilen nur brieflich miteinander in Kontakt bleiben. Doch Grete und Hans halten sich nicht an diese Auflage, sehen sich regelmäßig heimlich und kommen sich wohl auch körperlich nah. Allerdings ist Hans seiner Grete offenbar nicht treu, weshalb das Paar im Februar 1906 in einer ausgewachsenen Krise steckt.

Als Grete in dieser schwierigen Zeit auf einem Ball in Chemnitz die Bekanntschaft von Oberingenieur Kurt Preßler macht, kommt es Mitte März zwischen Hans und ihr zum Bruch.

Grete und Kurt hingegen sehen sich in der Folge regelmäßig, und bei einer Feierlichkeit kommt es laut Gretes Aussage zu einem folgenschweren Missverständnis. Die Umstehenden sollen Grete und Kurt eine Verlobung unterstellt haben, die Kurt nicht wahrheitsgemäß verneint. Stattdessen soll er die Annahme noch forciert und damit Grete gänzlich überrumpelt haben. Als Kurt Preßler die plötzliche Verlobung sogar öffentlich machen möchte, hadert Grete nur kurz und gibt schlussendlich nach. Und tatsächlich scheinen sich Gretes Gefühle für Preßler in der Folge zu erwärmen, und auch ihre Eltern freunden sich schnell mit dem Gedanken an eine Hochzeit der beiden an. Sein Freundeskreis beschreibt Kurt als zugleich zurückhaltend, fleißig und anständig, aber zuweilen auch herrschsüchtig und rücksichtslos. Zu diesem Eindruck passt sicher, dass er die Verlobung trotz des Zauderns der Braut durchsetzt.

Doch Grete scheint sich mit der Zeit zunehmend an den negativen Eigenschaften ihres Verlobten zu stören, weshalb sie die Verlobung, in die sie hineingeschlittert ist, bald doch wieder lösen will. Als sie erfährt, dass Hans ihr nachtrauert, mag das zusätzlich Wasser auf ihre Mühlen gewesen sein. An diesem Punkt wollen allerdings weder Kurt noch ihre Eltern ihrem Wunsch nach einem Ende der Verlobung nachkommen. Im Fall der Eltern spielt dabei vermutlich die Angst vor Gesichtsverlust die entscheidende Rolle.

Vielleicht auch, um der vertrackten Situation zu entfliehen und die Verlobung aufzulösen, nähert Grete sich Hans in der Folge wieder an, und die beiden scheinen ihre Beziehung genau da wieder aufzunehmen, wo sie endete – Körperlichkeiten eingeschlossen. Schließlich kann Grete Hans dazu überreden, Kurt Preßler einen Brief zu schreiben, in dem er von ihrer neu entflammten Beziehung berichtet, möglicherweise in der Hoffnung, dass Kurt die Verlobung dann lösen muss. Doch sie hat die Rechnung ohne ihre Eltern gemacht – diese beteuern gegenüber Kurt die Keuschheit ihrer Tochter, und so verfehlt der Brief seine Wirkung. Für Gretes Eltern kommt wohl nur die Hochzeit mit Kurt Preßler infrage.

Als könne die Situation nicht komplizierter werden, bemerkt Grete Mitte Juli 1906, dass sie von Hans ein Kind erwartet. Die werdenden Eltern nehmen die Neuigkeit zunächst erfreut auf, vielleicht auch, weil dadurch eine Auflösung der Verlobung mit Kurt wieder in greifbare Nähe rückt. Dieser reist, noch unwissend, im August mit seiner Verlobten und den Schwiegereltern in spe ins Rheinland, um Grete seiner Mutter in Köln vorzustellen. Doch aus der geplanten Familienzusammenführung wird nichts: Während eines Zwischenstopps in Koblenz eskaliert die Situation zwischen Grete und Kurt, was darin gipfelt, dass die erzürnte Grete den Verlobungsring zurückgibt.

Nun hätte der Weg für Grete und ihren Hans frei sein, das gemeinsame Kind die Beziehung krönen können, doch anstatt Wohlgefallens stellt sich bald weiterer Verdruss ein, denn die Eltern von Kurt und Grete intervenieren. Während Kurts Mutter Grete Beier brieflich darum bittet, es sich doch noch einmal zu überlegen, wünschen Gretes Eltern, dass das Ende der Verlobung zunächst geheim gehalten und Kurt Preßler weiter im Haus der Familie als Gast begrüßt werden soll. Umso größer ist anscheinend der Ärger bei Gretes Mutter, als Grete ihr im September 1906 offenbart, dass sie von Hans Merker schwanger ist. Seine finanziell und juristisch schwierige Situation trägt das Ihre zum Unmut der Mutter bei. Doch die einzige Reaktion besteht offenbar darin, ihre Tochter dazu anzuhalten, entweder schnellstmöglich mit Kurt zu schlafen, um das Kind als seines ausgeben und die Verlobung doch noch retten zu können – oder die Schwangerschaft abzubrechen. Und tatsächlich wendet sich Grete – dem Wunsch ihrer Mutter folgend – wohl wieder Kurt Preßler zu. Zu Geschlechtsverkehr zwischen den beiden kommt es jedoch offenbar nicht. Womöglich ist die junge Frau hin- und hergerissen, spielt auf Zeit und hegt die Hoffnung, dass Hans Merker seine Probleme noch in den Griff bekommen könnte.

Doch diese Hoffnung scheint nicht lange zu währen, denn den später zusammengetragenen Unterlagen zufolge bricht Grete die Schwangerschaft im November 1906 ab. Hans gegenüber deutet sie allerdings zunächst an, dass Kurt gemeinsam mit ihrer Mutter beim Ende der Schwangerschaft nachgeholfen habe. Ob Kurt jedoch überhaupt zu diesem Zeitpunkt von Gretes Schwangerschaft weiß, ist heute nicht mehr zweifelsfrei zu sagen.

Hans ist angesichts von Gretes Geschichte außer sich, macht im Hause Beier eine Szene und plant, sich an Kurt Preßler zu rächen, weshalb es Grete einiges an Überredung kostet, eine Konfrontation der Männer zu verhindern. Nicht verwunderlich also, dass all diese Ereignisse bei Grete ihre Spuren hinterlassen. Später wird sie berichten, dass sie in dieser Zeit überlegt habe, sich selbst zu töten und so dem – in ihren Augen – unlösbaren Teufelskreis ein Ende zu setzen. Am 5. Dezember 1906 eröffnet Kurt Grete jedoch endlich, dass er die Verlobung auflösen möchte. Ihr stehe frei, den Termin der Bekanntmachung festzulegen.

Ein weiteres Mal hätte sich nun alles in Wohlgefallen auflösen können, und alle Beteiligten hätten, wenn auch gezeichnet, ihr restliches Leben weiterleben können. Nur lernt Hans – weiterhin in einer Beziehung mit Grete und unverwandt wütend auf Kurt Preßler wegen dessen vermeintlicher Rolle beim Abbruch der Schwangerschaft – anscheinend nichts dazu und häuft abermals Schulden an. So droht ihm Anfang 1907 erneut eine Anzeige wegen Unterschlagung, obwohl auch Grete ihm wohl immer wieder Geld zugesteckt hat. Auch Gretes Vater hilft ein weiteres Mal, aber nur unter der Bedingung, dass Hans sich ab sofort von Grete fernhält und ihm alle Briefe der Tochter aushändigt. Doch Hans behält in Wirklichkeit nicht nur Teile der Korrespondenz, sondern Grete und er bleiben heimlich ein Paar. Hans offenbart Grete wohl auch wenig später, dass er genau jene Briefe behalten habe, in denen sie vom Ende der Schwangerschaft berichtet.

Damit hat er sie in der Hand; zu jener Zeit ist Schwangerschaftsabbruch immerhin eine Straftat, die er melden könnte. Solcherart in die Ecke getrieben, weiß Grete keinen anderen Ausweg, als sich wieder Kurt zuzuwenden. Sie vermittelt ihm offenbar recht erfolgreich den Eindruck, ihn noch zu lieben und tatsächlich heiraten zu wollen, denn am 17. Februar 1907 macht Kurt Grete einen Heiratsantrag, den sie annimmt. Am 14. Mai soll Hochzeit gefeiert werden, und bald suchen die Verlobten in Chemnitz nach einer gemeinsamen Wohnung. Doch wieder sind die alten Verbindungen nicht erfolgreich gekappt, denn Grete steht, trotz der Vorgeschichte, immer noch in romantischem Briefkontakt mit Hans Merker.

Kehren wir mit all diesem Vorwissen über die Irrungen und Wirrungen im Leben der Grete Beier nun zurück zur mutmaßlichen Selbsttötung Kurt Preßlers und der seit Ende Juni 1907 wegen Diebstahls und Betrugs inhaftierten Grete. Ihr ist es zwischenzeitlich aus der Haft heraus gelungen, mittels in Wäschestücke eingenähter Botschaften unter anderem in Kommunikation mit Hans Merker zu treten. Sie soll ihn zu ihrer eigenen Entlastung unter anderem dazu aufgefordert haben, eine Verwandte von ihr zu ermorden und deren Tod als Suizid zu inszenieren. Aus dem fingierten Abschiedsbrief der Toten hätte dann hervorgehen sollen, dass diese Verwandte, nicht Grete, das Sparbuch veruntreut habe, nun aber mit der vorgeblich fälschlichen Inhaftierung Gretes nicht mehr habe leben können. Nicht Gretes erster oder letzter verworrener Plan, doch Hans Merker soll sich geweigert haben, diesen in die Tat umzusetzen.

Als Gretes geheimer Briefverkehr aus dem Gefängnis auffliegt, nimmt die Polizei Hans Merker in die Mangel. Er gesteht, von Grete das restliche gestohlene Geld aus der Schatulle des verstorbenen Verwandten erhalten zu haben, und er wird verhaftet.

Doch damit nicht genug, denn bereits seit dem 7. September ermitteln die Behörden wegen kursierender Gerüchte gegen Grete nicht mehr nur wegen des gestohlenen Geldes, sondern auch wegen der Abtreibung. Grete bestreitet die Anschuldigungen und behauptet, ein Treppensturz habe zu einer Fehlgeburt geführt. Hans gibt zudem zu den Akten, dass sie sich sehr auf das Kind gefreut habe. Doch der Sturz bleibt unbewiesen. Daraufhin bezichtigen Hans Merker und Grete nun wiederum Gretes Mutter, eine Fehlgeburt durch die Gabe eines Mittelchens provoziert zu haben, das sie gemeinsam mit Kurt versucht haben soll, Grete gegen deren Willen zu verabreichen. Angesicht dieser Anschuldigungen nimmt die Polizei dann auch am 25. September 1907 Gretes Mutter wegen des Verdachtes auf Abtreibung fest. Sie weist die Bezichtigungen weit von sich.

Wie sich später herausstellen sollte: zu Recht. Niemand anders als Grete selbst fasste offenbar den Entschluss zum Abbruch der Schwangerschaft. Die ihr ausweglos erscheinende Situation und auch die Sorge um einen möglichen Gesichtsverlust der Eltern angesichts einer unehelich schwangeren Tochter sollen sie dazu getrieben haben. Mitte November 1906 hatte Grete offenbar mithilfe der im Hause der Beiers wohnenden Hebamme die Schwangerschaft abgebrochen.

Doch mit fortschreitenden Ermittlungen bleiben Betrug, Diebstahl und Abtreibung nicht die einzigen Verbrechen, deren man Grete Beier beschuldigt. Wie bei einem Stück Stoff, das sich beim Ziehen eines Fadens immer weiter und unaufhörlich auflöst, tritt immer mehr zutage. Bereits im Juli 1907 äußert der Untersuchungsrichter Grete gegenüber den Verdacht, sie sei auch für den Tod von Kurt Preßler verantwortlich, und es handele sich nicht um Selbsttötung. Sie habe zudem sein vermeintliches Testament gefälscht.

Angesichts wachsender Zweifel an der Moral der inhaftierten Grete betraut Kurt Preßlers Bruder einen Schreibsachverständigen mit der Prüfung der beim Toten gefundenen Schriftstücke. Dieser kommt zu einem eindeutigen Ergebnis: Es sind beides Fälschungen. Als im September 1907 dann Hans Merkers Aussagen diese Verdächtigungen bestätigen, beginnen auch in dieser Sache Ermittlungen.

Und Grete? Sie wandelt ihre Aussagen von nun an immer wieder aufs Neue ab, gesteht und widerruft mehrfach. In gleichem Maß, wie sie zuvor offenbar zwischen den beiden Männern hin- und hergerissen war, mäandert sie nun zwischen Wahrheit, Lüge und dazwischenliegenden Grauzonen. Auf der Suche nach der Wahrheit sind die Ermittelnden somit umso mehr auf valide Beweise angewiesen, die sie etwa bei der Durchsuchung von Gretes Wohnung finden – und auch auf Gretes Briefe, die Hans Merker ihnen übergibt.

Schließlich, im Oktober 1907, gesteht Grete Beier. Kurt Preßlers vermeintliche Ehefrau Leonore Ferroni existiere überhaupt nicht, und Kurt habe sich am 13. Mai 1907 in seiner Wohnung in ihrem Beisein erschossen. Auslöser sei ihre Offenbarung gewesen, ihn doch nicht heiraten zu können. Im darauffolgenden Streit habe er aus seinem Schreibtisch einen Revolver gezogen und sie damit bedroht, sich schlussendlich jedoch selbst auf die Chaiselongue gesetzt, die Augen verbunden und die Waffe gegen sich selbst gerichtet. Schockiert habe Grete daraufhin fluchtartig die Wohnung verlassen.

Doch Gretes Aussage erklärt nicht, wie und wann die gefundenen Schriftstücke – das Testament und der Brief der vermeintlichen Ehefrau – auf den Tisch gelegt worden sind, und so korrigiert Grete erneut ihre Ausführungen. Sie räumt nun ein, beides gefälscht sowie Preßlers erste Ehefrau erfunden zu haben. Die Mär habe ursprünglich nur dazu dienen sollen, Zeit zu gewinnen. Denn Grete habe Angst davor gehabt, dass Hans Merker sie mit der Abtreibung erpressen könne, wenn sie Kurt Preßler doch heirate. Da sie nicht wusste, wie sie Hans ruhigstellen könne, habe sie die Geschichte erfunden, dass sie sich mit Kurts vermeintlich verschwiegener Ehefrau verbündet hätte, um Kurts Lüge vor Publikum auffliegen zu lassen. Kurts »Ehefrau« habe laut diesem Plan mitten in die Hochzeitsfeierlichkeiten platzen sollen. Und damit Hans ihr diese ganze verworrene Geschichte abnahm, habe Grete einen Briefwechsel zwischen sich und der vermeintlichen Ehefrau fingiert. Hans Merker sollte glauben, dass Grete gar nicht wirklich vorhabe, Preßler zu heiraten, sondern die Hochzeitsfeier nur als Gelegenheit nutzen wolle, Preßler bloßzustellen.

Was für ein undurchsichtiger Plan! Da verwundert es wenig, dass Grete sich dazu von einem Schundroman hat inspirieren lassen. Doch Hans durchschaut die Finte und erkennt, dass Grete den Briefwechsel mit der vermeintlichen Ehefrau Ferroni gefälscht hat. So hat er Grete fester in der Hand als je zuvor und drängt sie, sich endgültig von Preßler zu trennen. Doch Grete fasst nun einen anderen Plan.

Angesichts all der Lügen sind die Ermittelnden an diesem Punkt mehr als skeptisch, was die Hintergründe von Kurt Preßlers angeblichem Suizid betrifft. Grete ist die Einzige, die von seinem Tod profitiert, und ihre Glaubwürdigkeit sowie moralische Integrität erscheinen zu diesem Zeitpunkt denkbar zweifelhaft. Schließlich bleibt Grete nichts anderes übrig: Sie gesteht im November 1907, Kurt Preßler erst betäubt und dann erschossen zu haben. Den Revolver habe sie aus dem Rathaus entwendet, in dem ihr Vater arbeitet, dann habe sie Preßler im Spiel die Augen verbunden und ihn gebeten, den Mund zu öffnen. Sie habe den Lauf der Pistole hineingesteckt und abgedrückt. Die Geschichte um die erfundene Frau Ferroni habe ihr helfen sollen, Kurt einen fingierten Suizid anzuhängen und von seinem Erbe zu profitieren.

Erneut wandelt Grete in den Befragungen ihre Darstellung im Detail jedoch immer wieder ab, will erst Morphium, dann Opium und später Zyankali benutzt haben. Dann will sie das Gift erst in den Kaffee und später in den Eierlikör getan haben. Mal dauerte es lange, bis das Mittel wirkte, dann wieder habe es nur fünf Minuten gebraucht. Mal verband sie ihm die Augen, ehe sie schoss, dann wieder erst im Nachhinein. Immer wieder ändert sie Details oder auch die ganze Aussage. Woran das liegt, ob dieses Verhalten vielleicht auch von den angewendeten Verhörmethoden forciert wurde, können wir heute allerdings nicht mehr nachvollziehen.

Am 24. Januar 1908 wird Grete Beier zur Untersuchung in die Landesanstalt für Geisteskranke in Waldheim überwiesen. Nun behauptet sie erneut und bis zu ihrer Entlassung aus der Anstalt wiederholt, Kurt habe doch Suizid begangen. Die Ärzte attestieren ihr nach eingehender Untersuchung geistige Gesundheit. Sie habe zumindest weder Neurasthenie – damals eine beliebte Diagnose für eine Art nervösen Erschöpfungszustand –, Hysterie oder Epilepsie noch organisch begründete Nervenleiden.

In moralisch-ethischer Hinsicht bescheinigt das erstellte Gutachten Grete allerdings eine Reihe von vermeintlichen Mängeln, wie etwa fehlendes Schamgefühl, eine Neigung zum Lügen oder fehlende Gesetzestreue, was alles jedoch anerzogen sei. Gretes Bezugspersonen wie ihre Eltern oder Hans Merker hätten die junge Frau dementsprechend geformt.

Auf Basis der Ermittlungsergebnisse geht die Anklage schlussendlich von folgendem Tathergang aus: Am 30. April 1907 wendet sich Grete unter falschem Namen an die Redaktion des *Freiberger Anzeigers* mit der Frage, wie man ein Testament zugunsten der Ehefrau aufsetzen müsse und wie es um die Pflichtteile der Verwandten bestellt sei. Parallel dazu scheint sie sich in diesem Zeitraum Kurt Preßler gegenüber vorgeblich zugewandt zu haben. Noch ehe die Zeitung auf ihre Anfrage reagiert, setzt Grete auf der Grundlage eines Buches, das sie bei ihrem Vater findet, das falsche Testament auf und erzählt ihren Eltern von der vermeintlichen ersten Ehefrau ihres Verlobten. Schließlich verabredet sie sich für den 13. Mai mit Kurt in Chemnitz. Ihren Eltern gegenüber behauptet sie, eine Freundin in Freiberg zu besuchen.

Am Montag, dem 13. Mai 1907, fährt Grete mittags nach Freiberg, im Gepäck hat sie nicht nur das falsche Testament und den gefälschten Brief der falschen Ehefrau, sondern auch einen Revolver mit fünf Schuss Munition und zwei Zyankalikapseln. In Freiberg erledigt sie Besorgungen für die Mutter und informiert ihre Freundin, dass sie erst noch nach Chemnitz müsse und später käme. Danach fährt sie nach Chemnitz, wo sie von Kurt am Bahnhof abgeholt wird. Die beiden begeben sich zur Wohnung, in der Kurt bereits wohnt und die das Ehepaar zukünftig gemeinsam bewohnen will. Bei Kaffee und Kuchen soll Kurt immer zudringlicher geworden sein, wohl in der Annahme, dass man sich jetzt, da die Hochzeit endgültig ins Haus stehe, auch auf dieser Ebene endlich näherkommen könne. Möglicherweise um die Stimmung etwas zu lockern, bietet Kurt Grete Eierlikör an, den sie jedoch ablehnt. Während er kurz zur Toilette verschwindet, soll Grete die Chance genutzt und das Zyankali in sein Likörglas gerührt haben.

Als Kurt sie nach seiner Rückkehr weiter bedrängt, sich ihm hinzugeben, fordert Grete ihn offenbar auf, zuerst etwas Eierlikör zu trinken. Das hastig von ihm hinabgestürzte Glas mitsamt dem enthaltenen Zyankali wirkt anscheinend sofort bei Kurt, der mittlerweile auf der Chaiselongue Platz genommen hat, und er kippt zur Seite. Grete verbindet dem Ohnmächtigen nun mit einer Serviette die Augen, holt den mitgebrachten Revolver hervor und schießt Kurt in den Mund. Im Anschluss soll sie die Leiche passend zu einem Suizid arrangiert, die Schriftstücke platziert und danach die Wohnung verlassen haben. Gegen 18 Uhr sitzt sie im Zug nach Freiberg.

In zwei Verfahren vor der Strafkammer I des Königlichen Landgerichts Freiberg verurteilt man Grete Beier im Juni 1908 wegen Abtreibung, Urkundenfälschung und Anstiftung zum Mord zu insgesamt sechs Jahren Zuchthaus und achtjährigem Ehrenrechtsverlust. Am 29. Juni 1908 beginnt unter großem öffentlichem Interesse dann auch der Schwurgerichtsprozess gegen sie, nun wegen Mordes und Urkundenfälschung. Grete erzählt in ihrer Aussage vor Gericht nicht nur davon, wie sie Merker und Preßler kennengelernt habe, sondern auch von dem Mord und wie sie auf die Idee mit der falschen Ehefrau gekommen sei.

Ihr Tatmotiv scheint eine Mischung aus Abneigung gegenüber Preßler, Liebe zu Merker und Habgier gewesen zu sein. Noch in der Nacht auf den 1. Juli wird Grete Beier von den Geschworenen zu acht Jahren Zuchthaus, gänzlichem Verlust der Ehrenrechte und zum Tode verurteilt. Die Geschworenen stimmen allerdings angesichts der drohenden Vollstreckung – weiterhin einstimmig – der Option auf ein Gnadengesuch zu, doch der sächsische König Friedrich August III. lehnt die Begnadigung ab.

Am frühen Morgen des 23. Juli 1908 um 6.30 Uhr wird Grete Beier im Hof des Landgerichtsgefängnisses in Freiberg vor einem fast 200 Personen großen Publikum durch das Fallbeil hingerichtet. Auch vor dem Gefängnis hat sich eine Menschenmenge versammelt. Manche sind aus Neugier und Schaulust da, aber auch viele, weil sie ablehnen, dass eine so junge Frau tatsächlich hingerichtet wird. Die Vollstreckung eines Todesurteils an einer Frau und die nicht erfolgte Begnadigung lösen im Land eine Diskussion über die Todesstrafe aus. Schließlich ist schon seit 1852 in Sachsen keine Frau mehr hingerichtet worden. Um Grete Beiers Leben zu retten, kommt die Debatte jedoch zu spät. Ihre Hinrichtung sollte allerdings die letzte öffentliche Vollstreckung der Todesstrafe an einer Frau im Königreich Sachsen bleiben.

Wer tötete Hazel Drew?

1908

Die Geschichte, mit der wir uns in diesem Kapitel auseinandersetzen, nimmt ihren Anfang im Jahre 1908, als in Sand Lake im US-Bundesstaat New York die Leiche einer jungen Frau in einem Teich aufgefunden wird. Bei dem Versuch, den tragischen Tod aufzuklären, stößt man auf ein Netz aus Verschwiegenheit, Geheimnissen und teils zwielichtigen Charakteren. So merken die Detectives schnell, dass keiner das Opfer, Hazel Irene Drew, wirklich gekannt zu haben scheint. Wenn diese Geschichte bekannt klingt, dann vielleicht, weil der Mord an Hazel Drew die Inspiration für die berühmte Fernsehserie *Twin Peaks* aus den 1990er-Jahren lieferte. Und wie in *Twin Peaks* werden die Hintergründe der Geschehnisse nur verwirrender und undurchsichtiger, je mehr man herausfindet.

Wie bereits erwähnt, ereignet sich die Geschichte um die tote Frau im Teich im Jahre 1908 in Rensselaer County, New York State. Schauplatz der Ereignisse ist die kleine Stadt Sand Lake, die in einer Landschaft aus dicht bewaldeten Hügeln gut 20 Kilometer von der nächstgrößeren Stadt Albany entfernt liegt.

Einer dieser Hügel ist der Taborton Mountain, in dessen dichter Bewaldung normalerweise nicht viele Menschen unterwegs sind. Die einzige Ausnahme bildet die Taborton Road, eine Straße, die über die Anhöhe führt und recht häufig von Fußgängern und Fuhrwerken frequentiert wird. Im Schatten der alten Kastanien und Pinien liegt am Hang neben dieser Straße ein kleiner Teich, den die Einheimischen nach dem Besitzer des Landes Teal's Pond nennen.

Am Morgen des 11. Juli, eines schönen, sonnigen Samstags, kampieren einige Jugendliche aus der Gegend am Ufer des Teal's Pond, wo sie die Nacht zuvor gefeiert haben. An diesem Morgen sind die Jungen damit beschäftigt, ihre Zelte abzubauen, Habseligkeiten einzupacken und die Spuren der letzten Nacht zu beseitigen. Schließlich machen sie sich gut gelaunt auf den Weg nach Hause.

Gegen 9.30 Uhr verlässt Lorenzo Gruber als Letzter das Camp, nachdem seine Freunde ihm voraus bereits die Böschung hinaufgestiegen sind. Als er sich noch ein letztes Mal umdreht, um einen Blick auf den Teich zu werfen, entdeckt er den leblos im Wasser treibenden Körper einer Frau, von der nur Schultern und Kopf über der Wasserlinie sichtbar sind. Panisch ruft Lorenzo seine Freunde zurück, und gemeinsam ziehen sie die vollständig bekleidete Leiche näher ans Ufer, trauen sich aber nicht, sie aus dem Wasser zu bergen.

In der unmittelbaren Umgebung finden die Jungen einen schwarzen Strohhut, an dem drei große schwarze Federn befestigt sind, und ein paar Ziegenlederhandschuhe. Beides sind zu dieser Zeit Kleidungsstücke, die von modebewussten Damen getragen werden und die wahrscheinlich der Toten gehörten. Die Kleidungsstücke sind sorgsam abgelegt und wirken nicht, als seien sie jemandem einfach heruntergefallen oder hingeworfen worden.

Nachdem die Leiche gesichert ist, teilt sich die Gruppe auf. Während einige Jungen am Fundort zurückbleiben, laufen andere in den Ort, um Hilfe zu organisieren. So verbreitet sich die Nachricht von der Toten im Teal's Pond rasant in der Gegend. Bereits nach kurzer Zeit treffen erste Schaulustige am Teich ein, und eine stetig größer werdende Gruppe versammelt sich oberhalb der Böschung, an deren Fuß die Tote im flachen Wasser des Ufers treibt.

Wenig später trifft auch der eigens verständigte Arzt, Dr. Elias Boyce, am Leichenfundort ein. Er weist einige junge Männer aus der Gruppe der Schaulustigen an, die Frau aus dem Wasser auf den schmalen, flachen Uferstreifen zu ziehen.

Kaum ist der Körper geborgen und an Land gebracht, beginnt Dr. Boyce mit der ersten Leichenschau. Er vermutet anhand des Zustandes der Leiche, dass sie seit etwa einer Woche im Wasser gelegen haben muss. Um den Hals der Frau ist mehrfach ein rosa Band geschlungen, das sich zu diesem Zeitpunkt bereits tief in die Haut einschnürt. Dr. Boyce schneidet dieses Band ab und nimmt es als Beweisstück mit.

Nach dieser ersten, oberflächlichen Begutachtung wird die Tote in das örtliche Leichenschauhaus im Bestattungsinstitut der Larkin Brothers im nahe gelegenen Averill Park verbracht. Dr. Boyce informiert unterdessen den zuständigen Friedensrichter Ebenezer Martin darüber, dass der Tod der Frau als verdächtig einzustufen ist. Damit wird eine Untersuchung notwendig. Sofort werden die Distriktbehörden von Rensselaer County offiziell über den Leichenfund informiert, und die Ermittlungen unter der Leitung des Staatsanwalts des Rensselaer County namens Jarvis O'Brian und des leitenden Ermittlers Detective Duncan Kaye werden eingeleitet.

Während sich die beiden zum Teal's Pond aufmachen, um sich ein Bild von der Fundstelle zu machen, wird die Obduktion durch drei Ärzte, darunter Dr. Boyce, durchgeführt. Bei der äußerlichen Untersuchung wird deutlich, dass die Kleidung der Toten von hoher Qualität und in gutem Zustand ist. Sie ist weder zerrissen, noch wirkt sie in irgendeiner Weise deplatziert und besteht neben hochwertiger Unterwäsche aus einem schwarzen Rock und Unterrock, einer weißen Bluse und schwarzen Lederschuhen mit Absatz. An dem in der Nähe gefundenen Strohhut findet sich eine Hutnadel, die mit dem Buchstaben »H« verziert ist. Zudem wird an ihrer Bluse eine vergoldete Anstecknadel gefunden, in deren Rückseite die Initialen »H.I.D.«

eingraviert sind. Weder an der Leiche noch in der Umgebung der Fundstelle stößt man auf eine Handtasche, Börse oder irgendwelche Papiere.

Der Körper selbst weist, vor allem im Bereich des Kopfes, starke Verwesungsspuren auf, weshalb die Mediziner das Alter der Toten nur grob auf 30 bis 35 Jahre schätzen können. Die Verstorbene hat blondes Haar und helle Haut, ist mittelgroß und schlank und zeigt darüber hinaus keinerlei besondere Merkmale. Die Untersuchung des Kopfes ergibt, neben einigen Goldfüllungen in den Zähnen, eine große Wunde am oberen Hinterkopf der Toten. Der Schädel ist nicht gebrochen, doch sind sich die Mediziner sicher, dass diese wohl durch einen kräftigen Schlag mit einem stumpfen Gegenstand verursachte Verletzung todesursächlich war.

Dr. Boyce weist die anderen Untersuchenden auf das Band hin, das sich um den Hals der Toten befunden hat, doch kommt man zu dem Schluss, dass sie nicht stranguliert wurde. Vielmehr seien die tiefen Einschnürungen post mortem im Zuge der Verwesungsprozesse entstanden. Das Band, das wohl aus einer Korsage stammt, könnte als Schmuck getragen worden sein. Bei der inneren Leichenschau können weder in der Lunge noch im Magen der Toten Spuren von Wasser dokumentiert werden, und auch ein sexualisierter Übergriff wird im Zuge der Untersuchung nicht festgestellt.

So schließen die Ärzte die Autopsie mit folgendem Ergebnis: Die Tote muss durch einen heftigen Schlag mit einem stumpfen Gegenstand auf den Hinterkopf zu Tode gekommen sein. Nach diesem Schlag habe sie schnell das Bewusstsein verloren und sei nicht mehr in der Lage gewesen, selbstständig in den Teich zu gelangen. Somit muss sie dort nach Eintritt des Todes platziert worden sein.

In der Umgebung vom Teal's Pond finden die Ermittelnden unterdessen keinerlei weitere Hinweise. Im Waldboden und der umgebenden Vegetation entdecken sie weder Anzeichen eines

Kampfes noch Blut oder Fußspuren. Nichts weist auf die Anwesenheit einer weiteren Person oder eine Gewalttat hin. Die Ermittelnden gehen so zunächst von einer Selbsttötung aus – bis sie das Ergebnis der Obduktion erfahren.

Nun gilt es, die Identität der Toten festzustellen, was sich schwierig gestaltet, da sie keine Ausweispapiere bei sich trägt. Anhand der hochwertigen Kleidung geht man zunächst davon aus, dass es sich um eine Dame der besseren Gesellschaft handeln könnte. Ist sie vielleicht im Zuge eines Raubes ums Leben gekommen?

Die Situation ist für die Ermittelnden äußerst verwirrend. Kleidung und Schuhwerk lassen nicht den Eindruck entstehen, sie habe sich auf einem Waldspaziergang befunden. Es scheint möglich, dass die Frau an einem anderen Ort getötet und ihre Leiche später im Teich abgelegt wurde. Doch warum befanden sich dann ihr Hut und ihre Handschuhe ordentlich drapiert oberhalb der Böschung? Zwar könnte der Mörder sie dort hingelegt haben, doch warum sollte er die Gegenstände dorthin mitbringen?

Am 12. Juli veröffentlicht die Lokalzeitung *The Northern Budget* die Geschichte vom Auffinden einer unbekannten Toten im Teal's Pond und verkündet, dass um Mithilfe der Bevölkerung gebeten werde. Daraufhin wird noch am selben Abend ein älterer Mann namens John Drew im Leichenschauhaus vorstellig. Er gibt an, seine Tochter zu vermissen, und bittet darum, die Tote sehen zu dürfen. Dies wird ihm ermöglicht, und tatsächlich kann er sie anhand der Goldfüllungen in ihren Zähnen als seine 20-jährige Tochter Hazel Irene Drew identifizieren.

Hazel Irene Drew wird am 3. Juni 1888 als zweitältestes von fünf Kindern ihrer Eltern in Poestenkill in der Nähe von Sand Lake geboren und wächst dort für die ersten Lebensjahre auf, bis die Familie in die nahe gelegene Stadt Troy zieht. Im Jahre

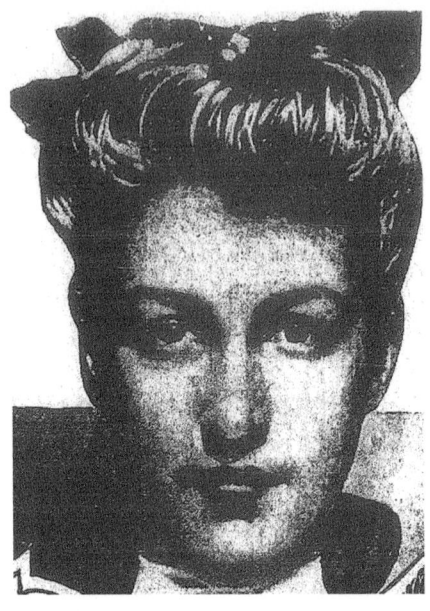

11 Hazel Drew

1902 verlässt sie mit 14 Jahren das Haus ihrer Eltern, um eine Arbeit als Dienstmädchen bei der Familie eines einflussreichen Mitgliedes der Stadtverwaltung aufzunehmen. Troy ist zu dieser Zeit eine mittelgroße Stadt mit einer aufstrebenden Mittelschicht, und aus der Anstellung in einem solch guten Haushalt ergeben sich für die junge Hazel wahrscheinlich Möglichkeiten der sozialen Vernetzung und vielleicht sogar des Aufstieges.

Hazel arbeitet in den folgenden Jahren noch bei weiteren Familien und ist im Sommer 1908 im Haushalt der Familie Cary beschäftigt, die von ihrer Zuverlässigkeit, Anständigkeit und Arbeitsmoral sehr angetan ist. Zudem hat die als äußerst attraktiv beschriebene Hazel ein offenes, freundliches Wesen, besucht regelmäßig verschiedene Kirchen und gewinnt schnell Freunde.

Was aber ist mit der beliebten jungen Frau geschehen? Um der Antwort auf diese Frage näherzukommen, werden zunächst John Drew, seine Frau Julia und ihre Schwiegertochter Eva Drew gebeten, die Kleidung und die Gegenstände, die an Hazels Leiche und dem Fundort aufgefunden wurden, zu identifizieren. Doch das gelingt nicht. Insgesamt scheinen die Drews nicht viel über das Leben ihrer Tochter zu wissen oder mitteilen zu wollen.

Eva Drew jedoch, die ihrer Schwägerin Hazel wohl sehr nahegestanden hat, bittet auch Hazels Schneiderin, Mrs Schumaker, die Familie aufs Polizeirevier zu begleiten und sich die Kleidungsstücke der Toten anzusehen. Diese Mrs Schumaker kann die Kleidung tatsächlich als ihre Arbeit identifizieren und so die letzten Zweifel an der Identität der Toten ausräumen. Die Bluse, die Hazel zum Zeitpunkt ihres Todes trug, hatte die Schneiderin tatsächlich erst am 3. Juli – also acht Tage vor dem Leichenfund – für Hazel angefertigt. Sie berichtet, dass Hazel am späten Abend jenes Tages bei ihr zu Hause vor der Tür gestanden und von ihr verlangt habe, möglichst sofort eine Bluse für sie zu nähen, da sie diese am nächsten Tag tragen wolle. Die junge Frau habe vorgehabt, das Wochenende des 4. Juli – in den USA ein Feiertag anlässlich des Unabhängigkeitstages – im ungefähr 90 Kilometer entfernten Erholungsort Lake George verbringen zu wollen. Eine Reise, von der sie tatsächlich Freunden und Bekannten gegenüber schon seit Wochen schwärmte und auf die sie sich auch nach Aussage der Schneiderin sehr freute. Gegen 23.00 Uhr sei die neue Bluse dann fertig gewesen, und Hazel habe das Haus der Schneiderin zufrieden verlassen.

Eva Drew fügt hinzu, dass Hazel die Anstecknadel, die an ihrer Bluse gefunden wurde, nur zu besonderen Anlässen getragen habe. Sie berichtet weiter, dass Hazel am Morgen des 4. Juli in Begleitung ihrer Tante, Julia Drews Schwester Minnie Taylor, bei ihr zu Hause gewesen sei. Die beiden Frauen haben demnach einen Koffer bei ihr gelassen und ihn später wieder abgeholt.

Julia Drew informiert die Ermittelnden auch darüber, dass Hazel zum Zeitpunkt ihres Verschwindens eigentlich als Hausangestellte bei der Familie Cary in Troy angestellt war. Doch am

6. Juli sei Hazels Truhe – zu jener Zeit Aufbewahrungsort aller persönlichen Besitztümer, die gerade Menschen, die im Haushalt ihrer Arbeitgeber lebten, bei jedem Umzug mitnahmen – bei ihrer Familie angeliefert worden. Die Eltern hätten jedoch nicht versucht, ihre Tochter daraufhin zu kontaktieren.

Sowohl John und Julia Drew als auch Eva Drew betonen, dass Hazel in der Region um Sand Lake gut vernetzt und beliebt gewesen sei und zahlreiche Freunde und Bekannte gehabt habe. Namen kann oder möchte die Familie jedoch nicht preisgeben. Einen Liebsten habe ihre Tochter ihres Wissens nicht gehabt.

Als nächsten Schritt befragen die Ermittler Hazels Arbeitgeber, die wie bereits erwähnt nur Gutes über ihre Angestellte zu berichten wissen. Merkwürdig ist jedoch, dass Hazel am 6. Juli tatsächlich unvermittelt und ohne Angabe von Gründen gekündigt und daraufhin sogleich das Haus der Familie Cary verlassen habe. Später am Tage sei dann Hazels Truhe abgeholt und an ihre Eltern überstellt worden.

Eine der wichtigsten Zeuginnen ist Hazels Tante, Minnie Taylor, deren Aussage die Ermittler nun aufnehmen. Die beiden Frauen standen sich sehr nahe und verbrachten viel Zeit miteinander. Minnie ist 39 Jahre alt und wird wie ihre Nichte als überdurchschnittlich attraktive Frau beschrieben, die jedoch im Gegensatz zu Hazel einen eher ernsten, freudlosen Charakter habe. Auch Minnie ist Hausangestellte in Troy. Sie erzählt bei ihrer Vernehmung, dass ihr Bruder William Taylor ganz in der Nähe des Teal's Pond eine Farm betreibe. Dort habe Hazel in der Vergangenheit oft Zeit verbracht. Sie berichtet weiter, dass Hazel viel gereist sei, unter anderem nach New York City und in andere große Städte, ohne jedoch sagen zu können oder zu wollen, was genau die junge Frau dort gemacht hat.

Eine Freundin der Toten, Carrie Weaver, sollte später in ihrer Vernehmung aussagen, dass sie einmal mit Hazel New York City besucht habe und sehr beeindruckt gewesen sei, wie viel ihre Freundin sich mit ihrem Hausangestelltengehalt von 4,50 Dollar in der Woche, umgerechnet etwa 140 Euro, leisten konnte. Ein für die Zeit gutes Gehalt, das jedoch wahrscheinlich nicht ausgereicht haben dürfte, Hazels doch recht kostspieligen Lebensstil zu finanzieren. Eine Tatsache, die nach Carries Aussage auch im Bekanntenkreis auffiel.

Minnie sagt weiter aus, dass sie sich am Morgen des 4. Juli mit ihrer Nichte getroffen habe, die einen für eine Nacht gepackten Koffer bei sich hatte. Die Damen planten, gemeinsam nach Lake George zu fahren, um dort den Feiertag zu verbringen. Am Bahnhof jedoch entscheidet man sich um und beschließt offenbar, den Tag stattdessen in Troy zu verbringen, sich dort die Parade zur Feier des 4. Juli anzusehen und danach noch einen Vergnügungspark zu besuchen. Den Koffer habe man bei Eva Drew zurückgelassen und am Abend wieder abgeholt. Dann sei man mit dem Zug nach Schenectady zu Verwandten gefahren, wo man die Nacht verbracht habe. Diese werden später aussagen, dass Hazel bei diesem Besuch gut gelaunt gewirkt und keine Pläne für die kommenden Tage erwähnt habe. Am Morgen nach dem Besuch seien Minnie und Hazel ohne Zwischenfall nach Troy zurückgekehrt.

Am 6. Juli kündigt Hazel dann – wie schon bekannt – ohne Vorankündigung oder Erklärung ihre Anstellung bei den Carys und verlässt das Haus mit einem Koffer und einer braunen Handtasche. Auf ihrem Weg besucht sie nochmals ihre Tante Minnie und erzählt ihr, dass sie auf dem Weg nach Watervliet sei, einer weiteren nahe gelegenen Stadt. Dort jedoch erinnert sich später niemand, sie gesehen zu haben.

Hazels Verhalten, wie es die Aussagen der Beteiligten darstellen, verwirrt die Ermittler. Die Reise nach Lake George am 4. Juli hatte Hazel nach allen Angaben seit Monaten geplant, und doch lässt sie sich erst in der letzten Nacht eine neue Bluse zu diesem Anlass schneidern, nur um sich dann doch kurzfristig umzuentscheiden und die Reise nicht anzutreten. Niemand, mit dem die Ermittler sprechen, hat Hazel nach dem 6. Juli erwartet, und auch in Watervliet lässt sich keinerlei Verbindung nachweisen. Hazels Verhalten ist bis zum letzten verifizierbaren Kontakt mit ihrer Tante stets normal und fröhlich. Niemand weiß, wo Hazel ihre letzten Tage verbringt und welche Pläne sie hat – und wo sind ihr Koffer und ihre Handtasche?

Als am 14. Juli, einem verregneten Tag, auf dem Friedhof in Barberville schließlich Hazel Drews Beisetzung stattfindet, erscheinen wohl nur acht bis zehn Trauergäste. Dies ist angesichts Hazels angeblicher Beliebtheit schon bemerkenswert. Ob dies möglicherweise am Wetter liegt oder doch eher daran, dass man nicht wünschte, mit der Toten in Zusammenhang gebracht zu werden, ist fraglich.

Gleich nach der Trauerfeier machen sich die Ermittler auf zum Hof von Hazels Onkel, William Taylor. Dieser gilt in der Gegend als verschroben und hat seit Jahren ein sehr schlechtes Verhältnis zu seinem Schwager John Drew. Das war allerdings nicht immer so.

Tatsächlich lebt Hazels Familie in den ersten Jahren ihres Lebens auf der Farm ihres Onkels, bis es zu einem Streit zwischen ihm und ihrem Vater kommt und die Familie nach Troy umzieht. Nur Hazels ältester Bruder bleibt damals zunächst auf der Farm und lebt dort für eine Weile mit seiner Frau, der bereits erwähnten Eva. Auch im Winter vor ihrem Tod verbringt Hazel nach Aussage verschiedener Familienmitglieder ein paar Wochen auf dem Hof, um sich von einer Krankheit zu erholen. Schon zur damaligen Zeit werden Gerüchte laut, es habe sich dabei um eine Schwangerschaft oder die Folgen eines Schwangerschaftsabbruches gehandelt, was aber nie bestätigt wird. In dieser Zeit kümmert sich ihre Schwägerin Eva um die Kranke. Hierin mag auch der Grund zu finden sein, dass Hazel sich entschied, auf der Farm Zuflucht zu suchen.

William Taylor sagt aus, er habe seine Nichte seit jener Zeit nicht mehr gesehen und sie auch in den Tagen nach dem 6. Juli nicht erwartet. Er berichtet zudem, dass sein Farmarbeiter, Frank Richmond, der mit seiner Frau ebenfalls auf dem Gelände der Farm lebt, ihn am 8. Juli gefragt habe, ob Hazel zu Besuch sei. Am 11. Juli habe William dann durch einen Nachbarn von dem Leichenfund im Teal's Pond erfahren. Dieser Nachbar habe sogar den Verdacht geäußert, dass es sich bei der Toten um Hazel handeln könne, doch William habe daraufhin keine Schritte eingeleitet oder sich bei anderen nach dem Verbleib seiner Nichte erkundigt. In den Augen der Ermittler ein zumindest ungewöhnliches Verhalten.

Unterdessen melden sich Zeuginnen und Zeugen bei den Behörden, die Hazel am Abend des 7. Juli gesehen haben wollen. Darunter auch die Rollmans, ein Ehepaar, das am Abend des Mordes um kurz nach 19.00 Uhr mit dem Pferdewagen die Taborton Road in Richtung Sand Lake entlangfuhr, als ihnen Hazel auffiel, die am Straßenrand stand und anscheinend wilde Himbeeren pflückte. Mrs Rollman erinnert sich deshalb so gut an die Situation, weil ihr Mann noch kommentiert habe, dass sich solch ein hübsches Mädchen um diese Tageszeit besser nicht allein an einem so verlassenen Ort aufhalten sollte. Auch sei ihr Hazels Hut aufgefallen, da er ihr sehr gut gefallen habe.

Etwas später, gegen 19.30 Uhr, sind der 17-jährige Farmarbeiter Frank Smith und der 35-jährige Kohlehändler Rudy Gundrum auf ihrem Pferdewagen auf der Taborton Road in gleicher Richtung unterwegs. Als sie bereits den Teal's Pond und die Abfahrt zur Taylor-Farm passiert haben, sei ihnen Hazel aus Richtung des Ortes entgegengekommen. Sie trug – nach Aussage der Männer – die Kleidung, mit der man sie später auffinden sollte, hielt den Hut locker in der Hand und grüßte Frank Smith, der ihr bekannt war, freundlich. Dieser grüßt zurück, und während die beiden an Hazel vorbei weiter den Berg hinunterfahren, erklärte Smith Gundrum, dass es sich bei der jungen Frau um John Drews Tochter handele.

Etwa zur gleichen Zeit sehen zwei weitere Ehepaare, die mit größerem Abstand hintereinander in entgegengesetzter Richtung die Straße hinauffahren, Hazel nicht, obwohl sie sowohl den Rollmans als auch Smith und Gundrum begegnen. Wo ist Hazel zu dieser Zeit, und warum wird sie von der Hälfte der Zeugen nicht gesehen?

Wiederum etwas später, gegen 20.15 Uhr, machen sich Frank Richmond, William Taylors bereits erwähnter Farmarbeiter, und seine Frau auf ihrem Pferdewagen von der Taylor-Farm aus auf den Weg in Richtung Averill Park. Auch sie begegnen Hazel nicht. In Averill Park angekommen, treffen sie jedoch auf Smith, der ihnen von seiner Begegnung mit Hazel Drew berichtet. Er soll angegeben haben, sie habe sich auf dem Weg zu Taylors Farm befunden. Ob sie ihm dies erzählt hat oder er damit eher die grobe Richtung meint, in die er sie gehen sah, ist unklar. Es ist in der Gegend bekannt, dass Smith – wie wohl auch zahlreiche andere junge Männer – ein Auge auf die hübsche Hazel geworfen hat. So wirkt sein Verhalten für die Zeitzeugen zusätzlich verdächtig. Zum einen war er an der Bergung von Hazels Leiche beteiligt und sah dabei auch den Hut, ohne den kleinsten Hinweis darauf zu äußern, dass er denselben nur Tage zuvor an Hazel gesehen haben will. Hierzu sagt er später aus, er habe keine Verbindung zwischen dem Leichenfund und Hazel hergestellt, was unter Umständen nicht auszuschließen ist, da Smith wohl eine Lernschwäche hat. Zum anderen soll er in der Zeit zwischen dem 7. Juli und ihrem Auffinden mehrfach nach Hazel gefragt haben, da er mit ihr ausgehen wollte. So wird Smith rasch zum Hauptverdächtigen in dem Mordfall. Allerdings kann später sein Alibi bestätigt werden: Er hat den Abend und die Nacht des 7. Juli, Hazels vermutlichen Todeszeitpunkt, in Averill Park verbracht. Somit kann auch er als Täter ausgeschlossen werden.

Unterdessen versuchen die Ermittelnden, alles in ihrer Macht Stehende zu tun und weitere Hinweise auf den Tathergang und den Täter zu finden. Der Teal's Pond wird trockengelegt, doch können auch hierdurch keine neuen Spuren gesichert werden. Noch immer mangelt es an bahnbrechenden oder auch nur neuen Erkenntnissen. Hazels Koffer und Handtasche sind nach wie vor verschwunden, und die Ermittelnden sind zunehmend über die mangelnde Unterstützung der Familie Drew und die verwirrenden, uneindeutigen Ermittlungsergebnisse frustriert. Auch Hazels Freundinnen und Freunde betonen stets nur, wie freundlich und tugendhaft die junge Frau gewesen sei, wollen darüber hinaus aber nichts Hilfreiches wissen und nennen auch nicht die Namen möglicher weiterer Freunde und Bekannter.

Hierbei fällt vor allem das Verhalten von Minnie Taylor auf. Sie weigert sich standhaft, weitere Aussagen zu machen, obwohl sich die Ermittler sicher sind, dass sie ihnen noch nicht alles gesagt haben kann. Außerdem möchte sie keine weiteren Personen namentlich nennen, die Kontakt zu Hazel hatten. Das, so sagt sie, werde diese nur unnötig in die Öffentlichkeit zerren. So wird es den Ermittelnden zusätzlich erschwert, Hazels Privatleben zu rekonstruieren und mögliche Verdächtige oder ein Motiv für die Bluttat zu finden.

Weitere Erkenntnisse erhofft man sich nun durch die Öffnung der Truhe mit Hazels Habseligkeiten, die zu Hazels Eltern geliefert worden war. Doch was man darin vorfindet, schafft nur weitere Verwirrung. Denn darin liegen, neben der zu erwartenden Kleidung und einigen persönlichen Gegenständen, zahlreiche Briefe von verschiedenen Personen. Sofort bricht sich die Hoffnung Bahn, dass diese Briefe Hinweise auf den Täter und ein mögliches Motiv enthalten könnten. Doch sind fast sämtliche Schreiben lediglich mit Initialen unterzeichnet, sodass sich die Suche nach den Verfassern oder Verfasserinnen schwierig gestaltet. Aufgrund des oft romantischen Inhaltes der Briefe geht man davon aus, dass es sich bei den Urhebern um Männer gehandelt habe. Dies ist zwar aus heutiger Sicht keineswegs so eindeutig, doch gibt es keine weiteren Hinweise, dass Hazel auch romantische Beziehungen zu Frauen unterhielt. Die Untersuchung der Briefe führt auch tatsächlich zu einem jungen Mann, mit dem Hazel in der Vergangenheit eine – allem Anschein nach harmlose – romantische Beziehung unterhalten hatte. Er kann jedoch ebenfalls als Täter ausgeschlossen werden, und so widmet man sich den anderen möglichen Kontakten. Viele der Nachrichten lassen sich jedoch nicht zu einer konkreten Person zurückverfolgen, doch wecken insbesondere sechs Briefe und Postkarten das besondere Interesse der Ermittelnden. Sie stammen von einem gewissen C.E.S. Der Verfasser der Botschaften ist offenbar an einer Beziehung zu Hazel interessiert, und dem Inhalt ist zu entnehmen, dass er die junge Frau in der Vergangenheit bereits getroffen hat. So schreibt er in einem seiner Briefe:

»Dein fröhliches Lächeln und Deine strahlenden Augen foltern mich. Dein Gesicht verfolgt mich. Warum kann ich nicht wieder zufrieden sein? Du hast mir meine Freiheit gestohlen. Bitte denk daran, zu versprechen zu schreiben. Wenn ich wieder nach Albany komme, treffe ich Dich bei der Kneipe. Ich muss Dich bald sehen, oder ich werde verhungern.«[*]

Die genau Analyse der Botschaften ergibt, das C.E.S. wahrscheinlich Hazel noch ungefähr einen Monat vor ihrem Tode getroffen hat. Hat dieser mysteriöse Mann möglicherweise etwas mit ihrem rätselhaften Verhalten, ihrem Verschwinden oder dem Mord zu tun? Doch auch diese Spur verläuft im Sand, da man niemals herausfindet, wer sich hinter den Initialen verbirgt. Auch aus Hazels Umfeld kommen keinerlei Hinweise auf die Identität des Briefschreibers oder der anderen. Zudem ge-

---

[*] Ron Hughes, *Who Killed Hazel Drew?*, New Jersey 2017.

lingt es den Ermittelnden nicht, herauszufinden, wo Hazel den Abend des 6. Juli verbracht hat.

Man erkundigt sich in allen Hotels der Gegend bis nach Troy und Albany, doch ohne Erfolg. Einige Zeugen geben an, Hazel am 6. und 7. Juli tagsüber am Bahnhof von Troy gesehen zu haben. Sie sei allein dort gewesen und schien auf etwas oder jemanden zu warten.

So begibt sich Detective Kaye schließlich zum Bahnhof von Troy, um sich dort nach möglichen weiteren Sichtungen der jungen Frau zu erkundigen. Doch stattdessen stößt er auf etwas anderes: In der Gepäckaufbewahrung des Bahnhofes findet er Hazel Drews Koffer, mit dem sie am 6. Juli vom Hause ihrer Arbeitgeber aufgebrochen war. Das Gepäck ist am 7. Juli um 13.49 Uhr am Bahnhof abgegeben worden, wie die Bücher verraten.

Sogleich wird der Koffer sichergestellt und schließlich untersucht. Neben einer Zahnbürste und Hygieneartikeln findet man Kleidung für eine Übernachtung, die auf eine amouröse Intention der Reise schließen lässt. Hazel hatte einen japanischen Kimono eingepackt, ein Kleidungsstück, das zu Beginn des 20. Jahrhunderts eine ähnlich erotische Wirkung haben konnte wie heute etwa das Tragen von Reizwäsche. Kein direkter Beweis für eine romantische Beziehung, doch immerhin ein auffälliges Detail.

Das Interessanteste jedoch, was die Untersuchenden im Koffer finden, ist eine sorgfältig aus einer Zeitung ausgeschnittene Anzeige, die am Boden unter der Kleidung liegt. Der Ausschnitt stammt aus einer Ausgabe des *Troy Record* vom 23. Oktober 1907 und enthält folgende Information: »Edward LaVoie ist nach Chattanooga, Tennessee, aufgebrochen, wo er den Winter verbringen wird.« Unter dem Text steht in Hazel Drews Handschrift: »6. Oktober 1907«.[*]

---

[*] Ebd.

Doch auch diese Spur schafft keine eindeutige Klarheit: Wie die Ermittler bestätigt finden, hat Hazel tatsächlich zu einem früheren Zeitpunkt eine Liebesbeziehung zu Edward LaVoie unterhalten, der mittlerweile in Tennessee im Militärdienst steht. Man findet heraus, dass LaVoie zur Zeit ihrer Beziehung in der Tat mit zahlreichen jungen Damen involviert gewesen sein soll. Laut Angaben seiner Familie, die Hazel auch persönlich kannte, sei die junge Frau durchaus sehr in Edward verliebt und wohl auch an einer gemeinsamen Zukunft interessiert gewesen. Ein Wunsch, den der junge Mann nicht teilte, und so trennten sich die Wege des Paares. Obwohl die in Hazels Koffer befindliche Anzeige also darauf hinweist, dass ihre Gefühle möglicherweise noch unverändert waren oder sie sich aus anderen Gründen weiterhin für Edward LaVoie interessierte, gibt es keinen Hinweis darauf, dass er Hazel um den Tatzeitpunkt herum getroffen hätte.

Je länger die Ermittlungen andauern, umso mehr Beziehungen kommen ans Licht. So hatte ein Zahnarzt aus Troy angeblich ein solch großes Interesse an Hazel, dass er ihr, laut Hazels eigener Aussage gegenüber einer Freundin, die Ehe in Aussicht gestellt habe. Auch habe ein fremder Mann sie verfolgt. Zwei Jahre zuvor war Hazel sogar bereits einmal verlobt gewesen, wobei die Beziehung schließlich scheiterte. Dies sind nur einige der mutmaßlichen Beziehungen des Opfers, und auch all diese Spuren führen nicht zum Täter.

So mischt sich schließlich der selbst ernannte »weltbeste Kriminologe« William M. Clemens in den Fall ein und beginnt, eigene Ermittlungen anzustellen. Clemens ist Journalist und Autor und hat sich damals bereits durch eigene Reflexionen über andere berühmte Fälle der Zeit einen Namen gemacht. Seine Artikel und Monografien sind jedoch umstritten und seine Methoden wahrscheinlich eher unorthodox. In zahlreichen Artikeln behauptet Clemens, Hazel sei aufgrund ihrer zahlreichen Männerbekanntschaften zum Opfer geworden. Seine Berichterstattung, die er immer wieder mit angeblichen eigenen Ermittlungsergebnissen untermauert, ist jedoch streckenweise spekulativ und reißerisch. Doch diese Darstellung Hazels als »leichtes Mädchen«, das mit zu vielen Männern in Beziehung steht, sollte einen sehr großen Einfluss auf die öffentliche Wahrnehmung des Falles und der Frau in dessen Mittelpunkt haben und beeinflusst bis heute die Rezeption.

Obwohl die offiziellen Ermittler unermüdlich jede neue Spur verfolgen, können sie die Ereignisse um Hazel und ihren viel zu frühen Tod nicht abschließend erklären. Und so bleibt das traurige Schicksal von Hazel Drew bis heute voller Rätsel. Natürlich entwickelten sich im Laufe der mehr als 100 Jahre, die seit ihrem Tod vergangen sind, zahlreiche Theorien zu den Hintergründen des Mordes. Man fragt sich, ob sie einem fremden Zufallstäter zum Opfer gefallen sein könnte oder doch ein verletzter oder verärgerter Liebhaber sie ermordete. Oder ist das Motiv für den Mord, wie in der neuesten Monografie hierzu postuliert,[*] in Hazels Verbindung zum politischen Milieu zu finden? Hat man bewusst Ermittlungsergebnisse vertuscht, um eine einflussreiche Person zu schützen? Was wusste ihre Familie?

Am Ende ist die Antwort auf diese Fragen vielleicht gar nicht das Interessanteste an der Geschichte, sondern die Tatsache, dass Hazel eine Frau ist, die mit ihrer ungezwungenen Art und freien Lebensweise sehr modern wirkt. Sie lebt zu einer Zeit, in der sich junge Frauen zunehmend emanzipieren, sich unabhängig machen und die starren Strukturen des 19. Jahrhunderts infrage stellen. Hazel Drew ist gewissermaßen ein Abbild ihrer Zeit: nach außen hin höchst moralisch, arbeitsam und religiös. Doch blickt man tiefer, erfährt man eine Geschichte von Selbst-

---

[*] David Bushman, Mark T. Givens, *Murder at Teal's Pond. Hazel Drew and the Mystery that Inspired Twin Peaks*, Seattle 2022.

findung, Neugier und Abenteuerlust, die auch aufgrund des moralischen Imperativs der Gesellschaft im Verborgenen stattfindet. Ein Zwiespalt, den wir auch in der Gegenwart immer wieder finden, wenn ein Lebensentwurf nicht der sozialen Norm entspricht. Und wie in aktuelleren Fällen ist es dieser Zwiespalt, der uns fasziniert und in dem wir auch den Grund für ihren gewaltsamen Tod vermuten.

Doch lassen wir uns nicht täuschen: Warum Hazel Drew viel zu früh sterben musste, wissen wir nicht und werden es nach über 100 Jahren auch nicht mehr abschließend klären können. Doch glücklicherweise gelangte diese faszinierende Geschichte an die Ohren eines gewissen Mark Frost, der später mit David Lynch die Fernsehserie *Twin Peaks* schreiben und produzieren sollte. Schon als Kind hörte er von seiner Großmutter, die in der Gegend um Sand Lake lebte, von Hazel Drew und dem Geheimnis, das sie und ihren ungeklärten Mord umgibt. In der Geschichte um die vielschichtige Figur der Laura Palmer setzte er Hazel ein Denkmal, das die Erinnerung an ihr interessantes Leben und ihren viel zu frühen Tod noch lange lebendig hält – auch wenn Hazel Irene Drew ihre Geheimnisse niemals mehr preisgeben wird.

Der Mord an Ocey Snead

1909

Am 29. November 1909 beginnen die Ermittlungen in einem Fall, der sich angesichts der offenbar ausgeübten innerfamiliären Grausamkeit allen damit Betrauten unauslöschlich ins Gedächtnis brennt, wie überhaupt jedem, der davon hört oder liest. Heute würde man vielleicht von einer toxischen Familienkonstellation sprechen, gewiss jedoch von übergriffigem und missbräuchlichem Verhalten durch Angehörige. Daher sei an dieser Stelle darauf hingewiesen, dass im Folgenden nicht nur eine Gewalttat beschrieben, ein Suizid erwähnt, sondern auch der Tod von Kindern thematisiert wird.

Der 29. November 1909 ist ein Montag, und es ist etwa Viertel vor fünf Uhr nachmittags, als bei der Polizei von East Orange, einer Stadt rund 15 Kilometer westlich von New York, das Telefon schellt. Als Sergeant Timothy Caniff den Anruf entgegennimmt, meldet sich am anderen Ende eine Frau mit einer ungewöhnlichen Bitte. Sie fragt nicht nach polizeilicher Hilfe, sondern erkundigt sich nach dem Gerichtsmediziner. Dieser solle doch bitte in die North Fourteenth Street Nr. 89 kommen, eine Frau habe sich dort das Leben genommen. Der irritierte Beamte kann jedoch lediglich mit einem Bezirksarzt dienen, denn für die betreffende Gegend gibt es keinen zuständigen Gerichtsmediziner. Damit ist die Anruferin offenbar zufrieden. Statt des Bezirksarztes erreicht Sergeant Caniff telefonisch jedoch nur einen seiner Stellvertreter, Dr. Herbert M. Simmons, der bereit ist, den ungewöhnlichen Hausbesuch zu übernehmen.

An der genannten Adresse angekommen, öffnet ihm, noch ehe er die Haustür auch nur berührt hat, eine vollständig in Schwarz gewandete Frau. Nicht nur das Kleid, auch ein schwarzer Umhang und ein dichter schwarzer Schleier komplementieren ihr monochromes Gesamtbild. Ohne ihr Gesicht zu entblößen, stellt sie sich als Virginia Wardlaw vor und bittet den Arzt herein.

Das Haus, durch das sie den Arzt nun führt, scheint ungeheizt und nahezu unmöbliert. Die Frau nimmt Dr. Simmons mit hinauf in ein Badezimmer. Als er näher an die dortige Badewanne tritt, erblickt er darin die Leiche einer jungen Frau. Ihr nackter, in Embryonalstellung verharrender Körper ist mager und wird in der halb gefüllten Wanne von ihren langen braunen Haaren umrahmt. Vor der Wanne liegen einige Kleidungsstücke, wie vor dem Bade ausgezogen. Doch da ist noch mehr. Ein handschriftlich geschriebener Zettel fällt dem Arzt ins Auge:

> *»Letztes Jahr starb meine kleine Tochter; andere enge und geliebte Menschen sind vor ihr gegangen. Ich wurde für eine lange Zeit von Krankheit übermannt. Wenn ihr das lest, habe ich Suizid begangen. Trauert nicht um mich. Freut euch lieber mit mir, dass der Tod die Erlösung von meinen Schmerzen und Leiden mit sich bringt, die größer sind, als ich ertragen kann.*
>
> *Ocey W. M. Snead.«*

Virginia Wardlaw erklärt dem Arzt, dass die Tote ihre Nichte Oceana Snead, genannt Ocey, sei. Die beiden Frauen hätten erst seit Kurzem in dem Haus gelebt, allein. Ocey habe im Jahr zuvor ihre Tochter verloren. Seither sei ihre Stimmung sehr gedrückt gewesen, was sich noch potenziert habe, als vor sieben

Monaten auch ihr Ehemann verstorben sei. Doch damit nicht genug der Schicksalsschläge. Ihre Nichte habe zudem noch einen vier Monate alten Sohn, der im Krankenhaus läge. Zusätzlich zu dieser seelischen Belastung sei Oceys körperliche Gesundheit angeschlagen gewesen. Dann, an ebendiesem Nachmittag, habe Virginia Wardlaw Oceys Leiche entdeckt und sofort die Polizei informiert.

Nun beginnen die grauen Zellen des Mediziners zu arbeiten, seine Skepsis wächst. Denn Dr. Simmons ist sich sicher, dass Ocey Snead bereits seit 24 Stunden tot sein muss. Mit dieser zeitlichen Unstimmigkeit konfrontiert, räumt ihre Tante wohl auch tatsächlich ein, dass ihre Nichte schon am Vortag darum gebeten habe, ihr ein Bad einzulassen. Nachdem Ocey im Bad verschwunden sei, habe Virginia Wardlaw sie jedoch allein gelassen – die junge Frau habe schließlich nicht gestört werden wollen – und erst am Tag darauf ihren leblosen Körper entdeckt. Doch rund vierundzwanzig Stunden nicht nach der eigenen Nichte zu schauen – zumal wenn sie erkrankt ist – und das einzige Badezimmer im Haus die ganze Zeit über nicht zu betreten, hält Dr. Simmons für wenig glaubwürdig.

Sein Nachhaken scheint bei Virginia Wardlaw einen Nerv zu treffen, denn sie wird zusehends unwirsch und drängt ihn auf schnelle Erledigung seiner Pflichten. Doch da Dr. Simmons nachhaltig beunruhigt ist, meldet er den Vorfall sofort nach Verlassen des Hauses der Polizei.

So kommt es, dass gegen 18 Uhr desselben Tages Sergeant William H. O'Neill an die Tür des Hauses Nummer 89 klopft, mit dem Auftrag, eine gründliche Durchsuchung vorzunehmen.

Nur widerwillig gewährt Virginia Wardlaw ihm Einlass. Auch O'Neill fällt sofort die Leere der meisten Räume auf. Nur in einer kargen Kammer stößt er auf eine scheinbar zu einer Kommode umfunktionierte Kiste und auf eine Art Feldbett. In einer Ecke des Raumes findet der Polizist Getreidereste, Orangenschalen und leere Milchkannen. Das Erdgeschoss macht einen ebenso kahlen, mancherorts dreckigen und weitgehend unbewohnten Eindruck. Und auch der Heizofen im Keller scheint länger nicht benutzt worden zu sein, obwohl der Winter schon vor der Tür steht.

Auch dem Sergeant erzählt Virginia Wardlaw ihre Geschichte über die Nichte, die vor zehn Tagen aus gesundheitlichen Gründen mit ihr nach East Orange gekommen sei. Zuvor hätten sie in Brooklyn gelebt. Inwiefern ein kaltes, kahles Haus gesundheitsfördernd sein soll, erklärt die Frau nicht. Als O'Neill sich erkundigt, wo Virginia Wardlaw selbst geschlafen habe, soll sie behauptet haben, sie habe auf dem Boden genächtigt. Diese Aussage irritiert den Beamten vermutlich nicht zuletzt, weil die Frau hinter dem Schleier betagt scheint. Virginia Wardlaw selbst wird an diesem Punkt wohl abermals unwirsch: Sie weigert sich, weitere Fragen zu beantworten, bevor sie nicht ihre Verwandten über den Tod der jungen Frau informiert hat.

Doch Sergeant O'Neill hat genug gehört. Sein Misstrauen ist nun offenbar so groß, dass er die Frau bittet, ihn zur weiteren Befragung aufs Polizeirevier zu begleiten. Dort bleibt Virginia Wardlaw zugeknöpft, auch wenn sie sich damit immer verdächtiger macht. Von der besorgten Angehörigen ist sie für die Ermittelnden nun zur Hauptverdächtigen in einem mysteriösen Todesfall geworden. Denn dass Ocey Snead eines natürlichen Todes gestorben ist, glaubt an diesem Punkt keiner mehr. So verbringt Virginia Wardlaw ihre erste Nacht im Gefängnis.

Die Leichenschau stellt bald fest, dass die junge Frau ertrunken ist und zuvor längere Zeit gehungert haben muss. Befragungen in der Nachbarschaft offenbaren, dass Ocey und ihre Tante rund zwei Wochen zuvor mit leichtem Gepäck das Haus bezogen hatten. Während man Ocey nie außerhalb des Hauses gesehen haben will, erinnert man sich hingegen an die auffällig schwarz gekleidete Frau, welche regelmäßig in einem nahen Restaurant zum Essen einkehrte. Weiterhin habe am Abend vor

Virginias folgenreichem Anruf bei der Polizei Licht in dem sonst meist in Dunkelheit gehüllten Haus gebrannt. Schließlich hören sich die Beamten auch in der Nachbarschaft der alten Adresse in Brooklyn um, die Virginia Wardlaw ihnen genannt hat. Dort erinnert man sich nicht nur an die junge Frau und ihre Tante, auch zwei weitere, schwarz gekleidete Frauen kommen den Befragten in den Sinn.

An dieser Stelle – noch sind alle Fragen offen – bietet es sich daher an, den Gang der Nachforschungen für den Moment zu verlassen und einen Blick auf das Leben von Ocey Snead zu werfen, so wie es die Polizei, der spätere Prozess und einige Presserecherchen rekonstruieren konnten.

Zum Zeitpunkt ihres Todes erst 24 Jahre alt, ist Ocey Snead zu Lebzeiten fraglos eine hübsche Frau. Sie hat strahlend blaue Augen und rötlich-braunes, sehr langes Haar. Oceana Wardlaw Martin, genannt Ocey, wird in eine bekannte, gut situierte Familie der US-amerikanischen Südstaaten hineingeboren. Oceys Mutter Caroline hat fünf Geschwister und steht besonders den Schwestern Mary und Virginia nahe. Bildung hat für die Wardlaws oberste Priorität, weshalb es nicht überrascht, dass Oceys Mutter und ihre Schwestern Lehrerinnen an renommierten Schulen werden. Oceys Mutter macht eine sogenannte gute Partie, als sie Colonel Robert Martin heiratet, mit dem sie 1881 den Sohn Hugh und 1885 dann Tochter Ocey bekommt. Carolines Schwester Mary wiederum nimmt den Anwalt Fletcher T. Snead zum Mann, und sie haben drei Söhne, Fletcher, John und Albert. Die dritte Schwester, Virginia Wardlaw, bleibt hingegen ledig.

Caroline erweist sich als strenge Mutter, und als Hugh 1888 – vermutlich infolge einer Hirnhautentzündung – stirbt, steht Ocey im Fokus ihrer rigiden Erziehung. Unterdessen hat Virginia in Tennessee die Leitung einer der besten Schulen der Südstaaten übernommen. Als dann der Ehemann von Mary – der dritten Schwester – stirbt, zieht diese mit ihren drei Söhnen zu Virginia nach Tennessee und beginnt ebenfalls, an ihrer Schule zu unterrichten. Auch die betagte Mutter der Frauen lebt nun dort. Als Witwe kleidet Mary Snead sich ab sofort in Schwarz, und auch Virginia scheint eine Vorliebe für schwarze Kleidung entwickelt zu haben. Diese Mode sollte jedoch bald dazu führen, dass die zwei Schwestern in der Schule auffallen und als exzentrisch gelten.

Parallel dazu verschlechtert sich die finanzielle Situation der ältesten Schwester Caroline und ihres Mannes, wohl infolge einer Bankenkrise. Colonel Martin verlässt Kind und Ehefrau, und Caroline zieht fortan wegen Mietschulden von Unterkunft zu Unterkunft. Im Jahre 1900 kehrt ihr Ehemann zwar zu ihr nach New York zurück, doch statt eines wiederauflebenden Familienlebens ereilt die Martins ein weiterer Schicksalsschlag: Am 9. Januar 1901 erleidet Colonel Martin einen Schlaganfall, dessen Umstände im Nachhinein zu einigen Spekulationen führen. Ein Nachbar will erst ein lautes Krachen, dann ein Stöhnen vernommen haben. Besorgt bricht er die Tür zu den Martins auf und wird Zeuge, wie sich Mr Martin stöhnend auf dem Boden krümmt, während Ehefrau Caroline scheinbar gleichgültig im Bett liegt. Die 15-jährige Ocey steht schluchzend in der Zimmerecke. In diesem Moment soll Caroline Martin ihre Tochter mit den Worten »Ocey, remember!« ermahnt haben, sich zu erinnern oder auch an etwas zu denken. Später wird dies oft als Versuch gedeutet, das Mädchen davon abzuhalten, die Mutter als Mörderin des Vaters zu enttarnen.

Auch Caroline Martin zieht nun – ohne die Bestattung ihres verstorbenen Mannes zu bezahlen – mit Ocey zu ihren Schwestern und ihrer Mutter nach Tennessee. Sie trägt nun ebenfalls als Witwe nur Schwarz.

Carolines Auftauchen scheint wie ein fataler Katalysator zu wirken. Sie mischt sich offenbar in die Verwaltung und Finanzen der Schule ein, was einen merklichen Rückgang der Einnahmen zur Folge hat. Die schwarze Kleidung der drei Frauen und ihr Verhalten – sie streifen wohl gemeinsam durch die Schulgänge – führen zu Gerüchten und Verdächtigungen: Sind heidnische Rituale im Spiel? Wie viel hier Wahrheit oder doch haltlose Vermutung ist, lässt sich im Nachhinein schwer feststellen. Jedoch werden wohl immer mehr Schülerinnen von der Schule genommen. Treuhänder entlassen schließlich die Schwestern, und die Familie verlässt Tennessee im Jahre 1903.

In der Folge zerstreuen sich die Wardlaw-Schwestern zunächst, doch dann scheint sich die Geschichte zu wiederholen: Virginia findet eine neue Stelle als Lehrerin, und wieder stoßen ihre beiden Schwestern mit ihrer Mutter und den Kindern zu ihr. Erneut soll sich Caroline in die Leitung der Schule eingemischt und sich Zugang zu den Finanzen verschafft haben. Wieder sollen die Schwestern durch die Gänge gestreift, Türen verriegelt, Zimmer verdunkelt und versucht haben, neue Geldgeber an Land zu ziehen.

Doch jetzt brechen zwei Familienmitglieder aus der Dynamik aus: Zwei von Mary Sneads drei Söhnen, Fletcher und John, ziehen zurück nach Tennessee und heiraten dort zwei Schwestern. Die Idylle endet jedoch jäh, als Caroline Martin ihren Neffen John besucht und ihn auffordert, mit ihr zurückzukehren. Er weigert sich, lässt seine drängende Tante anscheinend gar von der Polizei aus dem Haus entfernen. Doch Caroline gibt nicht nach. Als sie wenige Wochen später erneut vor Johns Tür steht, lenkt er ein, verlässt seine Frau und begleitet die Tante. Doch die Situation setzt ihm anscheinend so zu, dass er mehrfach versucht haben soll, sich selbst zu töten. Schließlich stirbt er, nachdem er seinen Nachtrock in Kerosin getränkt und sich dann angezündet hat.

Doch sein tragischer Tod wird im Nachhinein durch zwei Umstände verdächtig. Zum einen war John Sneads Leben wohl hoch versichert, und nur kurze Zeit vor seinem Tod wurde die

Tante als Begünstigte eingetragen, zum anderen war bei jedem der vermeintlichen Suizidversuche eine der drei Schwestern zugegen. Was also am Ende wirklich zum Tod des jungen Mannes führte, kann nur vermutet werden. Auch heute noch kommt man jedoch nicht umhin, eine gewisse Skepsis zu verspüren.

Nach dem Tode seines Bruders scheint das Los an Fletcher Snead zu gehen: Auch er erhält Besuch von Tante Caroline. Auch er wird gebeten, sein Zuhause zu verlassen. Und tatsächlich kehrt auch er nicht mehr zu Ehefrau und dem mittlerweile geborenen, gemeinsamen Kind zurück. Schließlich reicht seine Frau die Scheidung ein, was Fletcher offenbar entgegenkommt, hat er in der Zwischenzeit doch wohl beschlossen, seine Cousine Ocey zu heiraten – obwohl später niemand je romantische Gefühle zwischen den beiden beobachtet haben will. Hier also erneut den Willen der schwarz gewandeten Schwestern zu unterstellen, ist nachvollziehbar.

Die drei Schwestern sind zu dieser Zeit in Geldnöten und werden immer kreativer bei den Versuchen, ihre finanzielle Situation zu verbessern. So sollen sie etwa mithilfe von Hypnose Unbeteiligte um ihr Geld gebracht und Geldmittel von den Schulfinanzen abgezweigt haben. Doch das alles geht nicht auf Dauer gut, und 1908 verlassen die Wardlaws wieder einmal Schule und Ort.

Vermutlich noch im selben Jahr heiraten Ocey und Fletcher. Wie freiwillig diese Heirat ist, lässt sich schwer sagen, jedoch deuten Briefe von Ocey an Fletcher auf echte Zuneigung – zumindest ihrerseits. Die Jungvermählten lassen sich in einem Haus in einer wohlsituierten Nachbarschaft in Brooklyn nieder. Nur Monate später stoßen Oceys Mutter, deren Schwestern und wohl auch die Großmutter zu den beiden. Dann bringt Ocey eine Tochter zur Welt: Mary Alberta, die jedoch nur zwei Tage nach der Geburt stirbt. Fortan soll Ocey – laut ihrer Mutter und den Tanten – gekränkelt haben. Ob sie krank ist, möglicherweise unter einer Form von postpartaler Depression leidet oder dies später nur behauptet wurde, werden wir jedoch nie erfahren. Dennoch wird Ocey erneut schwanger, kann aber nicht auf die Unterstützung durch ihren Mann zählen. Denn noch vor der Geburt verlässt Fletcher Snead im März 1909 das Haus. Ocey gegenüber wird behauptet, er sei in Familienangelegenheiten verreist, unterwegs krank geworden und dann verstorben.

Oceys Zustand verschlechtert sich in der Folge, und ihre Mutter und Tanten konsultieren einen Arzt, der sie untersuchen soll. Er stellt Unterernährung und mangelhafte Pflege fest, verschreibt der jungen Frau ausreichende Ernährung, frische Luft und Medikamente. Als der Mediziner jedoch bemerkt, dass keine seiner Empfehlungen befolgt wird und Virginia Wardlaw ihm zudem anbietet, über eine Option in Oceys Testament entlohnt zu werden, wendet er sich an die Polizei. Das Verhalten der Angehörigen ist ihm verdächtig, und er hat Angst um seine Patientin.

Es folgt ein Routinebesuch der Behörden bei den Wardlaws, der allerdings folgenlos bleibt. Am 1. August 1909 bringt die geschwächte Ocey schließlich einen kleinen Jungen namens David Pollock zur Welt.

Nach der Geburt ist eine Operation nötig, zu deren Nachsorge der Arzt eine Krankenschwester engagiert. Ocey erscheint der Pflegerin sehr ängstlich und soll ihr gegenüber erwähnt haben, dass sie ausgehungert werde. Oceys Verwandte achten jedoch darauf, die Krankenschwester und ihre Patientin nie allein zu lassen. Schließlich wird die Pflegerin vorzeitig entlassen. Als dem Arzt diese Fakten zu Ohren kommen, soll er versucht haben, sich unbemerkt Zugang zu Ocey zu verschaffen, wird aber zuvor von den Tanten des Hauses verwiesen. Selbst die Fäden der Operationswunde darf er nicht mehr ziehen – was er alles der Polizei meldet. Doch seine Anzeige bleibt auch diesmal ohne Folgen.

Am 22. August besucht ein Fotograf das gemietete Haus in Brooklyn. Er soll auf Einladung von Virginia Wardlaw Bilder von der kranken Ocey für Verwandte und auch für ihren verreisten Ehemann machen. Die Geschichte von dessen Tod hatten die drei Schwestern offenbar nur Ocey aufgetischt. Ergebnis dieser Sitzung sind Porträts, die bodenlose Traurigkeit ausstrahlen: Ocey ruht in einem Bett, mehrere Kissen stützen sie, das Haar ist zum Kranz geflochten und ihr um den Kopf gewunden. Auf ihren Lippen sieht man ein Lächeln, das angesichts ihrer ausdruckslosen Augen eher traurig denn fröhlich wirkt. Eine zweite Fotografie zeigt Ocey in demselben Bett jedoch mit offenen Haaren, die nahezu über die Länge ihres gesamten Körpers reichen. Ihr neugeborener Sohn liegt neben ihr und schaut sie an, während ihr Blick den Betrachtenden zugewandt ist.

Auch dem Fotografen will laut späterer Aussage der geschwächte Zustand seines Modells aufgefallen sein. Oceys Neugeborenem geht es in der Folge immer schlechter, weshalb die Frauen den Jungen ins St. Christopher's Hospital in Brooklyn bringen. Als Sergeant O'Neill den Kleinen nach Oceys Tod dort aufsucht, ist er immer noch krank und seine Behandlungskosten sind nicht beglichen.

Die Wardlaw-Schwestern haben während Oceys »Krankheit« nicht nur Ärzte und Fotografen konsultiert und vermutlich mit Geld aus Versicherungen der jungen Frau gelockt, wie die Ermittlungen ans Tageslicht bringen. Virginia Wardlaw hatte für die Beglaubigung von Oceys Testament am 9. September auch einen Anwalt aufgesucht, Julius V. Carabba. Er berichtet später, wie die drei verschleierten Frauen bei seinem Hausbesuch vor sich hin gesummt und sich vor- und zurückgewiegt hätten. Dann will Carabba die Frauen mit einem Trick von Ocey weggelockt haben, die ihm offenbarte, dass sie zu Tode gehungert werde. Schließlich habe sie ihn gebeten, als ihr Erbverwalter ihren Sohn sowie ihre Großmutter zu begünstigen. Zu gu-

12 Ocey Snead mit ihrem Baby im Arm

ter Letzt will der Anwalt sich geweigert haben, den Besuch fortzusetzen, ehe die junge Frau nicht durch einen Arzt begutachtet worden sei. Ein tatsächlich gerufener Arzt soll dann erneut festgestellt haben, dass es Ocey an nichts außer Nahrung und guter Pflege mangele – keine unwesentlichen Dinge.

Carabbas Bericht über sein heldenhaftes Auftreten – er soll auch Anteile an Oceys Lebensversicherung ausgeschlagen haben, mit denen seine Bemühungen bezahlt werden sollten – scheint vielleicht in einigen Details ausgeschmückt, doch vieles deckt sich mit Berichten anderer. Die Ermittlungen sollten zudem Dutzende Testamentsfassungen von Ocey ans Licht bringen.

Trotz aller Tricksereien können die Schwestern anscheinend im Herbst 1909 die Miete für das Haus nicht mehr aufbringen, weshalb sie es Anfang November räumen und ihr Hab und Gut einlagern lassen. So gelangt Ocey Snead in jenes leer stehende Haus, in welchem wenige Wochen später ihr Leben enden sollte.

Damit kehren wir zurück zu den polizeilichen Ermittlungen. Sie bringen ans Licht, wie verzweifelt die finanzielle Situation der Schwestern wirklich ist: Im Keller des Hauses, in dem Oceys Leiche gefunden wird, stößt man auf Versicherungspolicen. Das Leben der jungen Frau ist je nach Quelle mit bis zu 32 000 Dollar bei verschiedenen Versicherungsunternehmen versichert. Als Nutznießerin ist Oceys betagte Großmutter eingetragen. Viele Lebensversicherungen sind beliehen und als Sicherheiten für Kredite eingesetzt.

Auch bei der Untersuchung der Todesumstände offenbaren sich Unstimmigkeiten. Virginia Wardlaws Behauptung zum Trotz, dass die junge Frau sich das Leben genommen und einen Abschiedsbrief verfasst habe, können im Haus weder die nötige Feder noch Tinte gefunden werden. Der vermeintliche Abschiedsbrief muss also entweder an einem anderen Ort entstanden sein, oder die Schreibutensilien wurden mutwillig aus dem Haus entfernt. Zudem war im Haus nachweislich in letzter Zeit kein Feuer – auch nicht zum Erhitzen von Badewasser – entfacht worden. Virginias ursprüngliche Schilderung wird somit immer unglaubwürdiger, während sie weiterhin schweigend im Gefängnis sitzt und ihre Schwestern als Zeuginnen dringend gesucht werden. Doch schon zu diesem Zeitpunkt muss die Polizei auf Basis der Ermittlungen davon ausgehen, dass Ocey nicht selbst in die Badewanne stieg, sondern von den Tanten oder ihrer Mutter ertränkt wurde – sie war ihnen offenbar tot mehr wert als lebendig.

Virginia Wardlaw wird schließlich offiziell angeklagt und kommt bis zum Verfahrensbeginn ins Gefängnis von Newark County.

Die Zeitungen überschlagen sich förmlich bei der Berichterstattung über das grausame Verbrechen und die mysteriöse Verdächtige im »Bathtub Murder« – dem Badewannenmord. Virginias Verhalten spielt der Sensationsgier in die Hände. So weigert sie sich bei der formellen Anklageerhebung vor Gericht wohl zunächst, ihren Schleier zu lüften.

Und die restlichen Familienmitglieder? Mary Snead, Oceys Schwiegermutter, und die alte Großmutter können aufgespürt werden, nur Oceys Mutter Caroline fehlt somit noch. Nach deren Verbleib gefragt, verweigert Mary jedoch die Aussage. Über Virginia befragt, berichtet sie hingegen freimütig, dass diese Ocey hingebungsvoll gepflegt habe. Sie habe nichts mit deren Tod zu tun. Und ihr Sohn Fletcher, Oceys Ehemann, sei sicherlich tot.

Bei der Obduktion von Oceys Leiche bestätigen sich viele der Vermutungen. Am Zustand ihres Darmes kann der Gerichtsmediziner erkennen, dass die junge Frau lange Zeit gehungert haben muss. In ihrem Magen findet sich zudem eine geringe Menge an Wasser. Der Gerichtsmediziner geht davon aus, dass Ocey, ehe sie in die Badewanne gelegt wurde, durch ein Gift oder Opiat – möglicherweise Morphium – betäubt worden ist. Die Betäubte muss dann zur Badewanne getragen worden sein. Ob ihr Kopf aktiv unter Wasser gedrückt wurde oder sie infolge der Bewusstlosigkeit ertrank, lässt sich jedoch nicht zweifelsfrei feststellen.

Am Vormittag des 7. Dezember 1909 wird Ocey Snead auf dem Mount Hope Cemetery neben ihrer Tochter und ihrem Vater beigesetzt – von ihren Verwandten ist nur ihre Tante Mary zugegen.

Drei Tage später setzt man die Anhörung vor Gericht im Verfahren gegen Virginia Wardlaw fort. Die Untersuchung zu Oceys vermeintlichem Abschiedsbrief hatte mehr Verdächtiges offenbart: Eine Analyse der Handschriften der Wardlaw-Frauen inklusive Oceys kommt zu dem Ergebnis, dass sich alle sehr ähneln. Jedoch passen der Abschiedsbrief und die dortige Unterschrift nicht gänzlich zu den Vergleichsproben von Ocey. Auch scheinen für Text und Unterschrift zwei unterschiedliche Stifte bzw. Schreibfedern verwendet worden zu sein, weshalb sich nicht einmal zweifelsfrei belegen lässt, dass beides zur selben Zeit geschrieben wurde. Diese Ungereimtheiten und der Umstand, dass Virginia Wardlaw behauptet, für rund 24 Stunden nach Einlassen des Bades nicht nach ihrer Nichte geschaut zu haben, veranlassen das Gericht, sie bis zur Verhandlung vor der Grand Jury ohne Kaution in Gewahrsam zu behalten.

Während Virginia also im Gefängnis auf ihr Verfahren wartet, checkt am 14. Dezember eine gewisse Mrs Maybrick ins Bayard Hotel in Manhattan ein. Ihr Verhalten erregt schnell Misstrauen: Sie verlässt ihr Zimmer nicht, bestellt stattdessen per Zimmerservice, gibt Briefe auf und lässt sich alle Tageszeitungen kommen. Und: Sie trägt ausschließlich schwarze Kleidung und einen Schleier vor dem Gesicht.

Der durch die Berichterstattung sensibilisierte Hotelmanager informiert umgehend die Polizei über den ungewöhnlichen Gast, und so klopfen am Morgen des 15. Dezember 1909 Beamte an die Tür des betreffenden Hotelzimmers auf der Suche nach der fehlenden Wardlaw-Schwester, Caroline Martin. Auch die Presse ist bereits informiert. Während sich die Zimmerbewohnerin weigert, die Tür zu öffnen, versammeln sich im Hotelfoyer erste Reporter.

Als die Polizei versucht, diese in ihre Schranken zu weisen, bezieht die ominöse Frau ein neues Zimmer im siebten Stock des Hotels, nicht jedoch ohne Spuren zu hinterlassen. So entdecken einige unbelehrbare Reporter, denen es gelungen sein soll, über die Feuerleiter in das alte Zimmer einzusteigen, eine Schachtel mit Zeitungsausschnitten voller Berichte zu Ocey Sneads Tod. Doch nicht nur das: Auch einige Abschiedsbriefe im Namen von Ocey Snead finden sich offenbar in der Schachtel, von der Handschrift äußerst ähnlich dem vermeintlichen Abschiedsbrief der Toten.

Die Beweismittel werden der Polizei übergeben, woraufhin der Staatsanwalt einen Haftbefehl gegen die bis dahin nur als

Zeugin gesuchte Caroline Martin ausstellt. Nun ist man sich sicher: Die verschleierte Frau kann niemand anders sein als die Gesuchte.

Am 15. Dezember 1909 um 21 Uhr wird Caroline Martin alias Mrs Maybrick verhaftet. Sie beteuert ihre Unschuld und weigert sich, ohne Anwalt mit den Ermittelnden zu sprechen. Was sie jedoch nicht davon abhält, am nächsten Morgen eine Pressekonferenz abzuhalten. Sie erklärt die Geheimniskrämerei der Schwestern angesichts der prekären finanziellen Situation mit Familienstolz und Scham gegenüber dem gut betuchten Freundeskreis. Zudem habe Ocey ganz gewiss Suizid begangen, und die verschiedenen Versionen des Abschiedsbriefs seien schlicht ein Resultat des Perfektionismus ihrer Tochter. Sie plädiere für sich und ihre Schwestern auf Freispruch.

Angesichts der mittlerweile zusammengetragenen Hinweise hatten die Behörden inzwischen auch Anklage gegen Mary Snead wegen Mitwisserschaft erhoben. Damit sind alle drei Schwestern festgesetzt und müssen vor Gericht: Während Virginia sich bei der Anhörung beflissen Notizen macht und Mary sich insgesamt zurückhält, präsentiert Caroline sich aufmüpfig und vorlaut, ruft dazwischen, verwickelt den Richter in Diskussionen und betont ihren gesellschaftlichen Status.

Auch nach dem Verbleib des Sohnes beziehungsweise des Neffen Fletcher befragt, sind die Aussagen der Frauen widersprüchlich. Er sei verstorben, heißt es. Dann doch wieder: Er sei in Familienangelegenheiten unterwegs. Der Presse gelingt es jedoch, Fletcher Snead quicklebendig in Kanada aufzuspüren, wo er unter falschem Namen als Koch arbeitet. Es finden sich auch Personen, die bezeugen wollen, dass ihn im Sommer 1909 eine schwarz gekleidete, verschleierte Frau besucht haben soll. Laut Fletcher selbst sei das seine Tante Caroline gewesen. Sein Untertauchen begründet er damit, dass er nicht gegen einen alten Arbeitgeber in einer Rechtssache habe aussagen wollen. Den Tod seiner Frau halte er für Suizid. Da es keinerlei Hinweise gibt, er könne etwas mit Oceys Tod zu tun haben, kann Fletcher in Kanada bleiben.

So weit, so komplex, aber der Höhepunkt der Verwicklungen ist noch längst nicht erreicht: Die Anhörungen erbringen neue Erkenntnisse über Oceys letzte Stunden, und doch ist für die Staatsanwaltschaft weiterhin unklar, ob hier ein Mord vorliegt oder die junge Frau in den Suizid getrieben wurde. Schließlich ist nicht auszuschließen, dass man Ocey bewusst vorenthalten habe, dass ihr Ehemann noch lebt.

Da behauptet am 20. Dezember plötzlich die inhaftierte Virginia, ihre Schwester Caroline sei geisteskrank, und sie selbst habe immer nur versucht, den durch die Schwester angerichteten Schaden zu beheben. Caroline einzuweisen sei zum Schutz des Rufs der Familie keine Option gewesen.

Als Reaktion darauf sucht Caroline sich einen eigenen Verteidiger, der Virginias Behauptungen abstreitet.

Am 22. Dezember 1909 werden die drei Schwestern des Mordes und der Beihilfe zum Suizid angeklagt. Später konzentriert sich die Staatsanwaltschaft auf die Mordanklage. Mary und Caroline werden ebenfalls ins Gefängnis nach New Jersey überstellt, wo nun alle drei Schwestern in nebeneinanderliegenden Zellen einsitzen.

Die Anklage geht davon aus, dass Caroline und Virginia Ocey ermordeten, indem sie die junge Frau in der Badewanne ertränkten, und dass Mary Snead Komplizin und in Kenntnis des gesamten Planes war.

Alle Schwestern plädieren auf unschuldig, doch im Januar 1910 wird publik gemacht, dass in Oceys Mageninhalt Spuren von Morphium nachgewiesen werden konnten, was die Theorie des Gerichtsmediziners und der Anklage bestätigt. Der auf Anfang April 1910 avisierte Prozess muss mehrfach verschoben werden: Der Zustand der drei Schwestern verschlechtert sich stetig, denn sie verweigern die Nahrungsaufnahme. Als der Gefängnisdirektor erfährt, dass die Schwestern gar einen Hungerpakt geschlossen haben sollen, lässt er Caroline als die vermeintliche Initiatorin verlegen.

Ende Juli 1910 verbreitet sich die Nachricht vom Tode David Pollock Sneads, Oceys kleinem Sohn, der bis zuletzt in dem Krankenhaus lag, in das er vor dem Tod seiner Mutter gebracht worden war. Anfang August 1910 ist Virginia Wardlaws Zustand kritisch, da sie kaum noch etwas zu sich nimmt, und sie äußert gegenüber ihrem Anwalt den Wunsch, zu sterben, um einem Prozess zu entgehen. Sie wird zur medizinischen Versorgung verlegt. Doch ihr Körper ist mittlerweile so geschwächt, dass sie kurz darauf verstirbt.

Damit scheint der gesamte Prozess in Gefahr, denn die Person, welche zugegeben hat, in Oceys Nähe gewesen zu sein, als diese starb, ist tot. Gleichzeitig beantragt die Familie Wardlaw, Caroline Martin für geisteskrank zu erklären – auch das hätte direkte Auswirkungen auf die Mordanklage.

So kommt es Anfang November 1910 zu einer Anhörung, bei der Carolines Geisteszustand geklärt werden soll. Wieder fällt sie durch Zwischenrufe und Störungen unangenehm auf, und die Familie kann auch sonst einiges anführen, was für ihre Unzurechnungsfähigkeit sprechen könnte. Caroline sei immer schon schwierig, sprunghaft und exzentrisch gewesen. Sie habe teils fragwürdige Methoden angewandt, um dem finanziellen Ruin zu entgehen. Manche unterstellen ihr zwanghaftes Verhalten, so habe sie beispielsweise oft den ganzen Tag über zu Hause ein Nachthemd getragen oder auch ihr Essen versteckt. Sie könne zudem nicht mit Geld umgehen und sei verschwenderisch. Einige als Gutachter geladene Mediziner sprechen von Wahnvorstellungen und neurotischem, andere von exzentrischem Verhalten, welches Caroline aber keineswegs zu einer »Geisteskranken« mache. Schlussendlich urteilt der Richter am 9. Dezember 1910, dass Caroline Martin trotz einer möglichen psychischen Erkrankung verfahrensfähig sei.

So beginnt die Strafverhandlung gegen sie und Mary Snead

am 9. Januar 1911 unter dem Vorwurf des Mordes an Ocey Snead, Tochter, Nichte und Schwiegertochter. Carolines Anwalt plädiert auf Totschlag, auch wenn seine Mandantin weiterhin darauf beharrt, vollkommen unschuldig zu sein und der Tochter nichts angetan zu haben. Allerdings räumt sie ein, bei Ocey gewesen zu sein, als diese starb, und ihr in der Nacht vor ihrem Tod Morphium gegen die Schmerzen verabreicht zu haben. Als sie bemerkt habe, dass Ocey davon bewusstlos wurde, will sie ihre Tochter in eine mit kaltem Wasser gefüllte Wanne gelegt haben, um sie wach zu halten. Konfrontiert mit dem Versagen dieser Methode, sei sie überfordert geflohen. Einen Plan, an Oceys Lebensversicherung zu kommen, habe es nie gegeben.

Auch wenn Caroline später im Prozess wiederholt leugnet, ihrer Tochter Morphium verabreicht zu haben, ergeht am 23. Januar 1911 das Urteil gegen sie. Für den Richter scheinen vor allem Carolines Flucht nach New York, das generelle Verhalten der Schwestern, die abgeschlossenen Lebensversicherungen und die aufbewahrten Unterlagen verdächtig. Zudem hätten Caroline und ihre Schwestern nie vollumfänglich über das ausgesagt, was sich zum Zeitpunkt von Oceys Tod abspielte. Caroline Martin wird zu sieben Jahren im New Jersey State Prison verurteilt. Dort baut sie gesundheitlich schnell ab und wird bald ins State Hospital verlegt, wo am 20. Juni 1913 ihr Tod festgestellt wird. Mary Snead spricht man hingegen am 8. Februar 1911 frei. Den Rest ihres Lebens sollte sie auf der Ranch ihres dritten Sohnes Albert in Colorado verbringen.

Doch was genau in den letzten Tagen und Stunden vor Ocey Sneads Tod geschah, liegt bis heute im Dunkeln. Zu viele Fragen, zu viele Rätsel blieben unbeantwortet. Was ihre Mutter und Tanten motivierte, wie viel von den zahllosen Berichten über ihre Angehörigen den Tatsachen entspricht und was durch die große öffentliche Aufmerksamkeit und Sensationslust motiviert ist – darüber können wir nur spekulieren. In die Auseinandersetzung mit dem Fall mischen sich schon damals nicht nur Okkultismus und Verklärung. Die drei Schwestern in Schwarz werden zu Anhängerinnen des Bösen schlechthin stilisiert, die auf Friedhöfen schwarze Messen abgehalten haben sollen. Doch Ocey Sneads Schicksal wird man damit nicht gerecht. Die Tragödie ihres Lebens kann uns Mahnung sein, da wir heute annehmen müssen, dass viel Leid hätte verhindert werden können. Wir wollen uns an sie erinnern und an das verhaltene Lächeln auf ihren Lippen, neben sich den neugeborenen Sohn, wie sie in die Kamera des Fotografen blickt.

Danksagung

Als wir dieses Projekt vor mehr als zwei Jahren aus der Taufe hoben, ahnten wir nicht, dass es einmal einen so essenziellen Teil unseres Lebens einnehmen würde. All dies wäre nie möglich gewesen ohne die unermüdliche Unterstützung, die Geduld und das Verständnis unserer Liebsten. Daher gilt unser besonderer Dank Karin, Norbert, Regina, Franz-Peter, Daniel, Katrin, Gergely, Ivonne, Johannes, Paul und vielen Menschen mehr im Familien- und Freundeskreis, denen wir uns verbunden fühlen.

Dass wir nun dieses Buch auf Basis unserer Arbeit gemeinsam geschrieben haben und veröffentlichen können, verdanken wir all den Hörerinnen und Hörern unseres Podcasts. Ohne eure Treue und den Austausch mit euch wäre das nie möglich gewesen.

Nina & Katharina

Literatur

Der Tod des Sir Thomas Overbury

LADY SOMERSET, A., *Unnatural Murder. Poison in the Court of James I: The Overbury Murder,* London 1997

OVERBURY, T., *A Wife,* London 1614

PAROTT-SHEFFER, C., »Sir Thomas Overbury«, in: *Britannica,* 11. September 2021

POLTRACK, E., *A World of Poison. The Overbury Scandal,* Folger Shakespeare Library, 16.10.2018

TUDOR TIMES, *The Murder of Sir Thomas Overbury. A Jacobean Melodrama,* Artikel vom 8.11.2016

Deutschlands letzte Hexe: Anna Maria Schwegelin

BROCK, E., »Anna Maria Schwegelin«, in: Onlinedatenbank FemBio. Frauen-Biographieforschung

HUMMEL, K., »Plötzlich steht man als Hexe am Pranger«, Interview mit Schwester Lorena und Jörg Nowak, in: *FAZ Online,* 20.8.2022

FRENSCHKOWSKI, M., *Die Hexen. Eine kulturgeschichtliche Analyse,* Wiesbaden 2012

LEVACK, B., *Hexenjagd. Die Geschichte der Hexenverfolgungen in Europa,* München 2019

MÜLLER, C., »Hexenverfolgung damals und heute«, Interview mit Historiker Wolfgang Behringer, in: *Deutsche Welle Online,* 10.8.2020, https://p.dw.com/p/3gYei

PETZ, W., »Der letzte Hexenprozess im Reich. Der Fall der Anna Maria Schwägelin 1775 in der Fürstabtei Kempten«, in: Behringer, L., Lorenz,

S., Bauer, D. R. (Hg.), *Späte Hexenprozesse. Der Umgang der Aufklärung mit dem Irrationalen (Hexenforschung,* Band 14), Verlag für Regionalgeschichte, Bielefeld 2016, S. 67–87

PETZ, W., *Die letzte Hexe. Das Schicksal der Anna Maria Schwägelin,* Frankfurt am Main 2007

Die Serienmörderin Gesche Gottfried

DERTINGER, M., *Mutter, Gattin, Mörderin. Eine Untersuchung zu Weiblichkeit und weiblicher Kriminalität in Recht und Literatur,* Inauguraldissertation zur Erlangung der Doktorwürde der Philosophischen Fakultät der Universität Heidelberg, Heidelberg 2018

METER, P., *Gesche Gottfried. Eine Bremer Tragödie,* Bremen 2010

SELING-BIEHUSEN, P., & Feest, J., »Gesche Gottfried und die bremische Strafjustiz. Aktenauszüge mit Anmerkungen«, in: *Criminalia. Bremer Strafjustiz 1810–1850,* hg. v. Johannes Feest, Bremen 1988, S. 151–194

VOGET, F. L., *Lebensgeschichte der Giftmörderin Gesche Margarethe Gottfried, geborene Timm nach erfolgtem Straferkenntnisse höchster Instanz herausgegeben vom Defensor derselben,* Bremen 1831

Der Fall Grace Marks

ATWOOD, M., *Alias Grace,* Berlin Verlag, Berlin 2009

BANBURY, A. J., »The Trial and Testimony of Grace Marks, Murderess: Gender Performance in a Colonial Courtroom, Upper Canada 1843«, in: *Mount Royal Undergraduate Humanities Review (MRUHR)* 1(1), 2013

KATZ, B., »The Mysterious Murder Case that Inspired Margaret Atwood's ›Alias Grace‹«, in: *Smithsonian Magazine,* 1.11.2017

MOODIE, S., *Life in the Clearings Versus the Bush,* New York 1854

WALTON, G., *The Trials of James McDermott and Grace Marks,* Toronto 1843

Das Schicksal der Donner-Party

BECKER, M., »Spuren von US-Kannibalen gefunden«, in: *Spiegel Online*, 28.7.2004

BURNS, R., *The Donner Party*, Dokumentation, 1992

BREEN, P., *Diary 1846–1847*

DIXON, K., et al., »Men, Women, and Children are Starving. Archaeology of the Donner Family Camp«, in: *American Antiquity* 75 (3), 2010, S. 627–656

WALLIS, M., *The Best Land under Heaven. The Donner Party in the Age of Manifest Destiny*, New York 2017

WORRALL, S., »Mehr als Kannibalismus. Die wahre Geschichte der Donner Party«, in: *National Geographic*, 23.11.2020

Das Geheimnis von Road Hill House

HUTTON, S., »Constance Emily Kent: nightdresses, breast flannels and child murder«, in: *The National Archives Podcast*, 11.2.2011

KYLE, N. J., KAYE, R. E., *Dictionary of Sydney*, Sydney 2012

MOSS A., SKINNER, K., *The Victorian Detective*, Oxford 2013

PEGG, S., »›Madness is a Woman‹. Constance Kent and Victorian Constructions of Female Insanity«, in: *Liverpool Law Rev* 30, 2009, S. 207–223

SLY, N., VAN DER KISTE, J., *Somerset Murders*, Stroud 2012

SUMMERSCALE, K., *The Suspicions of Mr Whicher*, London 2008

THE NEW YORK TIMES, 31.5.1865

THE NEW YORK TIMES, 13.5.1878

Die Morde des Hugo Schenk

BÜCHNER, B., »›Ein unmenschlich herzlos Ungeheuer‹: Die Frauenmörder Hugo Schenk und Karl Schlossarek«, Blog des Wiener Bezirksmuseums Rudolfsheim-Fünfhaus, 20.04.2020

BÜCHNER, B., »Die zärtlich Geliebten des Hugo Schenk«, in: Blog des Wiener Bezirksmuseums Rudolfsheim-Fünfhaus, 18.5.2020

BÜCHNER, B., »Der Mann, der Hugo Schenk zur Strecke brachte«, in: Blog des Wiener Bezirksmuseums Rudolfsheim-Fünfhaus, 19.6.2021
FRIEDLÄNDER, H., »Massenmörder Hugo Schenk und Genossen vor einem Wiener Ausnahmegerichtshof«, in: *Interessante Kriminal-Prozesse von kulturhistorischer Bedeutung, 1911–1921*, Band 9, S. 135–197
DAS INTERESSANTE BLATT, 24. Januar 1884, S. 39 f.
MORGEN-POST, 11. Januar 1884, S. 2–3, Wien
MORGEN-POST, 10. Januar 1884, S. 4, Wien
MORGEN-POST, 1. Mai 1884, S. 2, Wien
MORGEN-POST, 4. Mai 1884, S. 1 f., Wien
NEUE FREIE PRESSE, 10. Januar 1884, S. 6, Wien

Die vielen Opfer Jack the Rippers

BEGG, P., *Jack the Ripper. The Facts*, London 2004
BROWN, J. B., »The Pig or the Stye. Drink and Poverty in Late Victorian England«, in: *International Review of Social History*, Volume 8, Issue 3, Dezember 1973
CASEBOOK, »Jack the Ripper«, https://www.casebook.org
CORNWELL, P., *Wer war Jack the Ripper. Porträt eines Killers*, München 2005
FISHER, B., »Reporting on the Ripper Newspapers' sensational coverage has changed very little in the 130 years since the Ripper first struck«, in: *History Today*, September 2018, Vol. 68, Issue 9, S. 8–11
FRASER, J., »Prostitution and the Nineteenth Century. In Search of the ›Great Social Evil‹«, in: *Reinvention: an International Journal of Undergraduate Research*, Vol. 1
JAKUBOWSKI, M., *The Mammoth Book of Jack the Ripper*, London 1999
JEFFRIES, S., »›Sober but very immoral‹. What Victorian-era ›poverty maps‹ tell us about London today«, in: *The Guardian*, Artikel vom 30. Oktober 2019
KNIGHT, S., *Jack the Ripper. The Final Solution*, London 1976
MATTHEWS, R., *Jack the Ripper's Streets of Terror*, London 2013
MOORE, A., Campbell, E., *From Hell*, München 2013

PALEY, B., *Jack the Ripper. The Simple Truth*, London 1995

PLATER, M., »Educated Men and Wild Beasts. Jack the Ripper, Medical Science and Degeneration«, in: *Late-Victorian Culture and Society, Melbourne Historical Journal* 2017, Vol. 45, Issue 1, S. 19–36

RUBENHOLD, H., *The Five. The Untold Lives of the Women Killed by Jack the Ripper*, Sydney 2019

STOWELL, T. E. A., »Jack the Ripper – A Solution?«, in: *The Criminologist*, Vol. 5, 1970

STEWART, J., *Jack the Ripper's Streets of Terror*, London 2013

WALKOWITZ, J., et al., *Victorian Prostitution. A Histographic Analysis*, 2018

Die Tragödie von Gatton

AUSTRALIAN TOWN AND COUNTRY JOURNAL, 14.10.1899, Sydney

BENNETT, S., *The Gatton Murders. A True Story of Lust, Revenge and Vile Retribution*, Sydney 2013

EVENING NEWS, 9.2.1899, Sydney

QUEENSLAND TIMES, IPSWICH HERALD AND GENERAL ADVERTISER, 14.3.1899, Ipswich

QUEENSLAND TIMES, IPSWICH HERALD AND GENERAL ADVERTISER, 26.1.1924, Ipswich

THE BRISBANE COURIER, diverse Artikel, 1898–1899

THE SYDNEY MORNING HERALD, diverse Artikel, 1899

THE TELEGRAPH, 26.9.1899, Brisbane

WEEKLY TIMES, 7.1.1899, Melbourne

Zahlreiche weitere zeitgenössische Zeitungsartikel 1898–1900

Der Fall Grete Beier

DRESDNER VOLKSZEITUNG, 23.7.1908

FRANK, R. (Hg.), »Der Pitaval der Gegenwart«, in: *Almanach interessanter Straffälle*, Band V, Tübingen 1909, S. 209–281

FRIEDLÄNDER, H., *Interessante Kriminal-Prozesse von kulturhistorischer Bedeutung*, Band 6, Berlin 1912, S. 279–322

LEIPZIGER VOLKSZEITUNG, 30.6.1908, Leipzig
LEIPZIGER VOLKSZEITUNG, 1.7.1908, Leipzig
LEIPZIGER VOLKSZEITUNG, 23.7.1908, Leipzig SCHWURGERICHTS-VERHANDLUNG gegen die Bürgermeisterstochter Grete Beier aus Brand bei Freiberg vor dem König. Schwurgericht Freiberg, Chemnitz 1908

Wer tötete Hazel Drew?

BUSHMAN, D., Givens, M. T., »Hazel's brutal murder was all but forgotten. Until she inspired ›Twin Peaks‹«, in: *Washington Post*, 11.5.2017

BUSHMAN, D., GIVENS, M. T., *Murder at Teal's Pond. Hazel Drew and the Mystery that Inspired Twin Peaks*, Seattle 2022

HERALD DEMOCRAT, 17.7.1908, Leadville

HOWE, C., »Cold case murder that inspired ›Twin Peaks‹ solved 100 years later: Book«, in: *New York Post*, 1.1.2022

HUGHES, R., *Who Killed Hazel Drew?*, New Jersey 2017

THE EVENING WORLD, 14.7.1908, New York

THE EVENING WORLD, 18.7.1908, New York

THE EVENING WORLD, 23.7.1908, New York

THE NEW YORK TIMES, 15.7.1908

THE NEW YORK TIMES, 16.7.1908

THE NEW YORK TIMES, 17.7.1908

THE NEW YORK TIMES, 21.7.1908

THE TOPEKA STATE JOURNAL, 29.7.1908, Topeka

THE YORK DAILY, 16.7.1908, York

Der Mord an Ocey Snead

EVENING STAR, 23. Januar 1911, Washington, D.C.

EVENING STAR, 23. Dezember 1909, Washington, D.C.

KINGSTON DAILY FREEMAN, Volume XXXIX, Number 287, 21. September 1910, Kingston

KINGSTON DAILY FREEMAN, Volume XL, Number 70, 9. Januar 1911, Kingston

THE NEW YORK TIMES, diverse Artikel 1909 bis 1913
ROCKLAND COUNTY JOURNAL, 29. Januar 1910, New York
ROCKLAND COUNTY JOURNAL, 8. Januar 1910, New York
THE SUN, 10. Januar 1911, New York
THE WASHINGTON TIMES, 12. Dezember 1909
THE WASHINGTON TIMES, 21. Januar 1911
ZIEROLD, N., *Three Sisters in Black. The Bizarre True Case of the Bathtub Tragedy*, New York 2018

Bildnachweis

1: Heritage-Images / The Print Collector / akg-images
2: akg-images
3: akg-images
4: mauritius images / Alamy Stock Photos / VTR
5: Fotosearch / Getty Images
6: Hulton Archive / Getty Images
7: https://de.wikipedia.org/wiki/Hugo_Schenk#/media/Datei:Hugo_Schenk_(1849-1883).jpg
8: mauritius images / Alamy Stock Photos / Pictorial Press
9: https://collections.slq.qld.gov.au/viewer/IE2857576 State Library of Queensland
10: mauritius images / Alamy Stock Photos / BTEU / Gerfototek
12: IMAGO / piemags

Carla Valentine
Mord ist eine Wissenschaft

*Was schon Agatha Christie
über Rechtsmedizin wusste*

»Jeder Täter lässt unweigerlich etwas am Tatort zurück!«

Und so unscheinbar Spritzer, Flecken oder Staubkörner auch sein mögen: Die Forensik-Expertin Carla Valentine findet sie und beweist, dass jedes Verbrechen aufgeklärt werden kann. Carla Valentine erzählt die faszinierende Geschichte der Rechtsmedizin seit dem Beginn des letzten Jahrhunderts und bedient sich dabei der Romane Agatha Christies, deren Werk sie verehrt und deren Ermittler Miss Marple und Hercule Poirot sie fasziniert bei ihrer Spurensuche begleitet. Valentine zeigt uns anhand der Fälle der britischen Krimiautorin, dass diese schon lange vor der modernen Forensik bewandert war in Sachen Fingerabdrücke, Blutspuren und Schusswunden. Ihr Urteil: Agatha Christies Erzählungen sind moderner denn je und bis heute glaubhaft und authentisch.

Mord ist eine Wissenschaft ist ein Muss für
Liebhaber*innen der Romane von Agatha Christie
und für alle True-Crime-Fans.